AF367107

// Annika Öhrner
// Dan Karlholm
// Anna Rådström
// Charlotte Bydler
// Oscar Svanelid
// Pamela Schultz Nybacka
// Håkan Nilsson (Red)

Omförhandlingar

DEN OFFENTLIGA KONSTENS ROLL EFTER MILLENNIESKIFTET

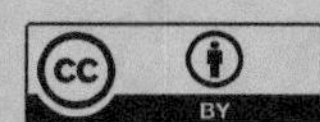

(CC BY 3.0)

Bilderna ingår ej i creative commons

Södertörns högskola
(Södertörn University)
Biblioteket
SE-141 89 Huddinge

www.sh.se/publications

© författarna

....

Omslag & Grafisk form
Andreas Karperyd

Stockholm 2021

Södertörn Academic Studies 88
Södertörn Studies in Art History and Aestheics 7

ISSN 1650-433X
ISBN 978-91-89109-92-6 (tryck)
ISBN 978-91-89109-93-3 (digital)

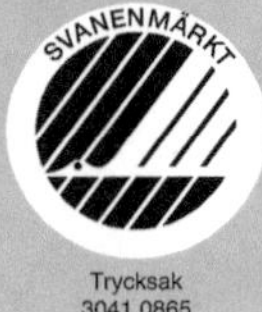

Innehåll

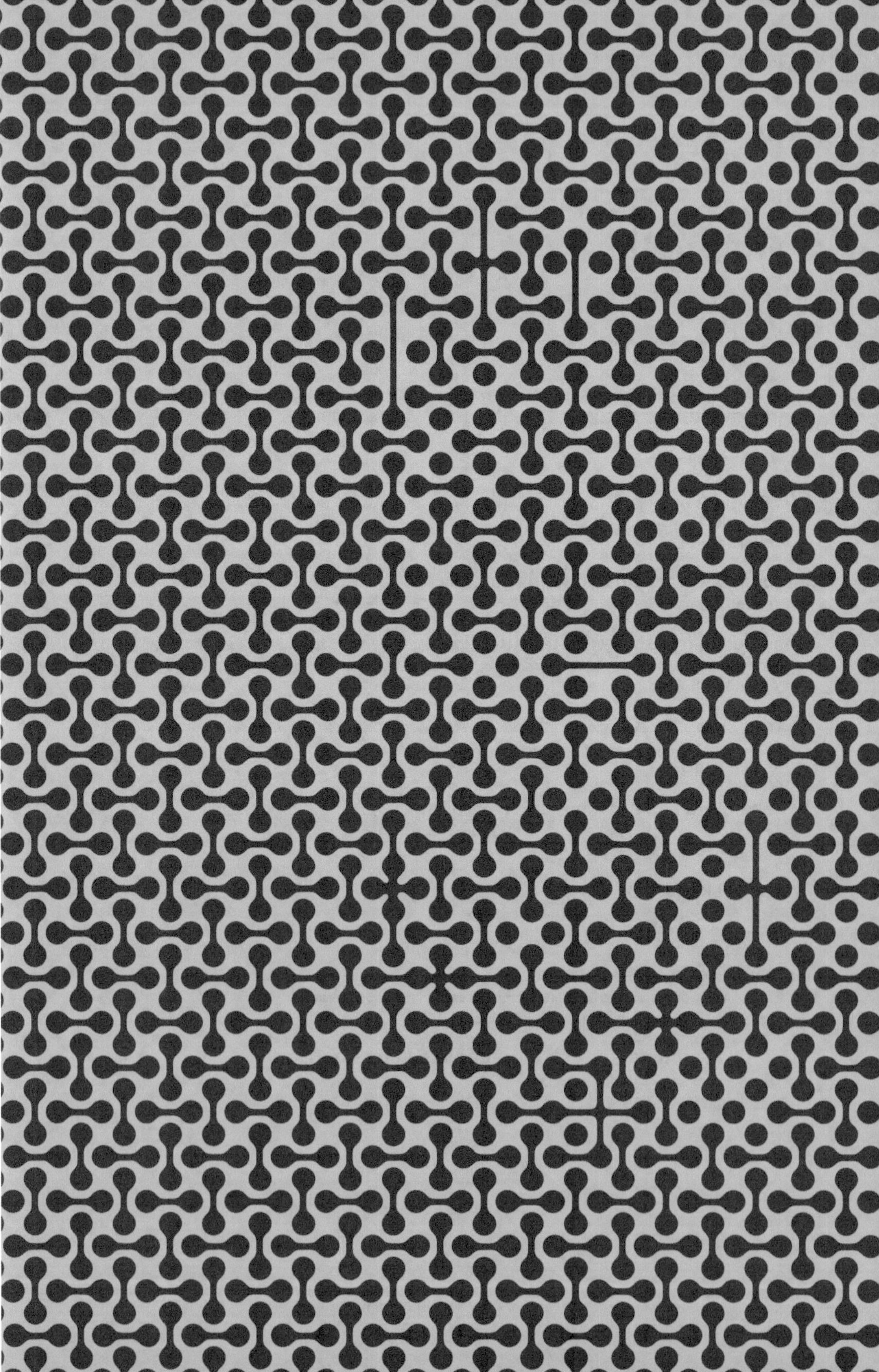

Omförhandlingar.
En introduktion
// Håkan Nilsson

Denna antologi är ett resultat av det forskningsuppdrag Statens konstråd beställde av ämnet konstvetenskap på Södertörns högskola och som varade 2018–2020. I regleringsbrevet för 2018 fick Statens konstråd ett nytt uppdrag att skapa ett Kunskapsnav för området offentlig konst och gestaltning av gemensamma miljöer. En viktig del av uppdraget var samverkan med universitet och högskolor vad gäller utbildningar och strategiska forskningsprojekt.

I överenskommelsen mellan Statens konstråd och Södertörns högskola beskrivs att uppdraget var att skriva en översikt av den offentliga konstens historia i Sverige, såväl den offentligt beställda som den som producerats av fria aktörer utanför de etablerade konstrummen. I uppdraget ingick också att ta fram centrala begrepp för området och att utveckla konstkritisk reflektion. Uppdraget genomfördes i två steg, där Södertörns högskola i samarbete med Akademin Valand 2018 tog fram forskningsöversikten *The Public Art Research Report*, där Södertörns högskola stod för den nordiska delen.[1] Rapporten redovisades på konferensen Researching Public Art (11–12/10 2018) som organiserades av Statens konstråd i samarbete med Kungliga Konsthögskolan, KTH, Södertörns högskola, HDK-Valand, Skissernas museum och ArkDes. Det andra steget inbegriper denna antologi, liksom att de individuella forskarna (i olika hög grad) också har deltagit i två symposier i samarbete med Statens konstråd i konstrådets lokaler. Inom ramen för uppdraget genomförde också konstvetenskap vid Södertörns högskola konferensen *Public Art in the Nordic Countries* (20–21/2 2020) dit forskare och andra aktörer inom den offentliga konsten från i huvudsak de nordiska länderna bjöds in för att diskutera den offentliga konstens roll i respektive land.

Symposierna har präglats av en diskussion mellan forskare, konstnärer och curatorer vilka antingen anlitats av eller företräder Statens konstråd under teman som "kritikalitet och instrumentalitet" och "temporaritet och permanens".[2] Frågor

---

1 Kjell Caminha, Håkan Nilsson, Oscar Svanelid & Mick Wilson, *The Public Art Research Report: A report on the current state of research on public art in the Nordic Countries, and in a wider international context* (2018).

2 Kritikalitet och instrumentalitet ägde rum den 28/3 2019 på Statens konstråd. Deltagarna var Dan Karlholm, Håkan Nilsson, Oscar Svanelid och Annika Öhrner från konstvetenskap Södertörns högskola (SH), konstnärerna Éva Mag, Sam Hultin, Meriç Algün, Johanna Gustafsson Fürst och Edi Muka från Statens konstråd (SK). Konstrådets chef Magdalena Malm hälsade välkommen och symposiet modererades av Rebecka Katz Thor (SK) och Håkan Nilsson (SH). Temporaritet och permanens ägde rum den 4/12 2019 även det på Statens

som berör de konstnärer som arbetar i det offentliga rummet i allmänhet och på beställning av Statens konstråd i synnerhet liksom de forskare som försöker beskriva den offentliga konstens roll och position idag. Konferensen hade ett tydligare forskarperspektiv. Den var uppbyggd kring två keynote-föreläsningar och två rundabordssamtal och bjöd in forskare och konstnärer från Sverige, Norge, Finland, Island, Danmark samt Nederländerna för att samtala om den offentliga konstens villkor.[3] Fokus var i hög grad komparativt de nordiska länderna emellan, och rörde i synnerhet forskning om offentlig konst. Konstnärens perspektiv blev som tydligast i den första keynote-föreläsningen där konstnären och arkitekten Sandi Hilal talade under rubriken "Permanent temporalities". Hilal presenterade sitt konstnärskap, och i synnerhet det deltagande konstprojektet Al Madhafah/The Living Room som tog plats i Boden 2018 i Statens konstråds regi. Det andra framförandet hölls av Jeroen Boomgaard från Nederländerna. Under rubriken "Public Spaces as the Realm of the Possible" talade Boomgaard utifrån sina erfarenheter med att arbeta med Foundation for Art and Public Space (SKOR) i Nederländerna – en verksamhet som lades ner 2012 – och om vilken funktion han ser för den offentliga konsten i det offentliga rummet idag, och hur vi kan tala om detta. Funktionen av en offentlig konst, finansierad av skattemedel, som samtidigt förväntas vara kritisk mot olika maktfaktorer är en rätt sällsynt företeelse internationellt sett och förekommer numera, sedan Nederländerna alltså lagt ner sin verksamhet, mest i Norden.

---

konstråd. Deltog gjorde Charlotte Bydler, Dan Karlholm, Håkan Nilsson och Oscar Svanelid från SH och konstnärerna Malin Arnell & Åsa Elzén, Kajsa Dahlberg, Carl-Oscar Sjögren och Katarina Pirak Sikku. Rebecka Katz Thor från SK hälsade välkommen och modererade tillsammans med Håkan Nilsson det efterföljande samtalet. Dan Karlholms anförande publicerades senare som "Evigheten, flyktigheten och den konstnärliga resiliensen", i *Nya Småland*, red. Jonatan Habib Engqvist (Stockholm: Arvinius + Orfeus Publishing & Linnaeus University Press, 2020), s. 153–155.

3   Vid sidan dessa två keynotes strukturerades konferensen runt två rundabordssamtal. För det första var temat "Public art and public art management" där Catarina Gabrielsson (docent, Arkitekturskolan KTH), Æsa Sigurjónsdóttir (docent i konstvetenskap, Islands universitet), Jessica Sjöholm Skrubbe (docent, Institutionen för kultur och estetik, Stockholms universitet), Laura Uimonen (Fil.dr. Environmental Art, M. Sc. Architecture, Finland) medverkade. Moderator var Annika Öhrner från SH. För det andra var temat "Public art and the public", där Peter Bengtsen (docent, Avdelningen för konsthistoria och visuella studier, Lunds universitet), Arild Berg (Fil.dr, Fakultet for teknologi, kunst og design, OsloMet – Oslo Metropolitan University), Trude Schjelderup Iversen (senior curator, KORO Kunst i Offentlige Rom), Jacob Kimvall (Fil.dr. i konstvetenskap och lektor vid Institutionen för kultur och estetik, Stockholms universitet) och Kristine Samson (urbanist och docent, Performance Design, Institut for Kommunikation og Humanistisk Videnskab, Roskilde University) medverkade. Samtalet leddes av Håkan Nilsson från SH.

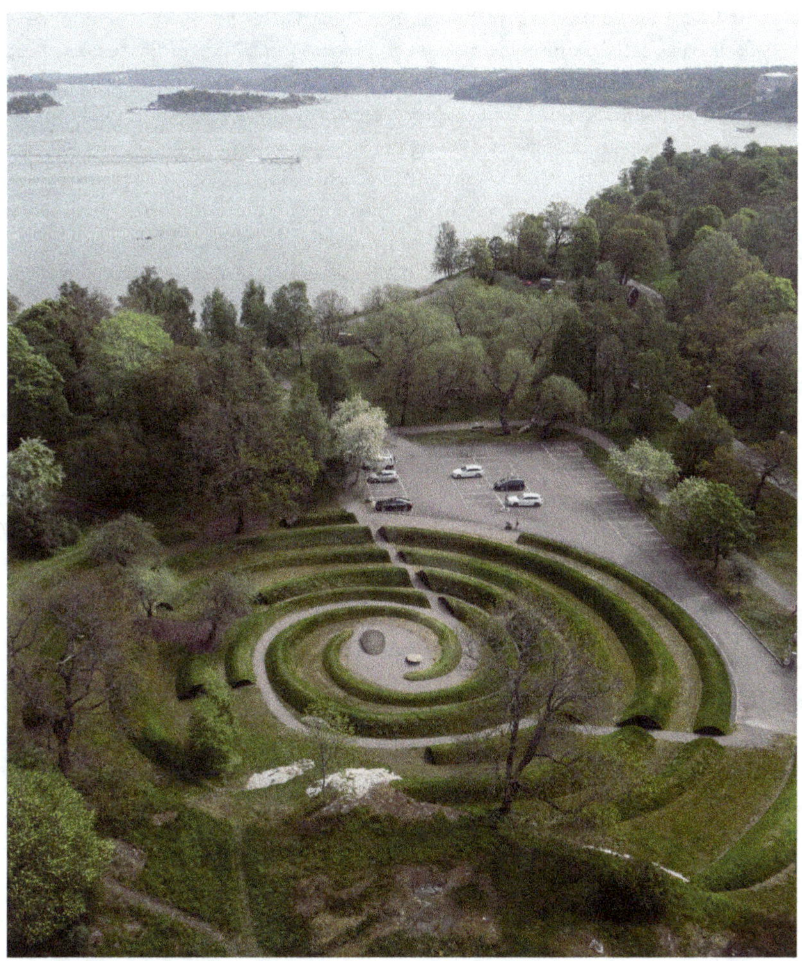

Lea Porsager, *Gravitational Ripples*, 2019, Foto: Ricard Estay/Statens konstråd

Symposierna och konferensen har varit viktiga för forskningsprojektets möjlighet att ingå i en kontextuell mångfald, där konstnärliga perspektiv blandas med forskarnas och dessutom förstås mot en bredare fond. I den projektbeskrivning som formade utgångspunkten för forskningsprojektet formulerades vissa frågor och diskussionspunkter som berörde denna komplexa position mellan beställare och utövare, liksom att den såg bortom den offentliga konst som var just beställd av det "offentliga". Namnet "Omförhandlingar" kom delvis ur den diskussion som omgärdat den offentliga konsten på ett internationellt plan sedan åtminstone 1990-talet, då debatten om den offentliga konsten (eller konst i det offentliga rummet) intensifierades. Det uppskruvade tonläget berodde delvis på en ökad polarisering, där de som såg andra möjligheter för den offentliga konsten ställdes mot dem som förordade mer traditionella uttryck och värderingar. Betydelsen av kontemplation och estetik ifrågasattes av konstnärer, kritiker, akademiker och radikala institutioner vilka argumenterade för att konsten härbärgerar andra värderingar och perspektiv. Diskussionen måste också förstås i relation till att hela konstfältet under 1900-talets sista decennier upplevde en polarisering där ett omhuldande av estetiska värden sågs som en reaktionär återgång från en period av progressivt experimenterande.

Det estetiska kunde alltså symbolisera två sidor av samma mynt. Å ena sidan betydde det en återgång till ett konstbegrepp där konsten berövades sin politiska potential. Å andra sidan menade man att den apolitiska "estetiska" konsten ofta användes i politiska syften, vilket blev tydligast i det offentliga rummet där den fyllde syftet att dölja agendor som handlade om gentrifiering och segregering. Estetiska *makeovers* ledde till att värdet på fastigheter steg, till högre priser på lägenheter och lokaler vilket i sin tur tvingade bort såväl lokala handlare, alternativa affärer som låginkomsttagare. Lägg till detta en annan, parallell diskussion där hela det offentliga rummet allt oftare beskrevs som hotat, dels i relation till avregleringens privatisering av det allmänna, dels i relation till exempelvis den tilltagande digitaliseringen. Som en reaktion på detta uppträdde allt fler radikala alternativ vilka både dök upp i och ville beskydda det offentliga rummet. Obeställd konst i form av graffiti, gatukonst och tillfälliga interventioner tog plats bredvid skulpturen på torget, i det offentliga rummets tjänst. Mot slutet av millenniet såg vi dessutom en ny generation konstnärer, designers, konsthantverkare och arkitekter komma fram. I kölvattnet av det kalla krigets slut, IT-bubblan och den ekonomiska krisen sökte de sig mot självorganisation och agerade utanför det traditionella konstfältet, gärna i det offentliga rummet, och bidrog på så vis till en ny omgång omförhandlingar.

Idag är bodelningen mellan tillfälliga, konstnärsinitierade projekt och beställda "estetiska" objekt inte lika aktuell och i backspegeln är det tydligt att diskussionen egentligen inte rört sig om olika konstnärliga uttryck, utan om hur de kan användas och vilken roll de kan spela. De alternativa praktikernas strategier har anammats av etablerade institutioner där de blir möjliga att använda för helt andra syften. Tillfälliga interventioner används, precis som traditionella konstobjekt, av kommuner och fastighetsbolag som en del i värdeskapandet. Samtidigt har flera poängterat den kritiska potentialen i mer permanenta konstverk, i synnerhet när de ses som något mer än estetiska objekt. Mot det ständigt föränderliga, flyktiga och flexibla som utgör en grundpelare i den nyliberala samhällsordningen kan konsten bjuda tröghet, friktion och rum för eftertanke. Även här kan vi alltså tala om omförhandlingar. Insikten om att det inte är självklart vilken sorts uttryck som har störst kritisk potential har lett till en komplex situation med större mångfald. Beställare av offentlig konst, från byggherrar och fristående curatorer till kommuner, regioner och Statens konstråd arbetar numera med flera sorters uttryck. Till detta kommer en större medvetenhet på konstskolorna liksom en ökande aktivitet bland självorganiserade konstnärer och konstgrupperingar, vilka också aktivt arbetar i det offentliga rummet.

Forskningsprojektet *Omförhandlingar: den offentliga konstens roll efter millennieskiftet* tar avstamp i denna komplexa situation. Genom att historiografiskt diskutera och problematisera den offentliga konstens roll formades en plattform för projektet. Med avstamp från denna diskuterar de olika forskarna några aspekter av konstens möjliga roller i det offentliga rummet i dagens Sverige. Avgränsningen till Sverige är viktig på flera vis, inte minst som det här finns statligt, regionalt och kommunalt finansierad offentlig konst vilken uppmuntras och förväntas bidra med kritiska reflektioner. Liknande lösningar finns i våra grannländer, men är annars sällsynta. (Organisationer som arbetar på liknande vis i andra länder är ofta självorganiserade och uppbär som sådana ibland stöd från det allmänna.). Projektet syftar inte till att ge en heltäckande bild av konstproduktionen, utan vill erbjuda exempel och fallstudier vilka ställer vissa, centrala frågeställningar i rampljuset. Varje forskare i antologin har utgått från frågeställningar som denne själv har sett som viktiga och angelägna att lyfta fram, grundat i den egna forskningen. Det har hela tiden pågått en dialog mellan samtliga deltagare, men varje forskare har alltså svarat för sin egen ingång i projektet. Här är historiskt grundade argument lika viktiga som djupgående analyser av samtida verk. Kritiska reflektioner kring frågor om "nytta", om vem som får plats i det offentliga och vilka begrepp som används är lika centrala som studier av vilka positiva effekter offentlig konst faktiskt kan tänkas besitta.

Håkan Nilssons inledande text "Offentlig konst: ett försök till navigering" är ett försök att summera frågan om offentlig konst från både praktiska och teoretiska perspektiv. Nilsson ger exempel på vad offentlig konst kan vara ur ett beställarperspektiv (till exempel offentligt finansierad eller "obeställd" och därmed ofta olaglig konst) men går också igenom de många gråzoner som finns med verk som antingen är en del av den offentliga konsten men som bekostas av privata donationer, eller verk som bekostas av det offentliga men som endast kan ses av några få. Texten pekar också ut ett antal platser där vi kan möta offentlig konst: biennaler, festivaler, skulpturparker, graffiti och gatukonst, privata och offentliga byggnader. Genomgången ger upphov till diskussioner rörande det offentliga rummet, den offentliga konsten och vad konsten i det offentliga rummet kan ses ha för uppgift(er) att lösa. Texten går också igenom de många frågor och farhågor som brukar identifieras med den offentliga konsten, såsom gentrifiering och instrumentalisering och med detta också diskussioner som konstnärens integritet och konstens autonomi. Här berörs också hur hela konstscenen har förändrats och hur också klassiska institutioner som vårdar samlingar och gör utställningar (museer och konsthallar) även de sträcker sig utanför den vita kuben. Avslutningsvis berörs frågan om dialog och hur denna för att vara verkningsfull också hör samman med ett aktivt lyssnande.

Med texten "Den offentliga konstens tidsrum" diskuterar Annika Öhrner bland annat Gert Marcus färgkompositioner på höghusen i Västra Flemingsberg, beställda av Huddinge kommun och färdigställda 1974, men även *Evig anställning av* Goldin + Senneby finansierat av Statens konstråd sedan det 2018 vann tävlingen *Västlänken: Kronotopia* för en station i Göteborg. Även Siri Derkerts *Ristningar i naturbetong*, Östermalmstorgs tunnelbanestation, beställda av Stockholms läns landsting och färdigställda 1965, hör till de verk som diskuteras. Det tongivande perspektivet är dock frågan om konstverkets långsiktighet, där "permanenta" verk från tidigare epoker fortsätter att verka alltmedan deras kontextuella förutsättningar förändras. I kapitlet pekar Öhrner på samtidens tro på konstverkets agens och dess förmåga att påverka platsen, det offentliga samtalet eller demokratin, och den starka kopplingen till liknande tendenser i äldre konst, liksom deras institutionella kontext. Vilka abstrakta och konkreta relationer upprättar efterkrigsperiodens idéer och anspråk för konstens räkning, och hur förhåller de sig till dagens situation? Hur samverkar konst med olika tillkomstdatum, för den enskilde betraktaren eller invånaren? Öhrner visar hur samma tankar rådde under efterkrigstiden då satsningen på offentlig konst var stor och förhoppningarna på dess effekter höga. Den tidens generösa och inte sällan politiskt progressiva konstproduktion resulterade i "permanenta" verk som dröjer kvar i stadsrummen. En större medvetenhet om detta komplexa landskap och verkan av det konstnärliga och institutionella arv i vår tid, efterlyses.

Tiden är också en viktig faktor i Dan Karlholms text "Konstverksamhet i den offentliga tiden. En studie av *Skogen kallar, Ställbergs gruva* och *Evig anställning*", där han utgår från tre relativt nya projekt, alla med finansiering från Statens konstråd. De tre exemplen är alla utsträckta i tid, men utan att vare sig vara temporära (kortvariga) eller permanenta (eviga). Istället stämmer de med den samtida tanken om konstverket som ett projekt, där startdatum är betydligt enklare att fastställa än slutdatum. Karlholm vill dock problematisera just denna idé om ett steg från unika verk till oavgränsade projekt. Alla tre projekten, skriver Karlholm, kan sägas utmana senmodernitetens accelererande flyktighet och anpassningsbara flexibilitet och de befinner sig också på tvärs mot alla tankar på marknadifiering och varufiering. Karlholm ser i dessa tre verk intressanta, ambitiösa och gränsöverskridande ambitioner som också alla är problematiska. Samtliga verk har (minst) ena foten i det förflutna för att verkställa nya framtider. *Skogen kallar* (sam)arbetar mot "en annan framtid", en bättre än den ekologiskt förödande vi har att emotse om ingenting görs för att förhindra den, medan *Ställbergs gruva* utför kollektivt arbete utifrån tanken att framtiden redan är här. Konstnärerna bakom *Evig anställning* arbetar inte själva utan ställer frågan om vad ett arbete är, nu och i framtiden, men delegerar åt framtiden att ta reda på svaret. Karlholms diskussion kretsar kring olika och sammanlänkade tidsligheter där inget är vare sig nu, då eller sedan utan snarare nu då och sedan.

I *"Listen!* En skulptur på torget och ett metoo-monument" analyserar Anna Rådström hur den "traditionella" offentliga konstens uttryck, skulpturen på torget och/eller monumentet ännu äger relevans. Kapitlet fokuserar på Camilla Akrakas *Listen!* som 2019 placerades på det nyligen renoverade Rådhustorget i Umeå. Verket initierades av Umeå kommun men finansierades delvis av en donation från Sparbanken och uppgavs vid invigningen vara Sveriges, alternativt världens, första metoo-monument. Det klarlackade kattdjuret ställer frågor om den offentliga konstens meningsproduktioner. Rådström undersöker hur verket adresserar den samtida metoo-rörelsen och feministisk historia, och hur det också påminner om kommunens progressivitet. Genom begrepp som "tankespår" söker Rådström lokalisera och diskutera olika tolkningsmöjligheter. Det djur som skulpturen föreställer beskrivs som en "puma", vilket ofta lett till att det uppfattas som kvinnligt, vilket i sin tur leder författaren till reflektioner om kvinnan som djur/natur. Texten diskuterar också pumans liv utanför torget, då den har kommit att bli ett landmärke för Umeå och figurerar som bild i en mängd olika sammanhang.

I kapitlet "Lekens plats i en antropocen offentlighet: Om *Vril Båt Sten/Fijfere Vanás Geađgi* av Joar Nango och Anders Rimpi" diskuterar Charlotte Bydler ett verk vars titel på svenska är *Vril Båt Sten* och de tre olika samiska språk (som är aktuella här) *Fijfere Vanás Geađgi*. Joar Nango och Anders Rimpis installation beställdes av Statens konstråd 2017 och är ett platsspecifikt verk för Giella förskola i Jåhkåmåhkke (på samiska) eller Jokkmokk (på svenska), som en del av ett språkvitaliseringsprojekt för samiska språk. Orden bär också på en viktig skillnad: "fijfere" är sydsamiska för "vril", "vanás" betyder "båt" på lulesámi, och "geađgi" avser "sten" i nordsamiska. Genom att plocka ord från tre olika samiska språk, får verket den lokala flerspråkiga situationen att återkomma, vilket också återspeglar sig i barngruppen där de olika språken talas. Det är därför ett platsspecifikt arbete i termer av ett språkåterupplivande projekt som måste förstås i ljuset av undertryckandet av samiska språk, och kanske i relation till omlokaliseringen av nordsamiska till lulesámi och södra Saemie. Följaktligen representeras de tre språken på förskolan av de tre orden som innehåller tre världar. Samtidigt frågar Bydler hur vi ska förhålla oss till offentlig konst som beställs av en nationalstat som inte erkänner det samiska urfolkets rättigheter. Här kommer frågor om det "permanenta", dels förstås i relation till konstverkets utsträckning in i framtiden, dels till samernas historiska rätt till platsen som utan tvivel kan visa att de legitimt varit i territoriet sedan urminnes tider. Med denna dubbla optik går Bydler vidare till att definiera termerna "permanent" och "offentlig" i relation till varandra som i " permanent offentligt konstverk", ett resonemang med vidare beröringspunkter för vår senaste geologiska epok: antropocen.

I texten "Trygghetskonst. Om konst som trygghetsåtgärd för offentliga rum" berör Oscar Svanelid en annan sida av den offentliga konstens "nytta", nämligen när den ingår i ett sammanhang som syftar till att stärka tryggheten i ett område. Svanelid konstaterar att otrygghet alltmer upplevs som ett problem i samhället, varför frågan hamnat på den kommunalpolitiska agendan vad gäller olika bostadsområden i allmänhet och vissa specifika platser i synnerhet. Texten utgår från den roll som Anders Årfelts *Stockholmslejon* fick i terrorattacken på Drottninggatan i Stockholm 2017. Han går därifrån vidare till att diskutera några kommunalt beställda ljuskonstverk i Göteborg vilka tillkom under projektet *Trygg, vacker stad* (2005–2018). Genom att analysera ett antal ljuskonstverk i tunnlar diskuterar Svanelid frågor som vad för sorts trygghet vi talar om och för vem den egentligen är trygg. Tanken att kriminalitet och otrygghet kan byggas bort problematiseras med frågor som rör viljan att bli av med "oönskade element" från gatubilden. Den önskade effekten av större rörlighet förutsätter att det är "rätt" sorts individer som ökar sin rörlighet. Problemet, konstaterar Svanelid, är inte själva ljuskonsten utan att denna har etablerats som norm för trygghetskonst. Samtidigt ser han också ett annat "socialt liv" för konstverken i deras möte med allmänheten, vilken sker bortom både konstnärlig intention och kommunal kontroll.

Beställd konst kan göra "nytta" och ändå behålla sin integritet och kritikalitet. I sin text "Omsorgens omförhandlingar. Samtidskonst och forskning i gestaltnings-processen i en nybyggd vårdmiljö" om konsten på Skandionkliniken i Uppsala beskriver Pamela Schultz Nybacka hur sjukhusmiljön planerades i samklang med den konstnärliga gestaltningen. Skandionklinken utgör ett intressant exempel på två viktiga aspekter av den offentliga konsten. För det första just frågan om hur konstnärer och andra som arbetar med gestaltning skall förhålla sig till byggnadens ämnade verksamhet och brukare, i detta fall cancersjuka barn och vuxna. För det andra hur och när konsten skall komma in i processen. I Skandi-onkliniken kom den in tidigt i planerandet och kom att prägla de tidiga planerna för klinikens entré, sällskapsrum, terapirum, kontor, väntrum och hotelldel. I sin roll som följeforskare upptäckte Schultz Nybacka bland annat att tanken på en sjukhusmiljö och hänsyn till arkitekterna till en början höll tillbaka konstnä-ren Filippa Arrias i hennes val, fastän konstkonsulten Lotta Mossum snarare ville släppa på spärrarna. En viktig påminnelse om hur begränsningar kring konsten kan internaliseras utan att vare sig uttalas eller kanske ens existera.

I "Tillfälliga förbindelser och långtgående konvergenser. Den offentliga konsten i kommunal regi" diskuterar Håkan Nilsson avslutningsvis den tillfälliga kon-stens entré i den kommunalt finansierade offentliga konsten. Texten utgår från en enkät som besvarats av ansvariga för offentlig konst i Sveriges 20 största kommuner och berör både hur stor del som kommunerna satsar på tillfällig konst och varför de vill göra det. Svaren är varierande vilket till viss del beror på hur frågorna har tolkats, vilket motiverar en diskussion om begrepp som "temporär" och "permanent" liksom sådant som ofta förväntas komma ur tillfälliga konstverk: interaktion och deltagande. Texten skissar också den tillfälliga konstens närliggande bakgrund och större konstkontext. Även om man i flera kommuner har en lång historia av tillfällig konst, beskriver många ett tidsspann från cirka 2015 och framåt som då man verkligen börjat använda sådan konst. Här uppvisas en mängd olika tankar om varför temporär konst ökar, från att den offentliga konsten skall spegla konstlivet i stort till tankar om betraktarens möjlighet till att möta och interagera med verket. Flera resonerar också kring större samhälleliga förändringar där tillfälliga lösningar bättre motsvarar samtidens behov av flexibilitet. Många exempel visar även på olika svårigheter med att implementera denna konst, då styrdokument och förord-ningar kräver något bestående. Det är också här som konvergensen blir tydlig; den temporära konsten behöver möta många olika krav, men de institutioner som beställer konsten måste också agera för att anpassa sitt system efter de nya förutsättningar den temporära konsten medför.

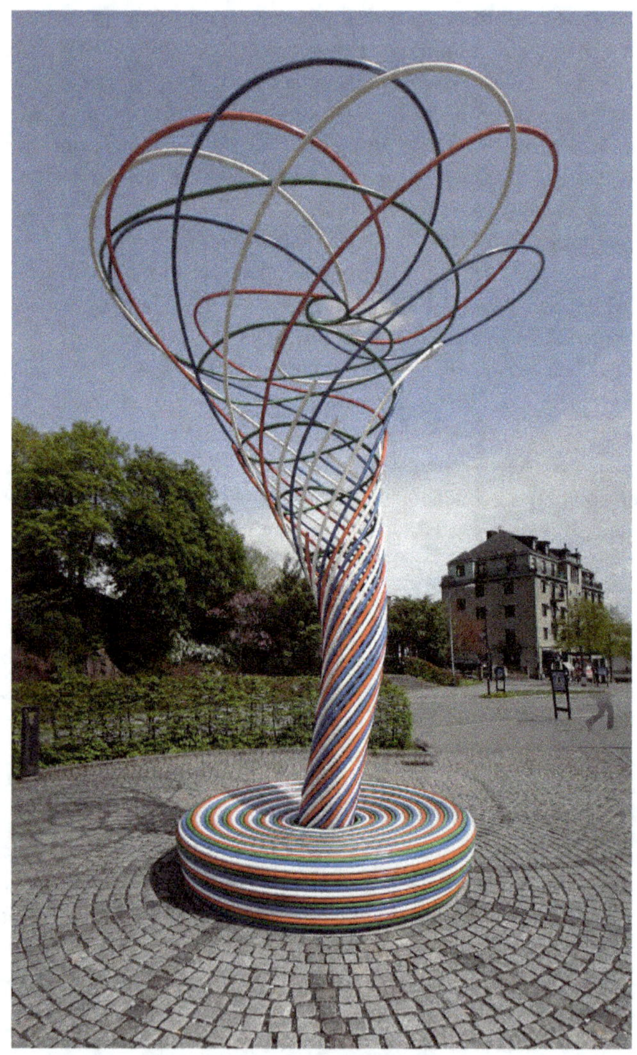

Permanent konst i tillfälligt sammanhang. *Tornado Touch Down* av konstnärsduon
Mats Bigert och Lars Bergström beställdes av Borås kommun men invigdes i samband
med invigningen av Borås skulpturbiennal 2010. Foto: Studio Bigert & Bergström Bus
© Studio Bigert & Bergström / Bildupphovsrätt 2021

Offentlig konst:
ett försök till navigering
// Håkan Nilsson

Introduktion

Att definiera "offentlig konst" är lättare sagt än gjort. Bara begreppet "offentlig" ger upphov till en mängd olika och ibland motstridiga tolkningar. Menar vi till exempel "offentlig" som i "offentliga sektorn" och därmed, som exempelvis i fallet konst, finansierat med offentliga medel? Det är inte ovanligt. När Konstnärsnämnden 2019 genomförde en undersökning om den så kallade 1%-regeln, valde de att definiera "offentlig miljö" som "miljöer som ägs eller används av det offentliga, det vill säga stat, region eller kommun."[1] Eller menar vi det offentliga rummet som sedan avregleringarna inleddes under 1980-talet i allt lägre grad ombesörjs av offentliga medel och istället existerar simultant på en mängd olika privata, kommersiella, kommunala och statliga platser, fysiska liksom virtuella? Syftet med denna text är att undersöka olika definitioner av den offentliga konsten och diskutera situationer och sammanhang där existerar.

Privatiseringen av det offentliga rummet är ett återkommande ämne i det offentliga samtalet, vilket i sin tur till stor del utspelar sig i privata kanaler som dagstidningarnas debattsidor. Vilket är helt i sin ordning, i alla fall om vi följer sociologen Jürgen Habermas, som starkt bidragit till denna diskussion med sina tankar om den borgerliga offentligheten. Han tänkte sig just att det offentliga samtalet måste skyddas undan statens inflytande, inte minst som offentligheten skulle granska statens verksamhet.[2]

Habermas pekar därmed på en tredje definition av offentlighet, vid sidan av de redan nämnda "statligt finansierad" och "gemensam" (som alltså kan men inte måste innehålla det gemensamt ägda). Denna berör hur det offentliga samtalet (och det offentliga rummet) skall hållas *öppet*, en oundviklig del för bevarandet av demokratin. Alla dessa perspektiv påverkar hur vi ser på den offentliga konsten. Innan vi går in på hur konsten kan agera "granskande" kan det vara relevant att fortsätta fundera över begreppet "offentlig" i termer av gemensam.

---

1   *1% för konstnärlig gestaltning av offentlig miljö: en komparativ studie av enprocentsregeln i kommuner och regioner 2012 och 2018*, red. Bitte Jarl (Stockholm: Konstnärsnämnden, 2020), s. 15.

2   Jürgen Habermas, *Borgerlig offentlighet: kategorierna "privat" och "offentligt" i det moderna samhället*, övers. Joachim Retzlaff (Lund: Arkiv förlag, 1984).

Att något är offentligt betyder inte att det är tillgängligt för alla; inte ens om det rör konst i offentlig miljö finansierad med offentliga medel. Regeringskansliet, fängelser, smittskyddsavdelningar är platser med offentlig konst dit endast ett fåtal har tillträde. På sl.se beskrivs tunnelbanan i Stockholm som "världens längsta konstutställning" men för att få tillgång till den krävs att du löser biljett.[3]

Att något är tillgängligt för alla betyder inte att det är offentligt finansierat. Privata bostadsföretag bekostar konst på torg och i parker; privata initiativtagare samlar pengar för att resa minnesmärken över personer de beundrar; privata donationsnämnder bekostar offentlig konst: Eva Bonniers Donationsnämnd verkar exempelvis "för att initiera och föra samtal om konstens och arkitekturens roll i det offentliga rummet, samt till att genomföra konkreta konstprojekt."[4]

Att konsten är offentlig och tillgänglig för alla behöver dock inte betyda att den är beställd eller bekostad av vare sig offentliga eller privata aktörer. Det blir allt vanligare att konstnärer och konstnärsdrivna initiativ tar plats i det offentliga rummet utan förfrågan från någon beställare. Det kan bero på att de vill nå en oberoende plattform för att diskutera det offentliga (i Habermas mening), eller på att de vill ta vissa platser i besittning, visa på dess potentialer. Det kan också bero på att det inte finns någon annanstans att agera på, eller på att gaturummet helt enkelt är den plats där man vill visa upp sig för en större allmänhet, såsom fallet kan vara för gatukonst och graffitti.

Offentlig konst är med andra ord ett begrepp som både kan handla om konst beställd av myndigheterna och konst som bekämpas av samma myndigheter. Det är bara en av många paradoxer som uppstår i samtalet om offentlig konst.

Den offentliga konstens fält

Den offentliga konsten beskrivs och diskuteras i en mängd olika sammanhang, men endast i undantagsfall på de fora som berör "vanlig" konst. Dagskritik och online-tidskrifter beskriver och diskuterar i huvudsak den konst som äger rum på gallerier, konsthallar och museer, även om det ibland sker riktade insatser, som när kunstkritikk.se tog ett grepp om flera nyligen uppförda offentliga verk i landet.[5] Vill man läsa om offentlig konst är man därför hänvisad till andra källor.

Stora beställare som Statens konstråd, landsting/regioner och större kommuner ger ut böcker om årets satsningar och/eller volymer som rör all den konst som kopplas till något större projekt. Många kommuner har också gjort invente-

---

3   www.sl.se [hämtad 2019-10-05].
4   https://www.evabonniersdonationsnamnd.se/sv/ [hämtad 2019-11-12].
5   Se exempelvis inventeringen "Offentlig konst från Jokkmokk till Lund": https://kunstkritikk.se/offentlig-konst-fran-jokkmokk-till-lund/ [hämtad 2019-11-25].

ringar av det egna beståndet. Bland dessa publikationer finner man också större satsningar, vilka ofta utgår från någon tematik, som där Statens konstråd 2005 tog ett samlat grepp om de ca 1500 byggnadsanknutna konstverk man finansierat sedan 1937, vilket ledde till rapporten *Beställd konst: Fastighetsägarnas vård och underhåll av byggnadsanknuten konst* (2008).[6] Den centrala frågan rörde om den offentliga byggnadsanknutna konsten kunde ges samma långsiktiga skydd som historisk konst i kyrkor och slott.[7] Inventeringen lade i sin tur grunden för forskningsprojektet *Offentlig konst: Ett Kulturarv* (2014) där flera fallstudier diskuteras mer utförligt i den omfattande publikationen med samma namn.[8]

Offentlig konst kan alltså studeras genom en mängd olika källor och litteratur. Dess historia och tillkomstprocesser kan bland annat studeras vid Skissernas museum i Lund, som har världens största samling av skisser, modeller och förlagor till svensk och internationell offentlig konst. Kunskap om gatukonst och graffitti sprids via vissa tidskrifter och publikationer där till exempel förlaget Dokument press sedan 2000 har gett ut många volymer.[9] Men kunskapen sprids också via sociala medier, vilket är logiskt med tanke på hur kortvarig denna konstform oftast är. Det finns också en flora skrifter som fungerar lika mycket som guider till den offentliga konsten som reflektioner om den. *Det där är väl ingen konst?* utgår från ett antal omstridda offentliga konstverk. Boken tar ett brett grepp från beställande och juryarbete till ofta ilskna reaktioner från olika håll vilket ger en mångfasetterad bild.[10] Annars är det vanligt att publikationer om offentlig konst fungerar som ett slags guideböcker, uppbyggda som konstpromenader, som exempelvis *Konst på stan.*[11]

Även som forskningsområde uppvisar "offentlig konst" en stor variation i urval och frågeställningar. Den forskningsöversikt som Södertörns högskola och Akademin Valand i samarbete gjorde för Statens konstråd visar på en stor bredd. Ett intressant exempel är den forskning som riktas mot alternativa praktiker. Sedan 2010-talet har det skrivits fyra avhandlingar om graffitti och gatukonst i Sverige. Endast två av dessa är konstvetenskapliga, och ingen av dem diskuterar fenomenen ur ett estetiskt perspektiv. De andra två kommer

---

6   Klara Wahlström red., *Beställd konst. Fastighetsägarnas vård och underhåll av byggnadsanknuten konst*, (Stockholm: Statens konstråd, 2008).

7   Wahlström *Beställd konst*, op.cit., s. 5.

8   Karin Hermerén & Henrik Orrje, *Offentlig konst – Ett Kulturarv Tillsyn och förvaltning av byggnadsanknuten konst* (Stockholm: Statens konstråd, 2014).

9   https://dokument.org/ [hämtad 2019-09-30].

10   Brita Åsbrink & Kaj Larsson, *Det där är väl ingen konst?* (Stockholm: Carlsson förlag, 2008).

11   Bo Wingren, *Konst på stan. Offentlig utsmyckning i Stockholm* (Stockholm: Natur och Kultur, 1997).

från landskapsarkitektur och mediestudier.[12] Det säger något om hur många olika vetenskapliga discipliner som intresserar sig för den offentliga konsten. Vid sidan av konstvetenskap är det ett fenomen som engagerar urbanister, etnologer, sociologer, ekonomer, genusvetare, landskapsarkitekter, inredningsarkitekter, husarkitekter och förstås konstnärer. En mängd konstnärliga avhandlingar utgår också från praktiker i det offentliga rummet.[13]

Bredden i perspektiv och frågeställningar ställer frågor om hur vi skall se den offentliga konsten i relation till annan konst. "Konst" har sedan åtminstone 1960-talet förståtts som det som filosofen och konstteoretikern Arthur Danto kallade "konstvärlden" pekar ut som konst, det vill säga potentiellt sett vad som helst.[14] Ställd inför en sådan definition blir den offentliga konsten en snävare form. Ser vi å andra sidan till själva praktiken och de många frågor som den väcker utgör den offentliga konsten, med sina nya betraktare, beställare, sina forskningsfält, sina möjliga och omöjliga visningsplatser och många olika regelverk en utvidgning av konstbegreppet.

Offentlig konst/konst i det offentliga rummet

Ett sätt att strukturera vad den offentliga konsten kan vara är att skilja mellan den som är beställd av och finansierad med offentliga medel, den som är beställd av annan större aktör och slutligen den som tillkommer på andra initiativ. Men detta är också en uppdelning som är svår att upprätthålla; mycket offentlig konst tillkommer i olika gråzoner. I kölvattnet av den privatisering av statliga bolag och avregleringen av tjänstesektorn som inleddes under 1990-talet blev gränsen mellan det privata och offentliga otydlig och glidande. Inte minst har den bidragit till att konst som en gång tillhörde det "offentliga" med avyttring av företag och fastigheter plötsligen blev privat och kanske dessutom förflyttades från att vara tillgänglig för allmänheten till att inte längre vara det.

Inte bara avreglering och privatisering har förändrat scenen. I takt med att den offentliga konsten engagerar fler aktörer, har fältet professionaliserats och specialiserats. "Beställd" offentlig konst hanteras och administreras i allt högre

---

12 Jacob Kimvall, *The G-Word: Virtuosity and Violation, Negotiating and Transforming graffiti*, doktorsavhandling (Stockholm: Stockholms universitet, Konstvetenskapliga Institutionen, 2014); Peter Bengtsen, *The Street Art World*, doktorsavhandling (Lund: Lunds universitet, 2014).

13 Se till exempel Roland Ljungberg, *Kunskaps- och vattenrum: Delprojekt i konstnärlig upplevelsepark för hållbar utveckling* (Stockholm: Konstfack, 2014); Lisa Torell *Potential of the Gap*, doktorsavhandling (Tromsø: Tromsø Academy of Contemporary Art and Creative Writing, 2018). Båda projekten visar på den konstnärliga forskningens spännvidd.

14 Arthur Danto, "Konstvärlden" i *Konsten och konstbegreppet* (Stockholm: Raster, 1996).

grad av privata curatorer och konstförmedlare, vilka anlitas av både kommuner och privata aktörer för att sköta förfarandet med allt från medborgardialog till val av konstnär och placering av konstverk. *ArtPlatform* är en konstaktör som startade sin verksamhet 2001 och har huvudsakligen arbetat som beställare åt privata och kommunala fastighets- och byggbolag som beställare. Från 2016 har allt fler uppdrag kommit från kommuner och regioner, via deras avdelningar för offentlig konst och idag arbetar de betydligt mer mot kommuner och regioner än direkt gentemot privata aktörer.[15]

Professionaliseringen ställer krav på aktörer som kan hålla en dubbel optik. Magdalena Malm beskriver behovet av att på en och samma gång kunna förstå den tänkta publiken och konstnärens arbetsprocess som den samtida curatorns största utmaning. Hon beskrev sin position som curator, strax innan hon tillträdde som chef på Statens konstråd (2012–2020), så här:

> Denna curatorns centrala egenskap, att växla plats och stiga in
> i båda perspektiven är en ständigt pågående rörelse. Tanken tar
> sig in i konstnärens föreställning, och lever sig in i hur verket
> kan gestaltas, letar sig vidare ut till publiken, och in i deras
> medvetande, in i deras kropp, för att föreställa sig vad de kommer att vara med om...[16]

Omvänt ser vi också att det bildas privata organisationer, som exempelvis den fristående digitala plattformen *konstpool*, vilka syftar till att medvetandegöra konstnärer om offentliga utlysningar och hjälpa konstnärer med det ofta komplicerade ansökningsförfarandet som följer av att processen byråkratiseras när den underkastas lagen om offentlig upphandling.[17]

Offentlig konst kan uppstå i samband med konstutställningar som äger rum på en konsthall eller ett museum, men som sträcker sig bortom gallerirummet: exempelvis ArkDes utställning "Public Luxury Arkitektur, design och kampen om det gemensamma" (2018) eller "Acting in the City" på Norrköpings konstmuseum (2013–14), som ville "använda staden som scen".[18] Offentlig konst kan också uppkomma som ett led i olika utbildningar på konsthögskolorna. I

---

15 I en e-post 2020-11-18 anger Åsa-Viktoria Wihlborg procentsatsen 80–20 till kommunernas fördel.

16 Magdalena Malm, "Kära vän", *Imagining the Audience: Viewing Positions in Curatorial and Artistic Practice*, red. Magdalena Malm & Annika Wik (Stockholm: Art and Theory Publishing, 2012), s. 215–16.

17 https://www.konstpool.se/sv/home [hämtad 2019-09-28].

18 Citat från utställningskommissarie Susanne Ewerlöfs introduktion "Acting in the City" i *Acting in the City*, red. Johanna Uddén (Norrköping: Norrköpings konstmuseum, 2013), s. 6.

skrivande stund ger såväl Valand som Konstfack och Kungliga Konsthögsko-
lan kurser om offentlig konst – eller i det "öppna" som formuleringen lyder
på Konstfack. Ibland uppstår offentlig konst som ett led i andra pedagogiska
projekt. 2017 använde exempelvis projektet *ART KOD* konst för att hjälpa ung-
domar att påverka sin närmiljö.[19]

Ibland tillkommer offentlig konst genom tillfälliga utställningar i det offentliga
rummet (där vissa verk permanentas), som Borås skulpturbiennal och Örebros
Open art. Den blir till genom privata initiativ som ibland åtnjuter offentligt
stöd som Umedalens skulpturpark, Konstvägen sju älvar, Wanås Konsts skulp-
turpark, Konst på Hög Kumla eller Pilarne på Tjörn. Bland skulpturparkerna
finner vi även kommunalt initierade och finansierade projekt som Görvälns
skulpturpark i Järfälla liksom lokalt, konstnärligt organiserade utställningar
som Skulpturparken i Ängelsberg. Jag har redan nämnt att antalet egeninitie-
rade konstprojekt som äger rum i det offentliga rummet är en växande och
betydande del av konstvärlden. När Statens konstråd 2018 gjorde utlysningen
"Lokala konstprojekt" riktade man sig både till kommuner och ideella organisa-
tioner. Man fick in 382 ansökningar från en bred skara, där allt från kommuner,
lokala konsthallar, folkhögskolor och bibliotek till många enskilda konstnärer
fanns representerade.[20] Lägg till detta graffitti och gatukonst, vilka utgör en
självklar men inte alltid laglig del av det offentliga gaturummet.

De senare exemplen påminner om att det offentliga rummet som arena för konst
är en fråga om tillträde. Striden om vilka uttryck som skall accepteras och få
utrymme är komplicerad. Konstvetaren Jacob Kimvall skriver i boken *Noll
tolerans* om hur frågan om graffitti också är en fråga om definitioner, där det
har varit viktigt för nolltoleransens förespråkare att göra "graffitti" synonymt
med "klotter". I nästa led gör nämligen denna koppling all graffitti till skadegö-
relse och därmed något olagligt. Olaglig aktivitet skapar i sin tur otrygghet.21
I den omdiskuterade muralmålningsfestivalen Wall Street Nacka 2019 försökte
Nacka kommun skapa en väggmålningsfestival med inslag av graffiti-estetik
med intentionen att "öka tryggheten, trivseln och säkerheten i den offentliga
miljön" genom att införa en "programkod" där man skapade ett nytt "DNA" för
verken som skulle ställas ut. Dessa innehöll bland annat "mästerligt" istället för
det gamla "rebelliskt"; "visdom" istället för "ilska"; "lagligt" istället för "olagligt"

---

19 Tobias Barenthin Lindblad, *Art Kod: Demokrati, konst och det offentliga rummet* (Stockholm: Dokument Press, 2017).
20 Statens konstråd, Lokala utlysningar 2018 var en del i satsningen av det så kallade kunskapsnavet.
21 Jakob Kimvall, *Noll tolerans: Kampen mot graffitti* (Stockholm: Verbal förlag, 2012).

etcetera.[22] Det är en sinkadus att man just i Nacka dryga 20 år tidigare, mitt under nolltoleransens era, upplät ett antal väggar för laglig graffitti.

Att klassificeras som "otrygghetsskapande" är dubbelt olyckligt vad gäller konst i det offentliga rummet. Den offentliga konsten ses gärna som något som kan hålla det offentliga rummet just offentligt. I många fall får den också rollen att vara "trygghetsskapande". I sitt kapitel till denna antologi problematiserar Oscar Svanelid hur detta fenomen manifesterar sig på kommunal nivå när han bland annat diskuterar Göteborg stads satsning *Trygg, vacker stad*.[23] I rapporten *Tro, Hopp och Konst* beskriver arkitekten och teoretikern Monica Sand också hur lokalt förankrade konstgrupperingar arbetar med trygghet som mål. Hon beskriver hur grupperingen Gatukraft Lindängen "...med enkla och kortvariga konstnärliga insatser arbetar de med att skapa gemenskap, trygghet och uppmärksamhet."[24] Många betonar vikten av konstnärernas egna intressen av att vara engagerade i dialog i tider då samhället framstår som mer splittrat. Magdalena Malm tycker sig exempelvis se ett ökat intresse för det "sociala" där "the notion of public space has moved back into focus and aspects of the common and the civic has gained new relevance."[25]

Det offentliga rummet och dess roll för demokratins fortlevnad är förstås en stor fråga. Arkitekten Catharina Gabrielsson använder dryga hundra sidor av sin avhandling *Att göra skillnad* till att resonera om det offentliga rummets uppkomst i en västerländsk kontext från det antika Greklands Agora till vår tid. Ett resonemang hon behöver för att i nästa led kunna diskutera konstens roll och funktion i det offentliga.[26]

Stadens offentliga rum

Det är oundvikligt att resonemang om den offentliga konsten också måste inkludera vad som kännetecknar det offentliga rummet. Maktanalyser grundade i analyser utförda av franska filosofer som Michel Foucault (1926–1984) och Gilles Deleuze (1925–1995) liksom av deras landsmän Henri Lefebvre (1901–1991) och Michel de Certeau (1926–1986) är då återkommande referenser, liksom

---

22 https://www.nacka.se/stadsutveckling-trafik/konsten-att-skapa-stad/genomforda-projekt/infor-wall-street/ [hämtad 2021-09-07]

23 Oscar Svanelid, " Trygghetskonst: om konst som trygghetsåtgärd för offentliga rum"

24 Monica Sand, *Tro, hopp och konst - konst som politiskt verktyg: forskningsrapport om Statens konstråds satsning Konst händer 2016–2018* (Stockholm: ArkDes, 2019), s. 85

25 Magdalena Malm, "Introduction" i *Curating Context: Beyond the Gallery and into Other Fields*, red. Magdalena Malm (Stockholm: Art and Theory Publishing, 2017), s. 9.

26 Catharina Gabrielsson, *Att göra skillnad: det offentliga rummet som medium för konst, arkitektur och politiska föreställningar*, doktorsavhandling. (Stockholm: Kungliga Tekniska Högskolan, 2006).

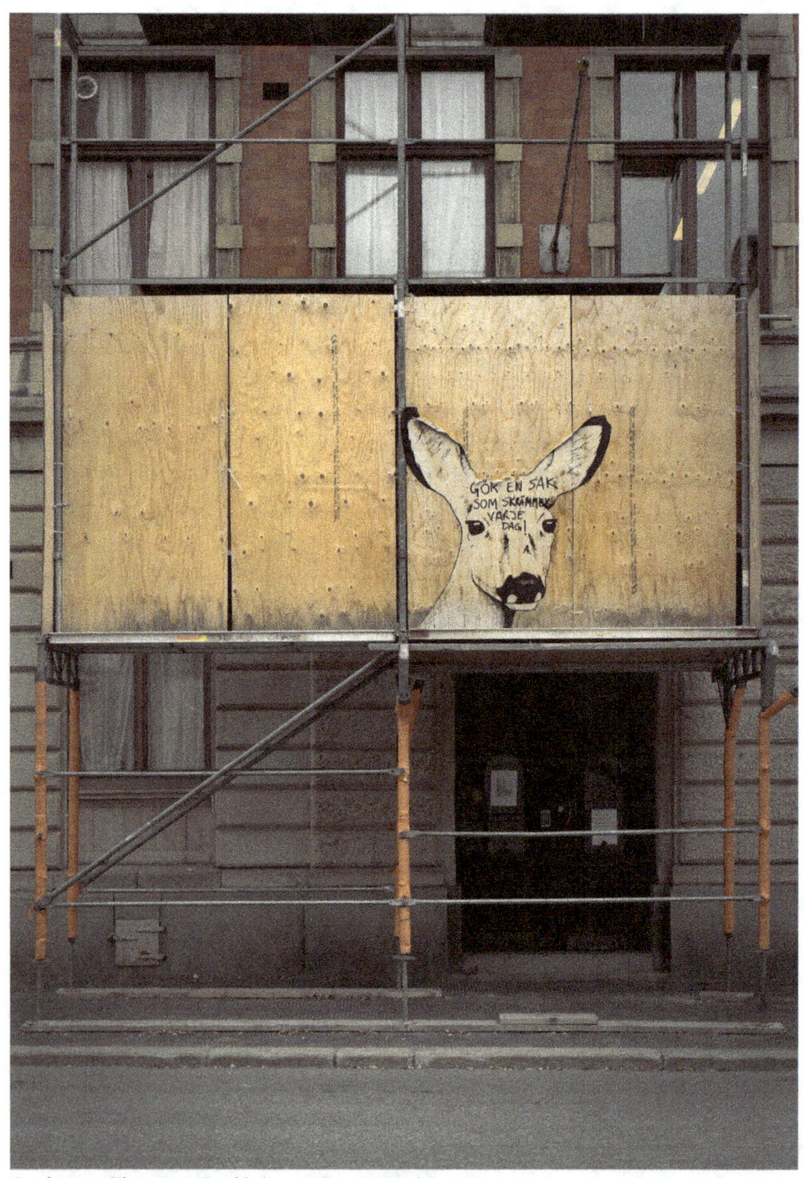

Gatukonst av Klisterpeter, Stockholm 2021 Foto: Jens Sethzman

redan refererade Jürgen Habermas. Filosofen Hannah Arendt (1906-1975) är en annan viktig teoretiker, dels för hennes resonemang om det "sociala" som något som ligger mellan det privata och det offentliga, vilket har fått stor roll inte minst sedan diskussionen om sociala mediers position som offentlighet, liksom för hennes resonemang om hur det gemensamma endast kan existera i "en mångfald perspektiv".[27] I liknade banor resonerar statsvetaren Chantal Mouffe, vars *Om det politiska* spelat stor roll inom konst- och arkitekturdebatten vad gäller det offentliga rummet som en möjlig plats där olikheter möts utan att vare sig leda till en överslätande konsensus eller till ren konflikt. Mouffe flyttar här fokus från antagonism till "agonism", vilket rymmer möjligheten att vara oense utan att vara fientliga.[28]

Den grekiska agora, torget där demokratin föddes och utövades (av fria män) är ett slags urbild för det offentliga rummet. Men att fokusera på just torget som det offentliga rummets urtyp kan leda till en snäv förståelse där staden prioriteras framför förorter och landsbygd, vilket kommenterats av bland andra poeten och arkitekten Lars Erik Raattamaa som kallat detta "metronormativitet".[29] Den accelererande urbaniseringen tenderar att försänka lands- och glesbygden i glömska.

Vändningen mot staden från förorten är en tydlig trend inte bara i Sverige utan världen över. Begrepp som "city-branding" och "placemaking" visar på de senaste decenniernas fokusering på städer, snarare än regioner och länder. I Sverige har stadsrummet, med dess täta bebyggelse och förment rika folkliv setts som en kur mot det trista, gråa förortslivet. Det markerar en radikal skillnad mot 1950- och 1960-talens hopp om att just den lummiga och glesare bebyggda förorten skulle kunna råda bot på innerstadens döda stenöken.[30] På ett liknande vis konstaterar Monika Murzyn-Kupisz och Jarosław Działek i förordet till *The Impact of Artists on Contemporary Urban Development in Europe* att staden i allmänhet, tvärtemot vad många trodde skulle ske, blev än mer attraktiv med digitaliseringen.[31] I deras artikel "Theorising Artists as Actors of Urban Change" i samma bok beskrivs också konstnärerna som en grupp vilken i högre grad befolkar stadsrummet än andra grupper.[32]

---

27 Hannah Arendt, *Människans villkor: Vita activa*, övers. Joachim Retzlaff (Göteborg: Daidalos, 1998), s. 91.

28 Chantal Mouffe, *Om det politiska*, övers. Oskar Söderlind (Hägersten: Tankekraft, 2008).

29 Lars Mikael Raattamaa, "Metronormativiteten", *Arena*, 2006: 6.

30 Se Tor Lindstarnd & Håkan Nilssons artiklar "Sous les Paves, les Paves", *Hjärnstorm*, 123-24 (2016) och "Solid Flows", *Architecture and Culture* 5:2 (2017).

31 Monika Murzyn-Kupisz & Jarosław Działek, "Preface", *The Impact of Artists on Contemporary Urban Development in Europe*, red. Monika Murzyn-Kupisz & Jarosław Działek Działek (Cham. Switzerland: Springer, 2017), s. v.

32 Monika Murzyn-Kupisz & Jarosław Działek, "Theorising Artists as Actors of Urban Change"

I staden syns också en annan förskjutning från det offentliga till det privata, då bostadsbeståndet i landets större städer har förändrats från att domineras av kommunalt ägda hyresrätter till att när denna text skrivs domineras av bostadsrätter. Omvandlingpolitiken har intensifierat debatten om "gentrifiering", där konsten har spelat många olika roller.[33] Inte minst har konsten som estetiskt objekt vars faktiska ekonomiska värde är svårbestämt, visat sig vara just både status- och värdehöjande, vilket har diskuterats och problematiserats de senaste decennierna. En viktig referenspunkt i denna diskussion är konsthistorikern och teoretikern Rosalyn Deutsches essä "Agorafobia".[34] En annan viktig teoretiker i detta sammanhang är konsthistorikern Miwon Kwon, vars "En plats efter en annan" behandlar frågan om det "platsspecifika" och hur detta begrepp måste förstås i relation till platsens historia och ekonomi där konstverket ger upp en del av sin autonomi för att "på ett mer direkt sätt integrera konsten i det socialas domän..."[35] Relationen mellan det estetiska/autonoma konstbegreppet och ett mer processorienterat och öppet är dock inte fullt så enkel. Det går inte att skapa en dikotomi mellan en sorts konst som bidrar med ekonomiskt värde och en annan som bär politisk potential. Som Nato Thomson från den amerikanska organisationen Creative Time uttryckte det: "You could basically say any public art piece is helping gentrification."[36] Men att konsten ses som något mer än utsmyckning, vilket betyder att den både kan bekräfta rådande maktordningar och fungera uteslutande, samt bära en förmåga att engagera och skapa debatt, rent av förändringar i positiv riktning, är något som präglar den internationella diskussionen om den offentliga konsten.

Samtidigt ser vi en annan vändning som filosofiskt hör samman med det som kallas nymaterialism, där teoretiker som Jane Bennett och Donna Haraway har pekat på sätt att tänka kring andra "agenser" än de mänskliga.[37] I samband med en

---

i Murzyn-Kupisz & Działek (2017), s. 2.

33 Begreppet "gentrifiering" kommer från den brittiske sociologen Ruth Glass, som myntade det i sin introduktion till antologin *London: Aspects of Change* redan 1964. Begreppet stammar ur engelskans "gentry" vilket på svenska översätts som "lågadel" eller "den högre medelklassen, herrskapsklassen".

34 Rosalyn Deutsche, *Evictions: Art and Spatial Politics* (Cambridge, Massachusetts: MIT Press, 1996).

35 Miwon Kwon, "En plats efter en annan", *Minimalism och postminimalism*, red. Sven-Olov Wallenstein (Stockholm: Raster, 2005) s. 209.

36 Nato Thomson & Suzanne Lacy, "Perceptions of Care", *Curating Context*, Malm red., op.cit., s. 102.

37 Se till exempel. Jane Bennett, *Vibrant Matter: A Political Ecology of Things* (Durham & London: Duke University Press, 2010); Donna J. Haraway, *Staying with the Trouble: Making Kin in the Chthulucene* (Durham & London: Duke University Press, 2016).

ökad diskussion om antropocen och klimatkris,[38] har många konstnärer kommit att intressera sig för landsbygd och glesbygd från helt andra perspektiv än tidigare. I detta sammanhang blir gamla dikotomier och hierarkier rörande stad och landsbygd, innerstad och förort sidoställda. Här handlar det snarare om ett omvärderande av vad naturen är och, sett från temat i denna volym, också en fråga som rör vad det offentliga rummet och den offentliga tiden kan vara och hur det kan förstås.

Den offentliga konstens roll

I regeringens proposition *Politik för gestaltad livsmiljö* från 2018 slås det fast att "[k]onsten har stor betydelse för att skapa offentliga rum med långsiktiga kvaliteter." Man argumenterar därför även för att den "tidigt skall införliva samhällsbyggets processer."[39] Liknande funderingar och förhoppningar går att finna i många motiveringar av konstprojekt i såväl privat som offentlig regi. Konsten ses ofta som något som skall förmera värdet (vilket kan men inte måste medföra ekonomiska värden), höja invånarnas känsla för platsen och därmed också deras omsorg om den.

Konstens förmåga att skapa debatt och engagemang väcker förhoppningar. Det kan gälla skrivningen om att konsten skall "stärka kultur- och demokratifrämjande verksamheter i områden med lågt valdeltagande" som var styrande för regeringens stora satsning "Äga rum", som delades mellan två myndigheter vilket resulterade i Statens konstråds "Konst händer" och Kulturrådets "Kreativa platser". Tonvikten i "Konst händer" låg på att konstrådet inte var bundet till statligt finansierade byggprojekt, utan kunde vända sig till civilsamhället med ett ansökningsförfarande för enskilda individer och organisationer i dessa "områden med lågt valdeltagande". Individerna/organisationerna fick föreslå platser för konst, för att sedan (om man blev utvald) matchas med en eller flera konstnärer och arkitekter som i förlängningen arbetade fram ett konstverk i samråd med beställarna.[40]

---

38 I *Nationalencyklopedin* definieras antropocen såhär: "(av grekiska aÐnthrÐpos 'människa' och kainoÐs 'ny'), människans tidsålder, föreslagen geologisk epok vanligen avseende tidsperioden efter cirka 1800, under vilken människan har utgjort en betydande faktor i förändringen av jordens geologi, klimat och ekosystem."

39 Citaten hämtade från den förkortade versionen *Politik för gestaltad livsmiljö* 2018 (Ku18:05) s. 7

40 Processen har i efterhand inte framstått som alldeles lättförstådd. I den påföljande analysen av hela projektet påtalades att "[b]åda de ansvariga myndigheternas utformning har dock varit i linje med uppdragen, men Kulturrådets utformning och genomförande har präglats av större tydlighet." Se *Kultur i demokratins tjänst En utvärdering av satsningen Äga rum Rapport 2019:2* (Stockholm: Myndigheten för kulturanalys, 2019), s. 9.

En fråga som aktualiserades med "Konst händer" var om den offentliga konsten är eller bör vara instrumentell; det vill säga tjäna ett syfte som ofta ligger bortom konstverket/konstnären/betraktaren. Detta är en fråga som i sin tur har många bottnar. Samtidigt som regeringen skriver fram konstens rätt till oberoende, ser vi också att den skall främja "demokratifrämjande verksamheter", något som många vittnar om inte är okomplicerat. För även om det är lätt att sympatisera med ambitionen, kan man, som konstvetaren Jeff Werner, fråga sig om konsten verkligen är förmögen till, eller ens borde, lastas med så högt ställda förväntningar. Apropå "Konst händer" skriver Werner fram en paradox. När man ser till hur stat, landsting, kommuner eller den privata sektorn satsar sina pengar så är kulturen inte något högt prioriterat område. Ändå är förväntningarna på vad kulturen ska åstadkomma med denna skrala budget höga: "Kulturen kommer nästan alltid i andra hand [...] Ändå tillmäts kulturen stora förhoppningar att ordna upp saker som alla andra har misslyckats med."[41]

Werner beskriver konsten som både underfinansierad och överbelastad med förväntningar. Han ser detta som ett led i att politiken idag själv inte längre driver politiska frågor, utan istället ägnar sig åt att förvalta. Därav kommer, skriver han,

> förväntningar från politiskt håll på att arkitektur, stadsplanering, design, konst och museer skall motverka förtunningen av demokratin genom att skapa nya slags mötesplatser, nya former av dialog och ökat engagemang bland medborgarna. Det vittnar om hur synen på såväl politikens som kulturens uppgift i samhället förändras. Politiken blir i det postdemokratiska tillståndet alltmer administrativ till sin karaktär med förvaltandet – inte förändringar eller förbättringar – av samhället som ideal.[42]

Även Monica Sand, som kontrakterades som följeforskare av Statens konstråd för "Konst händer", ser uppenbara risker med denna ekvation. I den redan omnämnda rapporten *Tro, Hopp och Konst* reflekterar hon över den förändring det konstnärliga uppdraget genomgår när konsten ges i uppdrag att agera i demokratins tjänst: "Det konstnärliga uppdraget förflyttas därmed från ett primärt estetiskt uppdrag mot en vidgad samhällsuppgift där konst kan fungera som ett politiskt och socialt instrument för förändring." Detta, skriver Sand varnande, kan få "oförutsägbara konsekvenser både för konstnärer och boende".[43]

---

41 Jeff Werner, *Postdemokratisk kultur* (Halmstad: Gidlunds förlag, 2018), s. 110.
42 Werner, *Postdemokratisk kultur*, op.cit., s. 139.
43 Sand, *Tro, hopp och Konst*, op.cit., s. 13–14.

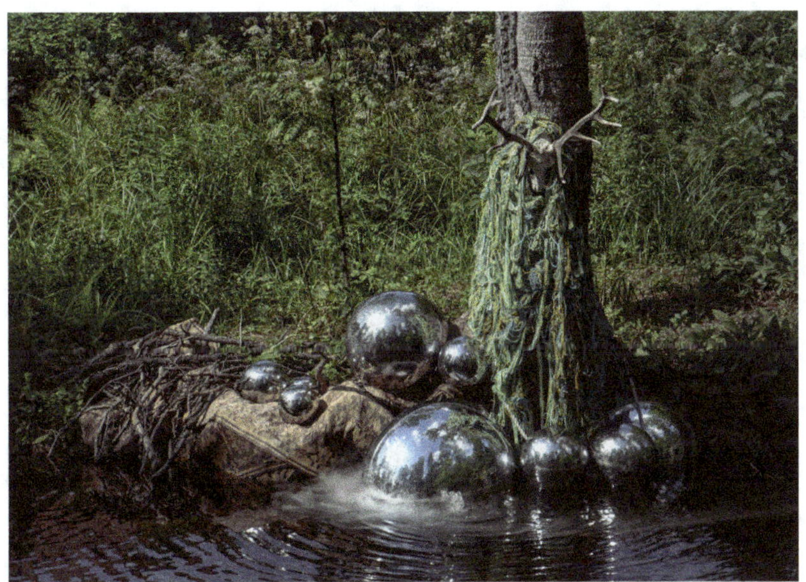

Backa Carin Ivarsdotter, *Strömkarlen*, 2019, Foto: Håkan Nilsson
© Backa Carin Ivarsdotter / Bildupphovsrätt 2021

Å andra sidan måste vi också konstatera att även det estetiska objektet bär på en mängd, i många fall långt ifrån okomplicerade värderingar, vars konsekvenser även de kan vara "oförutsägbara". Det handlar delvis om vem konstverket tilltalar, vem som känner sig inkluderad och vem som känner sig exkluderad. Det handlar också om hur någon blir sedd och/eller gestaltad. Jessica Sjöholm Skrubbe har exempelvis diskuterat hur de många nakenakter av företrädelsevis unga kvinnor som under folkhemstiden placerades ut i våra parker kommunicerar könsnormer.[44] Liknande resonemang finns i Gärd Folkesdotter och Anna-Karin Malmström-Ehrlings rapport *Spegel, gravsten eller spjutspets?* som spänner över ett längre tidsflöde, men har begränsats till ett snävare geografiskt område och omfattar alla konstverk i sju orter i Gävleborgs län som under perioden 1920–2000 placerats utomhus i den offentliga miljön. Författarna konstaterar att även om den nakna, passiva kvinnan är på väg ut är det svårt att upptäcka nya tendenser,

---

44 Jessica Sjöholm Skrubbe, *Skulptur i folkhemmet: den offentliga skulpturens institutionalisering, referentialitet och rumsliga situationer 1940–1975*, doktorsavhandling (Göteborg: Makadam, 2007).

"något verk som bryter mot kända teman för kvinnlighet eller manlighet eller som ifrågasätter den heterosexuella normen."[45]

Ur ett perspektiv är "instrumentalitet" förhållandevis oproblematisk och självklar: den byggherre eller kommun som satsar pengar på konst i ett bostadsområde kan mycket väl tänkas göra detta för att på detta vis höja statusen och invånarnas inställning till sin närmiljö. Det komplicerade är hur detta skall ske utan att konsten samtidigt bidrar till en gentrifiering och homogenisering av områden, en "oförutsägbar konsekvens" som går stick i stäv med ambitionen att bidra till demokratin.

Tanken på konsten som instrumentell i meningen demokratiskt redskap och katalysator kan dock beskrivas i andra termer. I det ovannämnda projektet *Art Kod*, ett samarbete mellan bland andra Konstfrämjandet Bergslagen och region Örebro län, var utgångspunkten barn och ungas engagemang i sin närmiljö och målet att sammankoppla detta med professionella konstnärer som blev till "verktyg" för att förverkliga deras idéer. I boken *Art Kod: Demokrati, konst och det offentliga rummet* beskrivs behovet av att stärka demokratin där "[m]etoden, eller koden, för att göra detta är konst, offentligt rum och demokrati. Genom att arbeta med konst kan dialogen fördjupas och Art Kod få reda på vad barn och unga efterfrågar."[46]

Det motsäger inte att instrumentaliseringen av konstnärer/konsten kan drivas av dolda agendor. Som Monika Murzyn-Kupsiz och Jarosław Działek konstaterar har många forskare sedan åtminstone det sena 1980-talet, påpekat riskerna med att konstnärer involveras och blir till instrument i gentrifieringsprocesser de saknar kontroll över: "artists may therefore (consciously or unconsciously) be instrumentalised by actors with greater political and economic power".[47] Ett typexempel är Sharon Zukin, som i exempelvis *The Cultures of Cities* (1995) analyserar de förändringar SoHo i New York då genomgick. Men Murzyn-Kupsiz och Działek framhåller också att många forskare pekar på motsatta resultat av konstnärlig praktik. De refererar exempelvis till Nick Wates *The Community Planning Handbook* och poängterar hur författaren ser stora möjligheter med lokalt förankrade projekt. "…Waters [sic] sees an important potential role for artists in community planning efforts including community art and art workshops…".[48]

---

45 Gärd Folkesdotter & Anna-Karin Malmström-Ehrling, *Spegel, gravsten eller spjutspets?: offentlig konst och genus* (Uppsala: Centrum för genusvetenskap, Uppsala universitet, 2007), s. 117.

46 Barenthin Lindblad, *Art Kod*, op.cit.

47 Murzyn-Kupsiz & Działek, *The Impact of Artists on Contemporary Urban Development in Europe*, op.cit., s. 23–24.

48 Ibid., s. 25.

Denna komplexa dualitet är en av orsakerna till att så många teoretiker och utövare poängterar vikten av att konstnärer kommer in tidigt i processen. På så vis utökas möjligheterna att få kontroll över det egna förloppet. I Statens konstråds rapport *Konsten att gestalta offentliga miljöer: Samverkan i tanke och handling* (2015) är exempelvis den första av de lärdomar man vill föra fram att "[v]erka för tidigt och mångsidigt samarbete mellan gestaltande kompetenser och övriga aktörer".[49] Liknande slutsatser drar Thomas Borén och Craig Young, vilka diskuterar förtjänsterna med att som konstnär tidigt etablera en närvaro och involveras i beslutsprocesser, i motsats till att komma in i en process på en viss plats utan någon särskild kunskap om den. De poängterar det lokala engagemanget och ser bäst resultat där konstnären är involverad i platsen redan *innan* omvandlings- eller byggprocesser påbörjas. Författarna lyfter bland annat fram Konsthall C i Stockholmsförorten och dess roll i ombyggnationen där som ett sådant exempel.[50]

Konstnärens självbestämmande och konstverkets autonomi

De flesta är nog överens om att en helt autonom position för den offentliga konsten från vilken den kan agera oberoende vare sig är möjlig eller önskvärd. Konst, konstaterade redan Marcel Duchamp, tillkommer i mötet med en betraktare.[51] För konsten i det offentliga rummet uppstår detta möte potentiellt sett med en betydligt mer heterogen grupp betraktare än vad som sker inom museets, konsthallarnas och galleriernas väggar. Det betyder att delar av de tysta kontrakt som konstvetaren Carol Duncan skrivit om sätts ur spel.[52] Konstnären kan vare sig förutsätta en viss förförståelse eller förlita sig på museets möjlighet att skapa en tolkningsbubbla med en viss hovsamhet mot verkets status som konst.

Frågan om konstverkets autonomi och dess roll i ett större sammanhang är vad gäller offentlig konst alltså betydligt mer komplex än vad den kan verka i förstone. Denna situation kan beskrivas i termer av vad Irit Rogoff kallat "kritikalitet",[53]

---

49 *Konsten att gestalta offentliga miljöer: Samverkan i tanke och handling*, red. Henrik Orrje & Anna Lindholm (Stockholm: Statens konstråd, 2017), s. 17.

50 Thomas Borén & Craig Young, "Artists as Planners? Identifying Five Conceptual Spaces for Interactive Urban Development" i Murzyn-Kupisz & Działek 2017, s. 309–312.

51 Marcel Duchamp, "The Creative Act", (1953) *The Essential Writings of Marcel Duchamp*, red. Elmer Peterson & Michel Sanouillet (New York: Oxford University Press, 1973).

52 I *Civilizing Rituals: Inside Public Art Museums* (London: Routledge, 1995) beskriver Duncan hur museirummet används för att uppfostra besökarna, vilket har andra uppenbara paralleller till hur det offentliga rummet och den offentliga konsten skall uppmuntra till demokrati. Den stora skillnaden ligger i hur Duncan skriver fram hur betraktaren disciplineras.

53 Irit Rogoff, "Smuggling – An Embodied Criticality" (eipcp.net: 2008)

ett begrepp som behandlades under ett av de symposier som Södertörns högskola arrangerade i samarbete med Statens konstråd i mars 2019 som ett led i forskningsuppdraget. Begreppet "kritikalitet" fångar den ambivalens som präglar den position konstnären intar när hen antar ett offentligt uppdrag. Kritikalitet innebär alltså att någon avsäger sig den klassiska "kritiska distansen" samtidigt som detta skapar utrymme för att inifrån bidra till en fördjupad problematisering.

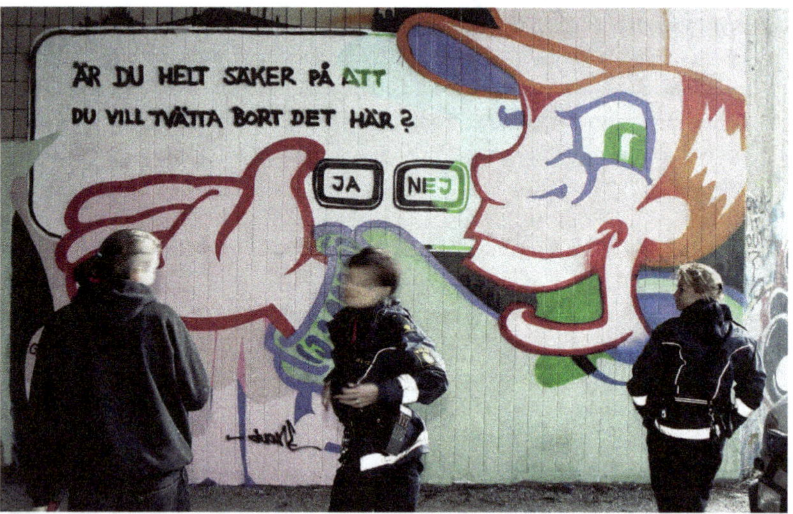

Bilden från 1997 visar hur två poliser talar om för Gunnar Nummelin, att det projekt med lagliga graffittiväggar i Nacka kommun han tog initiativ till, har avslutats. Målningen av Duane i bakgrunden kommenterar händelseförloppet.

Att som konstnär både vara en del av något och ändå behålla sin kritiska position är ingen enkel balansakt. Det behöver inte ens handla om uttalade förväntningar från beställare. I sin analys av flera olika offentliga konstverk ser konstkritikern Dan Jönsson, olikheterna i uttryck till trots, ändå många gemensamma aspekter: "De värderingar som uttrycks i dessa offentliga verk är helt enkelt sådana som räknas som demokratiska kärnvärden, 'svenska värderingar' som Mona Sahlin en gång uttryckte det. Sådana som gemenskap, tolerans, öppenhet och delaktighet."[54] Jönsson pekar här på risken med att konstnärerna mer eller mindre

---

54   Dan Jönsson, "Själva verket. Några tankar kring konst och offentlighet" i *Plats, poetik och politik: samtida konst i det offentliga rummet*, red. Linda Fagerström & Elisabet Haglund

omedvetet tar på sig att gestalta vissa värden som de uppfattar att beställaren och/eller den politiska situationen företräder. En annan komplexitet ligger i att värdera hur den eventuella kritik som konstverket kan förmedla faktiskt kommer att förstås. Som konstnären och arkitekturteoretikern Gunnar Sandin konstaterar kan odlande av en nära relation till konsten i "de kreativa industriernas tidevarv" skapa varubyggande mervärden, oavsett om konstverken som produceras faktiskt uttrycker en kritik mot den egna verksamheten eller inte. "Detta, därför att en varumärkesorienterad typ av kulturekonomi, som genom evenemang, projektanställningar, utbildningar, forskningsprogram och *you name it*, ser till att för sin egen profilerings skull odla just konsten som en producent av alternativ."[55]

Litteraturen som omger den offentliga konsten är full av varningar och insikter av liknande slag. Konstnären försätter sig i en situation som är både svåröverskådlig och svårbemästrad och riskerar därmed också att hamna i en ofördelaktig position, goda intentioner till trots. Ibland leder detta till strandade projekt där konstnären av en eller annan anledning tvingas avbryta samarbetet. Borén och Young pekar dock på detta scenario som ett med konstnären som möjlig vinnare: när denne står med ett färdigt konstverk, står beställaren tomhänt: "Basically, it is the city and the citizens that seem to be on the losing side in failed collaborations, whereas the artists in many cases make their work of interest anyway (for the public and/or the art scene)."[56]

Konstens möjlighet till självständighet, dess kritikalitet och förmåga att bidra till värden som gagnar både de lokala brukarna och konstnären ifrågasätts med andra ord från en mängd olika positioner. "Samarbete" tycks komma i konflikt med konstnärens "självbestämmande". Ändå värderas just det senare extra högt bland de flesta aktörer. Konstnärerna själva, men även konstförmedlare och curatorer ser det som avgörande att försvara konstens integritet. Men kanske är paradoxen en chimär, för enligt flera röster finns ingen egentlig motsättning. Teoretikern Claire Doherty skriver exempelvis att medinflytande inte behöver innebära inskränkningar i kvaliteten: "In our experience, empowering our audiences to speak back as a part of the making and unfolding of the work does not necessarily mean the surrender of artistic integrity or artistic authorship, though the terms of engagement need careful attention."[57] Magdalena Malm ser

---

(Malmö: Arena, 2010), s. 28.

55 Gunnar Sandin, "Offentlighetens spegel. Om konst, politik och poetik" i Fagerström & Haglund Plats, poetik och politik, op.cit., s. 59.

56 Borén & Young, "Artists as Planners?", op.cit., s. 302.

57 Claire Doherty, "From Crystal Ball Gazing to Air Traffic Control: Art Producing in Public Context", *Curating Contex*, Malm red., op.cit., s. 88.

till och med utbytet och den ömsesidiga respekten mellan konstnär och betraktare som själva kvaliteten: "Kvalitet handlar om konsekvens i genomförandet av ett konstverk och om dess gestaltning i tid, media, omgivande diskussion och historia. Om denna kvalitet finns kan konstverket bli tillgängligt för publiken, Kvalitet handlar om respekt, respekt för konstnärerna och deras verk och respekt för den publik som skall möta verket."[58]

Detta är också en central fråga för formandet av de beslutsprocesser som åtföljer ett offentligt konstverks väg från idé till fastställande. Den växande skaran av konstförmedlare, curatorer och andra "mellanhänder" vittnar om ett stort pedagogiskt arbete både vad gäller förhandlande med beställare och dialog med brukare. Här uppstår som konsekvens också en ökad byråkratisering, där konstnärer antingen får förlita sig på utomstående experthjälp eller själva sätta sig in i komplexa system av utlysningar, kontraktskrivande, regelsystem och säkerhetsföreskrifter. Många konstnärer vittnar om en ökad frustration inför denna situation.

Omförhandlad spelplan: den offentliga konsten

Många av de komplexiteter som berörts ovan hör samman med att den offentliga konsten allt mer sällan består av "skulpturer på torget". Ett återkommande inslag i böcker och texter om den offentliga konsten från de senaste decennierna är att den just har "förändrats"; etablerade uttryck och konstarter har lämnats därhän, vilket i sin tur har lett till att den samtida praktiken inte lika enkelt fångas in med ett traditionellt konstbegrepp. Curatorn Elisabeth Haglund och konstvetaren Linda Fagerström inleder exempelvis antologin *Plats, poetik och politik* (2010) så här: "Offentlig konst är ett begrepp som de senaste decennierna alltmer utmanats, utforskats och utvidgats av konstnärer i Sverige såväl som internationellt."[59] Det är lätt att ge dem rätt. Den offentligt beställda konsten har transformerats och utvidgats både till sitt uttryck och tilltal. Det är länge sedan offentligheten beställde konst för att markera en plats eller en persons betydelse, det sker idag egentligen bara undantagsvis, som det minnesmärke Lea Porsager fick i uppdrag att utföra för tsunamins offer, och som invigdes på Blockhusudden på Djurgården i Stockholm 2018. Det är talande att det tog flera år innan Peter Lindes staty av fotbollsspelaren Zlatan Ibrahimović fann sin plats. Verket var först menat att placeras utanför Friends

---

58 Magdalena Malm, "Curatoriell metod som praktik" i *Rörlig Konstproduktion*, red. Magdalena Malm & Annika Wik (Lund: Propexus, 2010), s. 28.
59 Elisabeth Haglund, "Inledning" i Fagerström och Haglund, *Plats, poetik och politik*, op.cit.

arena i Stockholm 2017, men kom efter flera turer att avtäckas i Malmö 2019. Där vandaliserades statyn sedan den tidigare Malmö FF-ikonen köpt en stor del av Stockholmsklubben Hammarby IF.

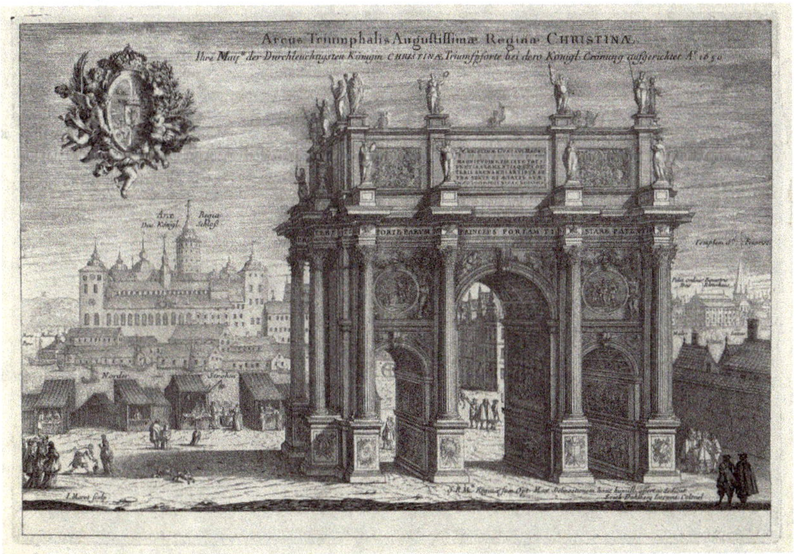

Erik Dahlberg (1625-1703), Jean Marlot (ca 1619-1679),
Drottning Kristinas triumfbåge i Jean Marots provtryck 1667, Kungliga biblioteket

Curatorn Maria Mur Dean beskriver hur curatorgruppen/konstproducenterna *consonni* söker verka i en snittyta mellan konst och det offentliga rummet med något som inte riktigt går att förstå som "offentlig konst": "The intrersection between art and public sphere does not quite fit into the category 'public art' as it does not refer to work that occupy open physical spaces that are addressed to a preexisiting public."[60] I samma antologi skriver Claire Doherty, som talesperson för den brittiska grupperingen *Situations* på ett liknande vis om deras arbeten som något som inte går att förstå med det traditionella "offentlig konst-begreppet" Hon beskriver istället deras metod som "agitations, dislocations and interventions, and new stories, which remake our sense of place."[61] Vi

---

60   Maria Mur Dean, "Survival Guide for Art Production", *Curating Context*, Malm red, op.cit., s. 21.
61   Claire Doherty, "From Crystal Ball Gazing to Air Traffic Controll: Art Producing in Public

kan förstå varför Dan Jönsson skriver "[v]ärlden liksom konsten har onekligen snurrat några varv sedan den tid då ett offentligt konstverk i stort sett hade två funktioner att välja mellan: minnesmärke eller utsmyckning."[62]

Om det nu någonsin var så. Redan konstvetaren Sten Karling beskrev hur konsten långt innan vi ens hade en idé om en "offentlighet" i Habermas mening kunde vara både temporär och ingå i festivaler. Karling beskriver exempelvis den Triumfbåge som man lät bygga med träreglar, duk, papier-maché på Norrbro i Stockholm i samband med drottning Kristinas kröning (1650) och som fick stå där ett antal år tills väder och vind mer eller mindre gjorde en destruering ofrånkomlig.[63] Och i en mer samtida kontext påminner konstvetaren Mårten Snickare oss om att offentligt placerade konstverk sedan åtminstone antiken har haft en performativ karaktär då de kräver betraktaren för att "aktiveras". Snickares exempel är här Titusbågen i Rom, uppförd år 81 efter vår tideräkning.[64] Dessa invändningar motsäger såklart inte att den offentliga konsten har genomgått radikala förändringar de senaste decennierna. Men för att förstå förändringen måste vi inte bara ta in det politiska landskapets skiftningar, utan också hela konstlivet. Sveriges konstliv har genomgått stora förändringar sedan konstscenen blev allt mer global mot 1900-talets slut. Detta innebar bland annat att tidigare "marginella" platser som Norden hamnade i fokus, och plötsligt blev utmålade som "konstmirakel", vilket konstteoretikern och curatorn Jonas Ekeberg har beskrivit i boken *Postnordisk.*[65]

Globaliseringen är en de faktorer som förändrat konstlivet de senaste decennierna. Den ledde bland annat till att ett större antal konstnärer började arbeta med utländska aktörer/gallerister och byggde sina karriärer helt eller delvis utanför den svenska kontexten. Det är delvis en fråga om att vi idag ser många fler examinerade konstnärer på fältet. Men det hör också samman med större, till och med globala strukturella förändringar. Det lokala och det globala existerar samtidigt, som indiska Raqs Media Collective beskriver saken: "To understand a place, any place we have to think the world."[66]

De lokala konstscenerna är också förändrade sedan millennieskiftet. I Stockholm utgjorde Moderna Museet länge ett självklart nav i ett konstliv som i övrigt

---

Context", *Curating Context*, Malm red, op.cit., s. 85.

62 Jönsson "Själva verket. Några tankar kring konst och offentlighet", op.cit., s. 28.

63 Sten Karling, "Drottning Kristinas Triumfbåge i Stockholm", *Sankt Eriks Årsbok* (1969), s. 63–99.

64 Mårten Snickare, "Bildhandlingar: Att skapa mening med Titusbågen", i *Performativitet: Teoretiska tillämpningar i konstvetenskap*, red. Malin Hedlin Hayden & Mårten Snickare (Stockholm: Stockholm University Press, 2017).

65 Jonas Ekeberg, *Postnordisk – Den nordiske kunstscenens vekst og fall 1976–2016* (Oslo: Torpedo press, 2019).

66 Raqs Media Collective, "The Play of Protagonists", *Curating Context*, Malm red, op.cit., s. 45.

bestod av ett nätverk av konsthallar och gallerier vilka fångade upp nyutexaminerade konstnärer och bidrog till deras karriärer. Idag erbjuder flera olika sorters kommersiella krafter utställningsverksamhet. Många nya konsthallar som Artipelag, Sven Harrys och Fotografiska i Stockholm har privata ägare, där ekonomin balanseras med konferensfaciliteter och restaurang. Omvänt satsar flera restauranger som Wedholms och Sturehov på konstutställningar. Den tidigare bodelningen mellan konsthandlare, auktionshus och gallerisystem har luckrats upp av blandformer som CF Hill och Arsenalsgatan 3 i Stockholm, vilka bägge drivs av tidigare auktionsanställda och både bedriver visnings- och värderingsverksamhet.

Det klassiska konstfältets gränser mot det mer alternativa fältet som formas kring olika konstnärsdrivna initiativ är även de flytande. Många konstnärer formar sina karriärer enligt andra banor, där allt från konstnärsdrivna initiativ till biennaler i landet och utomlands erbjuder möjliga karriärvägar. Det är inget krav eller självklarhet att ha ett galleri i ryggen, många väljer helt andra, ofta icke-kommersiella vägar. Dessa förskjutningar har medfört en omvärdering vad gäller konstnärernas syn på det offentliga uppdraget. Peter Hagdahl, konstnär och curator på Statens konstråd, konstaterar i ett samtal att det tidigare var så att "förr var den offentliga konsten kanske en födkrok som var ett måste och något som man gjorde lite slarvigt".[67] Om offentlig konst tidigare hade en air av något inte riktigt fullgott, där konstnärer inte riktigt kunde få göra det de ville utan var tvungna till kvalitetssänkande kompromisser, är det idag alltså många fler konstnärer som ser denna scen som en möjlighet att få utveckla det de annars aldrig skulle kunna göra, som en unik chans att få tid och resurser att utveckla ett större projekt. Som Linda Fagerström, om än lite svepande, beskriver saken: "[konstnärerna] ser inte någon skillnad mellan uttryck de använder för offentlig konst och annan, inte heller anledning till att definiera skillnaden – om den nu finns."[68] För den konstnär som hoppas på en framgångsrik karriär kan offentliga uppdrag vara en central faktor både vad gäller ekonomi och kulturellt kapital.

En viktig förutsättning för denna förändring ligger i att det idag finns en större bredd vad gäller konstnärliga uttryck. I samtalet ovan beskriver Peter Hagdahl hur konstrådet under de senaste åren genomgått stora förändringar, vilket också medfört en växling i vilka konstnärer och vilka konstnärskap som man

---

67 Peter Hagdahl et al., "Ett samtal om friktion på Statens konstråd" *I det gemensamma: konst, samhälle, komplexitet*, red. Anna Nyström & Anders Olofsson (Stockholm: Art and Theory Publishing, 2017), s. 158.
68 Elisabeth Fagerström, "Plats, poetik och politik: Samtida konst i det offentliga rummet", *Plats, poetik och politik*, Fagerström & Haglund red,op.cit., s. 16.

samarbetar med. Tidigare fanns det "en grupp konstnärer som tog mycket plats på scenen för offentlig konst." Hagdahl fortsätter med att säga att dessa konstnärer var duktiga, men att de konstnärskap han intresserat sig för inte gjorde offentlig konst. De inledde därför ett arbete med att få in dessa "mindre självklara konstnärskapen i det här sammanhanget".[69]

Om detta aktiva omtänkande har bidragit till en större variationsrikedom vad gäller konstnärliga uttryck som Statens konstråd arbetar med – liknande förskjutningar sker både på privat, regional och kommunal nivå – kan man också konstatera att många konstnärer som arbetar med mer traditionella uttryck därmed också känt sig mindre efterfrågade. Kanske kan man med den offentliga konstens förhöjda status på konstfältet också tala om en sorts gentrifiering, där en annan generation konstnärer med annorlunda praktiker gjort en äldre (mer traditionell) generation obsolet.

Det är idag alltså inte alls lika självklart för konstnärer att göra en karriär via gallerisystemet, eller att de ens vill det. Här har den offentliga konsten setts som en möjlighet att kunna arbeta med frågor med och för en helt annan publik. Som Claire Doherty konstaterar har fältet för deltagande, med rötter i *Community Art*, tydligt breddats för att integreras i konsten som vad hon beskriver som en "vital arbetsprocess för konstens demokratisering." Hon konstaterar då att detta också har fått betydelse för den offentliga konsten: "Vi ser också att platsspecifika permanenta verk alltmer har ersatts av spridda interventioner eller ackumulerade curerade program, som sträcker sig över rum och tid till säregna strukturer som blir mångsidiga temporära samlingspunkter."[70]

Omförhandlad spelplan: konstscenen

Traditionella konsthallar och museer har också omdefinierat sina praktiker och sökt ett större aktivt engagemang utanför de egna väggarna. Ett exempel på denna förskjutning kom med den så kallade *New Institutionalism*, ett begrepp som myntades av curatorn och kritikern Jonas Ekeberg i det första numret av tidskriften *Verksted* 2003. Begreppet försökte fånga in en tendens där flera konsthallar börjat driva en öppet självreflekterande och självkritisk praktik. I ett nummer av nättidskriften *On Curating*, ägnat åt fenomenet, beskriver Lucie Kolb och Gabriel Flückiger den nya institutionalismen som "institutions characterized by a focus on (critical) examination of the organization and dis-

---

69 Hagdahl, "Ett samtal om friktion på Statens konstråd", s. 158.
70 Claire Doherty, "Relationen till medborgaren. Deltagande bortom det offentliga konstverkets 'händelse'", *Imagining the Audience*, Malm & Wik red, op.cit., s. 167–68.

position of art" och inlemmar bland andra Palais de Tokyo i Paris, Kunstverein München och Rooseum i Malmö.[71]

Danske curatorn Simon Sheikh har i sin konstnärliga avhandling beskrivit New Institutionalism som ett välfärdsstatsfenomen, eller snarare som ett slags sorgearbete över dess nedmontering: "New Institutionalism was not only an attempt at finding new, progressive avenues for institutions to explore rather embracing the culture industry and the society of spectacle, but also retrospective and preserving, a cultural expression of the withering away of the welfare state."[72] Denna beskrivning lämnar något sorgset över sig, vilket till viss del bekräftas av att många av de institutioner som ansågs vara bärande för denna nya trend har försvunnit eller ändrat riktning. Sheikhs tidigare kollega från NIFCA (en annan institution som praktiserade samma sorts självkritik), Nina Möntmann konstaterade också 2007 att de flesta institutioner som samlades under begreppet hade stöpts om eller lagts ner: "Most of the institutions seem to have been put in their place like insubordinate teenagers."[73]

Samtidigt fortsätter denna självkritiska vändning att spela roll utanför dessa institutioner. Det semioffentliga museirummet som Möntmann beskrivit som en "hub for various transdisciplinary forms of collaborations" är en definition som väl beskriver hur flera länsmuseer och konsthallar över landet fungerar idag.[74] Vi ser exempel på detta i långvariga engagemang i stadsplaneringen, Konsthall C har redan nämnts, men man kan också nämna Marabouparkens fyraåriga engagemang i projektet ParkLek där konstnären Kerstin Bergendal arbetade med ett deltagarbaserat projekt i Hallonbergen och Ör. Vi ser också exempel på detta i flera utställningsprojekt vilka tar plats i stadsrummet och engagerar sin publik.

Det offentligas förändrade förhållande till den offentliga konsten

Den offentliga konsten har både till uttryck och ambition under de senaste decennierna gått mot mer tillfälliga interventioner och engagemang med brukarna

71 Lucie Kolb & Gabriel Flückiger, "New Institutionalism Revisited", *Oncurating.org*, 21 (2013), s. 9.

72 Simon Sheikh, *Exhibition-Making and Political Imaginary*, doktorsavhandling. (Lund: Lunds universitet, 2012), s. 91.

73 Nina Möntmann, "The Rise and Fall of New Institutionalism Perspectives on a Possible Future", *eipcp:* http://eipcp.net/transversal/0407/moentmann/en.html [hämtad 2019-11-19]

74 Nina Möntmann, "Art Institutions and their Publics: On Relational Strategies What is the Project of an Art Institution, and Who is its Public?", *Placing Art in the Public Realm*, red. Håkan Nilsson (Huddinge: Södertörn University Press, 2012) s. 98.

som en naturlig del av processen och/eller verket. Vi kan se detta i relation till en mängd olika faktorer. Som vi har sett handlar det om att både konstbegreppet och konstfältet har genomgått förändringar, men också om vilka förväntningar som ställs på konsten. Synen på vad konsten är och kan vara har breddats på många punkter, mycket tack vare att det offentliga konstrummets aktörer har blivit fler och mer professionella. Detta sker mot en fond där politiken har förskjutits till att nöja sig med en mer administrativ roll, präglad av statens (och alla andra former av det offentligas) "tillbakadragande" de senaste decennierna.

Annat var det förr. Som sociologen Martin Gustavsson har visat så fungerade Statens konstråd under 1940- och 50-talen inte bara som en inköpare av konst, utan också som en kontrollinstans av konstens kvalitet i stort som skulle "motarbeta den mindervärdiga konsten". [75] Fram till 1953 rådde det till exempel importförbud på "medioker" konst, vilket var en del i ett led av att garantera landets befolkning äkta vara.[76] Något som i sin tur förmodades stärka demokratin. Det är ett tema som ju återkommer än idag, utan den magistrala idén om god kvalitet, men ändå förväntningar på andra egenskaper som "nyskapande".

I Sverige och de övriga nordiska länderna har det offentliga rummet i hög grad, och den offentliga konsten, länge garanterats, finansierats och definierats av stat, region och kommun – av offentligheten. Det gäller våra torg och deras roll i den demokratiska processen som mötes- och demonstrationsplatser. Det gäller också denna offentlighets tilltal, där den offentliga konsten länge har setts som en självklar aspekt av det offentliga rummet och som därför också kräver att det "offentliga" tar sitt ansvar för att identifiera och försvara vad det offentliga rummet är.

Denna identifiering av det offentliga rummet (och den offentliga konsten) som mer eller mindre beroende av offentliga medel har lett till att detta i stor utsträckning har betraktats som det privatas motsats, det vill säga det privata förstått som näringslivet och dess kommersiella intressen. I 1974 års kulturproposition sattes åtta delmål vilka alla på ett mer generellt plan försökte definiera på vilken nivå kulturpolitiken skulle verka. Man sökte allmänna förhållningssätt, snarare än detaljstyrning men drev också av en tydlig agenda, vilket blev tydligt i det mest kända målet som stipulerar att "kulturpolitiken skall motverka kommersialismens negativa verkningar inom kulturområdet".[77]

Staten, som det uttrycks i den följande kulturpropositionen 1996, visade här "sin

---

75 Martin Gustavsson, *Makt och konstsmak: Sociala och politiska motsättningar på den svenska konstmarknaden 1920–1960*, doktorsavhandling (Stockholm: Stockholms universitet, 2002) s. 158.
76 Ibid., s. 166ff.
77 Kungl. Maj:ts proposition 1974:28.

viljeriktning".[78] I propositionen från 1996 finns formuleringen kvar, men har utökats med "och främja kulturell mångfald, konstnärlig förnyelse och kvalitet".[79] Skälet till att behålla formuleringen sägs ligga i att kommersialiseringens negativa effekter leder till "likriktning, förytligande och centralisering, men också i växande klyftor mellan olika människor och grupper."[80] Målet ströks dock ur Alliansens proposition *Tid för kultur* 2009 med motiveringen att "det knappast är relevant att peka ut den kulturella verksamhet som bedrivs på kommersiell grund som huvudsakligen skadlig eller negativ och något som därför behöver motverkas."[81]

Formuleringarna i de olika kulturpropositionerna beskriver olika lägesändringar vad gäller såväl kulturen och det offentliga rummet som i samhället i stort. Vi bevittnar en förskjutning från en relativt politiskt radikal socialdemokratisk regering 1974 till en mer liberal dito 1996 som avslutas i och med resultatet av alliansens maktövertagande.[82] Politikens förändring präglas dock inte bara av olika partiers maktövertaganden, utan av en allmän positionering mot nyliberala värderingar och inträdet i EU 1995. Om kulturpropositionen 1974 präglas av statens "vilja" är detta också ett uttryck för vad Foucault i *Övervakning och straff* kallade samhällets disciplinering, där idén med ett "offentligt" kontrollerat offentligt rum spelar en viktig roll.[83] Likaså kan propositionen från 2009 ses som ett steg mot den situation som Gilles Deleuze beskrev i den i dessa sammanhang mycket citerade texten "Postskriptum om kontrollsamhällena". Deleuze kommenterar där Foucaults teorier och resonerar kring hur disciplinsamhället efterträds av vad han kallar ett kontrollsamhälle, där människan kontrolleras av tekniker, snarare än av en uttalad "vilja" från staten.[84]

Det är således inte alldeles självklart hur vi skall förstå det politiska "tillbakadragande" som bland andra Jeff Werner har identifierat. Det kan å ena sidan ses som en brist på politiskt initiativ, å andra sidan som en frånvaro av en tydligt disciplinerande politisk agenda, vilket också kan beskrivas i termer av ökad frihet och en större tilltro till medborgarens egen smak. Arkitekturteoretikern Sofia Wiberg konstaterar exempelvis att det har skett en förändring vad gäller

---

78 Regeringens proposition 1996/97:3 s. 15.

79 Ibid., s. 27.

80 Ibid., s. 29.

81 Regeringens proposition 2009/10:3 s. 28.

82 För en diskussion om kulturpolitikens förändring sedan 1960-talet, se Bengt Jacobsson, *Kulturpolitik: styrning på avstånd* (Lund: Studentlitteratur, 2014).

83 Michel Foucault, *Övervakning och straff. Fängelsets födelse*, övers. C.G. Bjurström (Lund: Arkiv, 2003).

84 Gilles Deleuze, "Postskriptum om kontrollsamhällena", övers. Sven-Olov Wallenstein, i *Nomadologin* (Stockholm: Raster, 1998).

synen på samhällsplanering under de senaste decennierna från den expert-styrda till dialogen: "med idealet att planeringen ska göras i dialog, tillsammans med medborgare, och andra aktörer i samhällsbyggnadssektorn."[85] Och Joanna Zawieja, curator på Statens konstråd, säger i ett publicerat samtal när projektet "Konst händer" skall summeras: "Bara för att tydliggöra att det inte är så att 'Statens konstråd kommer in och upplyser civilsamhället' om vad konst är. Det är en process som sker på många olika nivåer."[86]

Deltagande: institutionen, publiken och lyssnandet

Som vi redan sett argumenterar många för en tidigare närvaro av konstnären i processen och närvaro i rummet. En annan central aspekt är hur konstverket/konstnären/curatorn skall få betraktaren delaktig, vilket ligger i linje med att konstverket inte skall manifestera en viss sanning och presentera den för de boende. Konstvetaren Mechtild Widrich ser här ett skifte från den mer konfrontativa praktik som traditionell, motkulturell performance stod för mot vad hon kallar "performative monuments". Hennes undersökning handlar om att visa hur denna förskjutning ser ut: "I will show how the contemporary monument does not 'tell' political facts, but engages the audience in forming new ones."[87] Där Widrich beskriver hur samtida performances närmar sig frågeställningar som tidigare berört monumenten, drar Lena From, projektansvarig för "Konst händer", en slutsats om deltagararbete och permanens, där de många samtal då konstrådet och dess utvalda konstnärer mött en större förväntan från de boende på permanenta verk som resultat av dialogen.[88] Att processen öppnas "tidigt" för både konstnärer och brukare betyder med andra ord inte att också resultatet blir en tillfällig, deltagarorienterad händelse. Däremot bidrar den i bästa fall till en av-anonymisering av betraktaren. Det handlar enligt Annika Wik om "en förändrad åskådarposition som innebär en delad kroppslig erfa-renhet, och i förlängningen en upplevelse som inte innebär samma avstånd som tidigare utan som skulle kunna beskrivas som närmare eller inifrån konst-händelsen. Fokus på åskådarens upplevelse, åskådarskap och reception, innebär

---

85 Sofia Wiberg, "Att hålla både och" följeforskningsrapport för Statens konstråd: https://statenskonstrad.se/guides/forskarrapport-konst-hander-att-halla-bade-och/ (2018) [hämtad 2019-11-18]

86 Lena From et al., "Konst har hänt: Ett samtal om målsättning, metod och medinflytande" i *Konst Händer: Statens produktion av konst inom regeringsuppdraget Äga rum*, red Rebecka Katz Thor & Joanna Zawieja (Stockholm: Statens konstråd, 2019).

87 Mechtild Widrich, *Performative Monuments: The Rematerialisation of Public Art* (Manchester: Manchester U.P., 2014), s. 9.

88 From, *Konst Händer*,op.cit., s. 9.

också, som Sobchack och andra visar, en intressant teoretisk förskjutning från abstrakt åskådare till en faktisk enskild åskådare."[89]

Deltagarprocesser har dock inte alltid setts som en med nödvändighet positiv egenskap. I en mycket kritisk och skeptisk text skriver arkitekten Markus Miessen att "[p]articipation has become a radical chic, one that is en vouge with politicians who want to make sure that, rather than producing critical content, the tool itself becomes what is supposed to be read as criticality."[90] Vad Miessen reagerar på är när själva deltagarprocessen vare sig ges tid eller utrymme för att kunna ha någon rimlig betydelse, där situationen som sådan blir gisslan för större krafter.

Som vi såg tidigare kunde Borén och Craig identifiera en mängd skäl till att konsten behöver komma in tidigt i processen. När det kommer till betraktaren/mottagaren/deltagaren blir frågan något annorlunda. Sofia Wiberg har försökt flytta fokus från vad som sägs i medborgardialoger och liknande sammanhang till att istället fundera över lyssnandet. Det är inte bara *när* någon kommer in i en process som är viktigt, utan också hur denne lyssnas på. I sin praktik har Wiberg många gånger märkt att medborgardialoger där hon själv deltagit ansetts vara "lyckade" så länge som de styrande fick de svar de ville ha. Omedvetet var de inte inställda på att höra andra röster, utan var fokuserade på att höra det de själva trodde att de skulle få höra.[91]

Frågan om den offentliga konstens eventuella nytta i tider då denna inte definieras av en tydlig "vilja" eller agens är som vi sett en komplicerad sak vilken ställer stora krav på beställare och utövare att hantera. Kanske ligger dess största framtida utmaning i just lyssnandet; hur det skall gå till och vad det skall lyssnas till. Oavsett om vi tänker "traditionella" konstobjekt eller ej, handlar det om att hitta ett system som lyssnar in beställare, mottagare och utövare, men också om att hitta metoder för att veta när dialogen kan eller bör begränsas – som exempelvis när den konstnärliga integriteten riskerar att åsidosättas.

89 Annika Wik, "Åskådarpositioner Här och där" i *Imagining the Audience*, Malm & Wik red., op.cit., s. 61.

90 Markus Miessen, *The Nightmare of Participation: [(Crossbench Practice as a Mode of Criticality)]* (New York & Berlin: Sternberg Press, 2010), s. 44.

91 Sofia Wiberg, *Lyssnandets praktik. Medborgardialog, icke-vetande och förskjutningar*, doktorsavhandling. (Stockholm: Kungliga Tekniska Högskolan, 2018).

Miljonprogrammets konst i dagens livsmiljö.
// Annika Öhrner

I samband med miljonprogrammet gjordes en rad konstsatsningar genom permanenta verk i de nya bostadsområdena. Välfärdsstaten rymde en stark tilltro till konstens förmåga att främja politisk förändring och demokrati. Tilltron finns ännu kvar, som till exempel då arkitektur, form och design anses kunna hantera "effekterna av globaliseringen, en ökande segregation och ohälsa och en minskande attraktivitet i flera av våra städer", som det står i betänkanden *Gestaltad livsmiljö* (SOU 2015:88). "Jag tror vi kan förändra världen, åtminstone vår dagliga livsmiljö." skriver utredaren trosvisst i inledningen.[1] Idag har den offentliga konsten i Sverige utvecklats med en rad offentligt drivna ofta temporära konstprojekt i storstädernas ytterområden men också på landsbygden, vilket flera kapitel i denna antologi behandlar. Även de temporära projekten skrivs in i pågående demokratiprocesser. Genom att skapa möten med och mellan invånarna anses de nå längre än vad stillastående skulpturer och färgsättningar kan göra. Det här kapitlet för en kritisk diskussion om den starka tilltron till konsten förmåga att förändra som tenderar att skymma sikten för hur spår av tidigare, parallella initiativ finns kvar i det offentliga rummet med en lågintensiv inverkan.[2] Artikeln lyfter fram exempel på hur en samtidig närvaro av konst med skilda tillkomstdatum kan förstås, som ett alternativ till en förenklad dikotomi mellan gammalt och nytt, beständigt och föränderligt, inaktuellt och nyskapande.

Vilka erfarenheter kan uppstå kring själva överlagringen av konst på en fysisk plats eller i ett rum som aktiverar betraktarnas medvetande eller det kollektiva minnet? Detta perspektiv på det offentliga rummet är olyckligt förbisett i den samtida diskussionen kring offentlig konst. För att beskriva mötet mellan äldre konst och en samtida praktik på en plats, väljer jag att använda begreppet *tidsrum* från den brittiska kulturgeografen Doreen Massey. Massey ser det offentliga rummet om en socialt differentierat plats där ett antal relationer och berättel-

---

1 Christer Larsson, *Gestaltad livsmiljö – en ny politik för arkitektur, form och design*, Stockholm 2015, SOU 2015:88, s. 13.
2 I Stockholm pågår för närvarande ett långsiktigt projekt med syfte att på ett nytt sätt aktivera befintliga offentliga gestaltningar i staden, initierat av Stockholm Konst. I olika delprojekt skapar konstnärer verk som försätts i dialog med redan befintliga skulpturer av äldre tillkomstdatum. Projektet är framåtsyftande och lär generera unika erfarenheter kring hur offentlig gestaltning skall kunna utvecklas med känslighet för dess unika tidsrumslighet.

ser korsas.[3] Hon använde tidsrums-begreppet i syfte att beskriva en upplösning av den linjära tidsuppfattningen i relation till den globala kapitalismens tidevarv. Överfört till en svensk kulturpolitisk kontext kan begreppet tjäna till att få syn på konstverkens samtida närvaro i det offentliga rummet, något som är viktigt att beakta både inom politiken, för konstnärer, och de som projekterar offentliga gestaltningar. Jag diskuterar några sådana relationer genom att studera två olika sorters platser, dels Flemingsberg, en stadsmiljö i Huddinge utanför Stockholm etablerad i samband med miljonprogrammet, dels Stationen, ett delvis föreställt rum för offentlig konst. Genom verk av Gert Marcus, Siri Derkert och Goldin + Senneby problematiseras föreställningen om det offentliga rummet som en orörd spelplan för en konst som skall gagna demokratin.

En stadsdel och miljonprogramsområde.

”Visste du att länets och kanske till och med Sveriges största konstverk är en samling hus?” sägs i en en film på Stockholms länsmuseums hemsida apropå bostadsområdet Grantorp i Västra Flemingsberg.[4] Det ”konstverk” länsmuseet hänvisar till är de arton bostadshus med 2500 lägenheter ritade av arkitekten Hans Matell och i färggestaltning i femton kulörer från grönt till gulrött, liksom i valörer från vitt till ljusgrått i norr, av konstnären Gert Marcus producerade 1965–1974. Västra Flemingsberg byggdes mitt i vad som då var ett skogs- och jordbrukslandskap. Marcus gestaltning är ännu ett dominant inslag i området. Färgkompositionerna interagerar med den som rör sig till fots i området eller mellan husen och kan även skymtas av de som går i de intilliggande skogsdung-arna. Även den resenär som i snabbt tempo passerar förbi i tåget på stambanan eller i bil på Huddingevägen, ser dem tydligt.

Kulturförvaltningen i Huddinge kommun har under flera decennier placerat offentliga verk på gator och torg, ofta i samarbete med det kommunala fast-ighetsbolaget Huge.[5] Institutioner som Södertörns högskola, Karolinska Huddinge, statliga arkiv, Södertörns tingsrätt och andra, har efterhand flyttat till Flemingsberg och med dem än mer konst. Den mest omfattande konst-samlingen står regionen för genom den samling konst som finns på Huddinge

---

3   Doreen Massey, ”A Global Sense of Place”, *Space, Place and Gender* (Minneapolis: University of Minnesota Press, 1994).

4   Rebecka Walan, ”Jag skall måla hela världen...”, Stockholms Länsmuseums webbsida, www.stockholmslansmuseum.se [hämtad 2020-11-01].

5   Se *Offentlig konst i Flemingsberg*, red. Håkan Bull & Dan Karlholm (Huddinge: Huge fastigheter, 2007), samt *Konsten på Södertörns högskola*, red. Annika Öhrner (Huddinge: Södertörns högskola, 2016).

sjukhus. Utöver Marcus färggestaltning är alltså en mycket stor mängd verk satta i spel i Flemingsberg, likt en mångröstad kör och manifestation av tilltron till konstens kraft att forma en stadsdel.

Ett första steg för att få syn inbördes relationer mellan verk och plats, är att undersöka var verken är placerade och hur de förhåller sig till den omgivande miljön. I en magisteruppsats i konstvetenskap 2015 gjorde Matilda Sjöblom en sådan inventering. Genom efterforskningar upprättade hon en förteckning över alla offentligt ägda verk placerade utomhus i Huddinge kommun, den ena av stadsdelens två kommuner.[6] Hon sökte sedan upp vart och ett av de 108 verken, gjorde GPS-noteringar för var de var lokaliserade och konverterade dem till en översiktskarta. I stället för att som man ofta gör gruppera den offentliga konsten efter verkens ålder och tillkomstår, eller vilken myndighet som beställt dem, synliggjorde Sjöblom på det viset deras rumsliga relationer och samtida aktualitet.

I sin analys valde Matilda Sjöblom i nästa steg att även kartlägga de egenskaper som var sekundära i just denna undersökning, nämligen upphovsmannens kön, etniska tillhörighet och socioekonomiska status. Dessa värden jämfördes sedan med motsvarande värden för befolkningen i de olika enskilda stadsdelarna inom Huddinge kommun. Flera resultat kom ut av det. Det visade sig till exempel att verk utförda av kvinnliga konstnärer, en påfallande liten andel, ofta var placerade utanför kvinnlig konnoterade platser som till exempel förskolor. Medan verk skapade av män dominerade i de kommundelar där beslut fattas eller där akademiska institutioner är placerade. Sjöbloms studie visar följaktligen konsekvenserna av en i tidsrummet överlagrad kulturpolitiska praktik. Genom en analys av beslutsvägarna och maktrelationerna inom kommunen tecknade hon dessutom en bild av hur producenterna av den offentliga konsten har format detta urval av verk. I slutdiskussionen konstaterade hon att "det i grunden handlar om en 'allmän känsla' av delaktighet i det gemensamma som går förlorad när de offentliga uppdragen ges till en homogen grupp av svenskfödda män, ofta med lokal förankring och utbredda nätverk".[7] Konstprojekten hade vid sin tidpunkt troligen tillkommit med goda intentioner om att skapa en mer konstnärligt intressant och demokratiskt utformad miljö, men Sjöbloms studie tecknade en mer komplex och problematisk bild över den kommunens offentliga konst.

---

6 Matilda Sjöblom, *Männen på fältet – En georeferentiell analys av den offentliga konsten i Huddinge kommun*, magisteruppsats (Huddinge: Södertörns högskola, 2016) Fulltext i Diva.
7 Sjöblom, *Männen på fältet*, op.cit., s. 27.

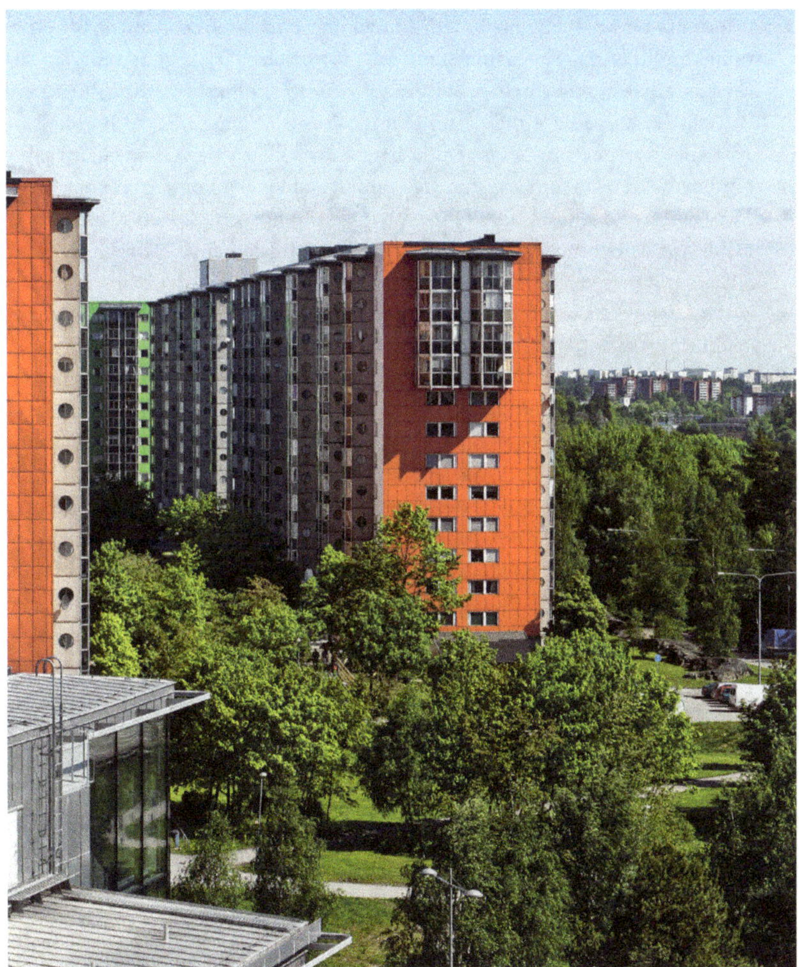

Gert Marcus färggestaltningar, Västra Flemingsberg och Södertörns högskola.
Foto: Henrik Peel, Södertörns högskola. © Gert Marcus / Bildupphovsrätt 2021

I detta avsnitt går jag vidare med att diskutera hur "apparaterna" kring de två jätte-
projekten i Flemingsberg fungerade runt 1970, det vill säga konstprogrammet
för Huddinge sjukhus och gestaltning i Västra Flemingsberg? Konstkritikern
Patricia C Philips lyfte 1988 fram den idealism som präglade vad hon kallade
"the public art machine", som enligt henne utvecklats i New York. För att säkra
såväl demokratiska som konstnärliga värden etablerades kommittéer och en ny
sorts beslutsmodeller. I dem fanns, menade Phillips, en säregen blandning av
idealism och byråkrati hade att göra med den tidslighet som ligger i verken,
alltså deras permanens. Konst som förväntas finnas kvar i det offentliga rum-
met skapade egna parametrar för produktionsledet.[8] Finner vi spår av en sådan
"public art machine" i en svensk kontext?
Huddinge sjukhus var vid tillkomsten i början av 1970-talet det största sjukhuset i
norra Europa. Sjukhuset och dess konstnärliga gestaltning hade en hög status
och var föremål för noggrann planering. I den ansvariga kommittén, kallad
Arbetsmiljögruppen för fysiska miljöfrågor vid Huddinge sjukhus (AgMiljö),
ingick bland andra sjukhusets övergripande projektledare Sune Björklöf den vid
tiden ledande kulturpersonligheten och konsthallschefen Eje Högestedt, profes-
sorn vid Konsthögskolan Olle Nyman, liksom flera arkitekter och representanter
för civilsamhället. Sune Björklöf beskriver hur konstprogrammet lades in som
en del i den övergripande planeringen av sjukhusets kommunikationsvägar och i
dialog med den senaste internationella organisationsforskningen. Utöver konst-
programmet ansvarade man för färgsättning och inredningsdesign i bredare
mening. [9] Holger Bäckströms och Bo Ljungbergs storskaliga relief *Hej Patient*
som då var placerat på en skärm utanför entrén, kan sägas var en representant för
det visuella och datorbaserade tilltalet. Idag har *Hej Patient* i en ny installation
placerats uppe på ytterväggen, ur vägen för inkommande biltrafik men också
för medborgarnas direkta interaktion. AgMiljö skulle inte endast svara för den
konstnärliga gestaltningen, sjukhuset uppfattades som en "totalmiljö" där fakto-
rer som ljud, textilier, skyltar, ljus, ytor, aktörer och verksamhet behövde beaktas.
Här finns inte utrymme för att diskutera projektet i sin enorma omfattning med
olika utställningsytor, fasta konstgestaltningar, löst placerad konst, arkitektur
och yttre miljö. Men syftet med den konstnärliga gestaltning som var kommit-
téns uppdrag var att "engagera, skänka glädje, och ge tröst". I projekt Huddinge
sjukhus återfinns alltså en stor tilltro till konstens demokratiska potential, såväl
som det "maskineri" som var satt att säkra projektet.

---

8   Patricia C. Philips, "Out of Order: The Public Art Machine", *Artforum* 27:4 (1988).
9   Sune Björklöf, "Konsten i Huddinge sjukhus", i *Huddinge Sjukhus 1972–2002*, red. Anders
     Persson & Folke Sjöqvist (Huddinge, Karolinska Universitetssjukhuset, 2010), s. 31–48.

Vilka avsikter rymdes vid bygget av Västra Flemingsberg? För kommunen handlade det om att locka arbetskraft till det nya sjukhuset genom att erbjuda goda bostäder i närområdet. Konstnären Gert Marcus distanserade sig dock från den positionen, och påpekade att hans roll i Grantorp, som området heter, var specifikt konstnärlig. Det är inte alldeles glasklart vad han avsåg med detta. Medan han avvisade föreställningar om att integrera konst i ett bostadsområde som idéer som härrör från kommunförvaltningar, avvisade han också att konstnärens uppgift var att lägga till något till arkitekturen som ett slags nutida ornamentik.[10] De kvaliteter som han själv ville tillföra var framarbetade i en, som han menade, objektiv om än konstnärligt baserad undersökning. Om den är objektiv, så skulle den också kunna vara giltig i ett senare tidsrum och det finns därför skäl att närmare granska Marcus idéer.

I sin konst ville Gert Marcus idealt påverka betraktaren att röra sig kring verk där färgen uppvisar såväl spatiala som tidsliga aspekter.[11] Han intresserade sig även för hur betraktaren och verket förhöll sig inbördes rent rumsligt. Förutsättningarna i Flemingsberg var en kupig terräng. Matells arton bostadshus är olika höga för att kompensera för skillnaderna i det bergiga landskapet, men har samma höjd i relation till havsytan. Minimalt med utsprängningar gjordes på platsen för att i linje med den arkitektens Le Corbusiers ideal bevara befintlig vegetation. Marcus konstruerade en färgkombination av femton kulörer och valörer från vitt till ljusgrått i norr, som sprutades i lackfärg på den plåt som anlades på fasaderna, vilka reste sig från grundens betongsocklar. Utöver naturen och den konstruerade motpolen - det betonggråa sjukhuset – var områdets tidsrum ännu relativt öppet, möjligt att ta i besittning visuellt. Idag har även en mängd skulpturer tillkommit på platsen.

Marcus utvecklade även en idé om "färgrum", som han kallade *Dispositioner*. Han sa sig vilja skapa ett färgspektrum som får en rumslig påverkan på betraktaren. Han utforskade denna idé i en rad skulpturer, målningar och gestaltningar för offentlig miljö från mitten av 1950-talet och framåt. Marcus färggestaltning för Västra Flemingsberg skapades i relation både till de som promenerar intill byggnaderna, och de som ser husen på håll. För att accentuera byggnadernas placering och rumsliga relationer skapade han ett färgschema som tog hänsyn till det avsedda materialets färgdimensioner, hur dess kulörer relaterade till varandra, och färgens opacitet kontra transparens. I en artikel för den konstve-

10   Gert Marcus & Hans Matell, "Colors on the Exterior Walls of the Buildings of the Apartment Complex at Västra Flemingsberg, Huddinge, Sweden", *Leonardo*, 12:2 (1979), s. 90.

11   Se Håkan Nilsson, *Måleriets rum* (Stockholm: Axl Books, 2009), samt hans "Gert Marcus: Konstformernas fenomenologi" i *Gert Marcus: Distansens förvandling*, red. Françoise Ribeyrolles-Marcus (Stockholm: Carlssons förlag, 2013), 87–104.

tenskapliga tidskriften *Leonardo* 1974 (utgiven av MIT Press), beskrev Marcus sin strävan efter att finna mer nyanserade begrepp för färger. Här vände han sig emot de psykologiska undersökningar som färgforskaren Lars Sivik hade tagit fram genom intervjuer med testpersoner där termer som "vänlig", "förfinad" eller "vulgär" kopplades till olika färgkulörer. Marcus ansåg tvärtom att människors estetiska sensibilitet är alltför begränsad för att gälla som utgångspunkt i ett modernt samhällsbygge.[12]

I konstnärens texter kring färgens och byggnadens objektiva relationer till betraktaren, glimtar dock också subjektiva värden till. I *Leonardo*-artikeln skrev han att bostadsområdet tillsammans med det närliggande sjukhuset kunde ses som ett samhälle i egen rätt, som det uttrycktes i artikeln, "a self-contained community".[13] Han kunde även erkänna att färgkompositionerna gärna kunde skapa "positiva känslomässiga emotioner".[14] Det Marcus ville åstadkomma i Flemingsberg var följaktligen en objektiv, färgrumslig gestaltning i arkitektonisk skala. Denna var i sin tur tänkt att påverka betraktarens subjektiva synförnimmelser och rörelser i relation till de färgade ytorna.

Vilken påverkan har de stora projekten i Flemingsberg på det tidsrum som stadsdelen utgör idag? Anläggningen av Huddinge Sjukhus och de därefter succesivt tillagda konstverken har genererat ett enormt sediment av konst och visuella uttryck. Vid en inventering 2008 räknades närmare 8000 konstverk vid Huddinge sjukhus av 2000 konstnärer.[15] Några av verken har tagits ned eller försvunnit men än fler gestaltningar utvecklats idag i stor omfattning av Region Stockholms kulturavdelning.

Ett tämligen nyplacerat verk i sjukhuset är *Färgrum och gränslinjer* (1997). Det är ett sent verk av Gert Marcus där den färgrumsliga teorin omsatts i en skulptur i lackerad järnplåt av kroppshöjd som här har placerats i sjukhusets huvudentré. Den färgade plåten tecknar en spiralformad rörelse och är tänkt att skapa en liknande kognitiv rörelse hos betraktaren. Skulpturen och dess placering i sjukhuset är ett exempel på hur en nutida curatoriell praktik vitaliserar äldre offentliga verk. *Färgrum och gränslinjer* skapades nämligen inte för den här platsen utan har flyttats från ett annat sjukhus i Stockholm, St. Göran, av landstingets konstproducenter Renée Lord och Martin West ca 2005.[16] Flera placeringar av

---

12 Marcus & Matell, "Colors on the exterior walls of the buildings of the apartment complex at Västra Flemingsberg, Huddinge, Sweden", op.cit., s. 89
13 Ibid., s. 89.
14 Ibid., s. 90.
15 Björklöf, "Konsten i Huddinge sjukhus", op.cit., s. 31. Konstbudgeten låg vid tiden på 6,2 Mkr, något som Björklöf omräknar till 52Mkr år 2010.
16 Uppgift från Martin West, projektledare Avdelningen för konst, Kulturförvaltningen Region Stockholm (e-post till förf. 2020-11-30).

Marcus verk i Flemingsbergsområdet har kommit till stånd genom liknande gester. I det kommunala biblioteket i Flemingsbergs centrum återfinns en skulptur placerad i taket beställd av Marcus sent i hans liv, *Tre steg från det obestämda*, (2002), bestående av tre stavar i plexiglas. Konstnärens målning *Färglinjer* (1953) ur Moderna Museets samling, har placerats i ett konferensrum högst upp i F-huset i Södertörns högskola intill ett fönster varifrån man även ser hans färgkomposition av bostadshusen i västra Flemingsberg.[17] Genom dessa placeringar konstrueras en genealogi som på sätt och viss upplöser verkens tid och aktivt låter dem sammanfalla i ett gemensamt tidsrum. Dessa exempel visar hur konstmaskineriet kontinuerligt har gett upphov till flera konstnärliga uttryck i Flemingsberg som i vardagen konkurrerar om allmänhetens uppmärksamhet.

Hösten 2020 slog Netflix-serien *Kärlek och anark*i igenom med dunder och brak. I denna kärlekshistoria med klassperspektiv bor en ung till Stockholm inflyttad IT-tekniker i ett kollektiv i en lägenhet i en av Marcus färggestaltade byggnader som här konstrueras som motpol till det centralt belägna townhouse där hans kärleksantagonist bor. Polariseringen mellan det unga, fräscha men också fattiga livet i förorten och den stelare, besuttna livsstilen inne i stan förstärks genom valet av miljöer där Grantorp framställs en såväl lockande som exotisk plats. Marcus gestaltning definierar alltså ett rum som återkommer i såväl populärkulturen som invånarnas direkta interaktion. Jag läser också under den här perioden en lång anvisning från styrelsen till en bostadsrättsförening i Grantorp, om hur parabolantenner inte får fästas direkt på fasaden eller sticka ut från väggen. I slutet av de mer tekniska argumententen för detta förbud, nämns fasadernas konstnärliga ursprung. Marcus färggestaltning blir därmed som jag uppfattar det, ett argument för estetisk disciplin och inrättning i leden.

Stationen

I följande avsnitt vänder jag uppmärksamheten mot Stationen, med vilket jag förstår ett rum med särskild förmåga att härbärgera och forma föreställningar om rörelse och framtid, men också historia. Såväl i sin fysiska som föreställda version, återkommer Stationen i den offentliga konstens diskurs under den svenska efterkrigstiden. Bakgrunden är naturligtvis att transportsystemen är offentligt finansierade och därmed, i de goda fallen, tilldelat medel för konstnärlig gestaltning. Ett sådant exempel är projektet Västlänken, den järnvägstunnel som byggs under centrala Göteborg. Statens konstråd har i samarbete med Trafikverket föreslagit gestaltningar på fyra stationer i ett projekt

---

17 *Konsten på Södertörns högskola*, Öhrner red. op.cit., s. 14.

med ett i vårt sammanhang tankeväckande namn, *Kronotopia* (av grekiskans Χρόνος [chrónos] för tid och τόπος [tópos] för plats). I juryn för tävlingsuppdraget fanns en representation från de båda myndigheterna och från Västtrafik, Konstenheten Västra Götalandsregionen, Göteborgs stad och Göteborg konst, liksom ledamöter med konstnärlig och curatoriell kompetens, enligt samma organisatoriska modell vi redan stött på i kapitlet. I projektet, som det uttrycks i inbjudan till konstnärer, beskrivs konceptet *Kronotopia* så här:

> [det ska] inspirera till en undersökning av vår nutid, en översyn av det förflutnas potential och en möjlig insyn i framtiden kombinerat med ett intresse för platsspecifikt utforskande. Konstnärer ges möjlighet att genom sina idéförslag lyfta fram den komplexa väv av identiteter, arv och förhållande till en globaliserad värld som finns i staden Göteborg och låta detta komma till uttryck i stadens gemensamma rum."[18]

Visionen som den potentiella uppdragsgivaren tecknade kring vad som skulle kunna åstadkommas av konstnären siktar högt, och inbegriper stora förväntningar vad gäller verkets fysiska och tidsliga utsträckning. Det vinnande förslaget till en av stationerna var *Evig anställning* (2017), av konstnärsduon Goldin + Senneby, som nedan ska undersökas som inom ramen för idén om Stationen som ett slags idealt rum för offentlig konst

Ett tävlingsprogram är en genre i sig och det ligger kanske i dess natur att man som beställare där presenterar höga förväntningar. Innan jag återkommer till de institutionella praktiker som breder ut sig i Stationen, vill jag först ringa in några föreställningar som kommer till uttryck från brukare. Konstnären och följeforskarens Monica Sands rapport från hennes studie 2016–2018 av *Konst händer*, ett projekt av Statens konstråd, har berörts på flera platser i denna antologi.[19] I rapporten beskrivs bland annat vilka önskningar som kom till uttryck genom de ansökningar personer från civilsamhället eller kommunförvaltningar skickade in för att få medel till konstprojekt avsedda för miljonprogrammets områden. I materialet finns indikationer på hur verk som

---

18 Tävlingsprogram. Kronotopia: Haga och Korsvägen 2017 Tävling 2, Statens konstråd och Trafikverket 2017-04-06, s. 4.

19 Monica Sand, *Tro hopp och konst. Konst som politiskt verktyg, forskningsrapport om Statens konstråds satsning Konst händer 2016–2018* (Stockholm: ArkDes, 2019). *Konst händer* var ett svar på regeringsuppdraget *Dela rum*, till Statens konstråd och Statens kulturråd 2016–2018 och realiserades på femton platser i landet, i projekt där professionella konstnärer bjöds in för att samarbeta med boende och civilsamhälle baserat på förslag på en specifik plats för den konstnärliga insatsen.

skapades för fyrtio-femtio år sedan lever kvar, såväl i minnen av en förfluten tid som i önskningar av framtidens offentliga rum. Ett exempel är aktualiserandet av byggleken *Ballongen* (1968) i Råby, ett miljonprogramsområde utanför Västerås, i ett idéförslag med titeln *Ballongen - lek på riktigt*. Den legendariska utställningen *Modell för ett kvalitativt samhälle* (ofta kallad "Modellen") som visades på Moderna Museet 1968 fortsatte därefter till Råby och utställningens curatoriella idé - att låta barnens lekar stå som modell för ett mer humant samhällsbygge - fick genomslag. Det nya förslaget från Råby för *Konst händer* går ut på att reaktivera detta. Andra sökanden utgår från ungdomsminnen från ett muralmålningsprojekt vilket de varit med i som åttondeklassare i grundskolan 1978. Det föreslår en uppföljning av projektet, i samband med att deras stadsdel ska få ett kulturhus. I en annan ansökan diskuteras hur verk från tiden för miljonprogrammet uppmanar omgivningen att "agera för det gemensamma", eftersom "frågorna är 40 år senare lika aktuella".[20] Informanten hänvisar till "Henschens grottmålningar" som talar om syskonskap, fred och gemenskap och "Derkerts väggverk i metall" som porträtterar hjältar som kämpar för miljön. De verk som avses torde vara Helga Henschens *Min gröna dröm är röd* (1975), gestaltningen av tunnelbanestationen i Tensta, samt Siri Derkerts *Sverigeväggen* (1967–69), på fasaden till Sverigehuset i Stockholm. Stationen och vissa ikoniska verk från 1960- och 1970-talet tycks på detta vis återskapas i betraktarens minne, såsom goda förebilder. Monica Sand betonade även hon i sin rapport hur tron på kulturens och konstens demokratiserande effekter genomsyrade projektet *Konst händer.* Uppfattningen att tillgången till konst i offentliga rum är en demokratisk rättighet och att konstens närvaro ökar invånarnas medvetenhet, återkom såväl i program som, vilket vi sett, hos brukarna själva. [21]

Vissa verk från perioden då miljonprogrammen etablerades och lokaltrafiken utvecklades har haft en särskilt stark, ikonisk status. Beställningarna av Siri Derkerts sju offentliga verk från slutet av 1950-talet till och med 1970-talet, sammanfaller med att den offentliga konsten institutionaliserades som ett välfärdsstatsprojekt. Statens konstråds främsta betydelse för den offentliga skulpturen under den här perioden har varit dess roll som en normerande och legitimerande instans och en parallell till den övergripande folkhemsdiskursen.[22] Den byråkrati och struktur som konstrådet byggde upp under efterkrigsperioden för konst beställd av staten, blev mönsterbildande för hur man kom

---

20   Sand, *Tio hopp och konst*, op.cit., s. 55.

21   Ibid.

22   Jessica Sjöholm-Skrubbe, *Skulptur i folkhemmet; den offentliga skulpturens institutionalisering, referentialitet och rumsliga situationer*, doktorsavhandling (Göteborg: Makadam, 2007), s. 292–293.

att arbeta med offentlig konst även på andra nivåer. Den institutionella situationen var själva förutsättningen för att progressiva och nyskapande projekt kunde placeras på centrala platser i staden där Derkerts *Ristningar i naturbetong* intar en särskild position. Redan vid utgångspunkten är stationen ett kraftfullt rum som omsluter den resande, och en plats kännetecknad av koncentrerad tid och accelererad rörelse. Siri Derkerts *Ristningar i naturbetong* utfördes 1961–65 på uppdrag av Stockholms Spårvägar och finns ännu kvar i Östermalmstorgs tunnelbanestation i Stockholm. Genom att perrongen är 165 meter lång finns här fyra enorma väggytor för gestaltning, och den väntande resenären bäddas in i verket. Genom motiv med freds- och miljöteman, kombinerade med bilder ur det nära vardagslivet, upprättas flera tidspositioner. Rytmen i musikaliska notskrifter återkommer i själva kompositionen, med tecknade bilder placerade utefter väggen. När Siri Derkert tillfrågades huruvida framtida människor skulle känna igen de personer som hon hade porträtterat på perrongen, svarade hon att de då fick tillfälle att lära sig något om dessa historiska personer. En av de tydligaste markörerna för tid i *Ristningar i naturbetong* är dock en tecknad hand som håller om en handled, med titeln: "Kvinnorna tar pulsen på patriarkatet. Tiden är kort".

I Siri Derkerts verk finns alltså såväl ett framtidsperspektiv som en konstnärlig vilja att historisera. Men verket rymmer också explicita förhoppningar om politisk förändring, vilka lämnar spår i dagens tidsrum. De motiv som framträder i de sandblästrade teckningarna i betongen återkommer som referens i Derkerts senare projekt och som vi har sett även i övergripande diskurser kring offentlig konst och demokrati. *Ristningar i naturbetong* kom att innehålla fredsbudskap, miljöbudskap och politiska markörer som Internationalen, den internationella arbetarrörelsens sång som också var Sovjetunionens nationalsång 1917–44. Uppdraget var varken något som slumpmässigt tillföll Siri Derkert och det politiska innehållet låg inte på något enkelt sätt "i tiden" som det ibland påstås då 1960-talets kulturklimat tecknas. Konstnären var bekräftad i konstfältet genom sin position i massmedier och i utställningsväsende. 1961 visades hennes konst i det unga Moderna Museets första retrospektiv med en svensk konstnär och 1962 var hon Sveriges representant vid Venedigbiennalen.[23] Det stärkte hennes position och skyddade henne när stationen öppnat och dess politiska ansats mötte såväl med entusiasm som kritik. När Stockholms Spårvägars chef Hans von Heland bad Siri Derkert att ta bort *Internationalens* notskrift från

---

23   Se till exempel Mats Rohdin, "Konst, politik och klotter. Siri Derkert och Östermalmstorgs tunnelbanestation i mediearkiven", i *Att alltid göra och tänka det olika. Siri Derkert i 1900-talet*, red. Mats Rohdin & Annika Öhrner (Stockholm: Kungliga biblioteket, 2011), s. 226–276.

tunnelbanestationens väggar, vägrade hon och därvid blev det. Den offentliga konstens maskineri skyddade och stärkte i detta fall verkets integritet, motivet bevarades in i framtiden och kan betraktas av de resenärer som passerar stationen än idag.

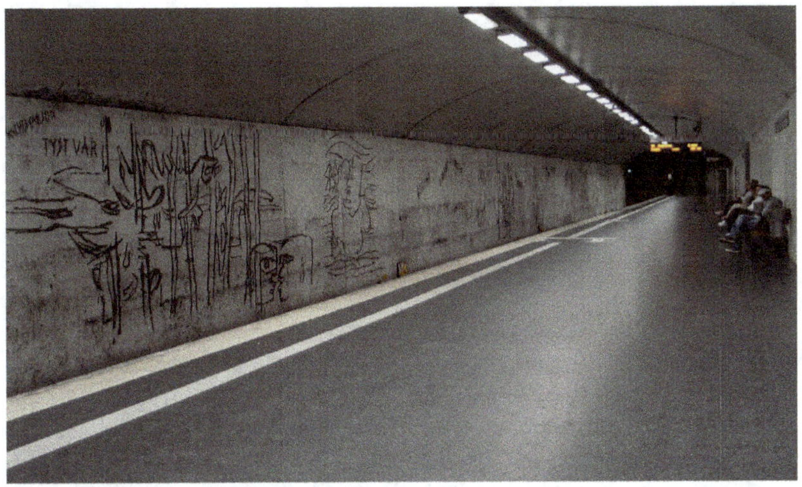

Siri Derkert, *Ristningar i naturbetong* (1961-65), Östermalms tunnelbanestation, Foto: Jonas Bergsten, 2005/Wikipedia commons. © Siri Derkert / Bildupphovsrätt 2021

Ambitionen att ge konstnärer tillgång till byggprocesser i ett tidigt skede, har löpt som en röd tråd genom den offentliga konstens institutioner alltsedan efterkrigstiden.[24] Det vinnande idéförslaget för Västlänken och Station Korsvägen hette alltså *Evig anställning* (2017), utformat av den stockholmsbaserade konstnärsduon Goldin + Senneby. Den franske nationalekonomen Thomas Pikettys tes att lön för arbete ökar betydligt mindre än vad investerat kapital växer, har inspirerat idéförslaget. Det är ett konceptuellt verk med en tudelad gestaltning som utgår från idén att projektbudgeten ska investeras så att avkastningen finansierar lönen för en person vilken får vad konstnärerna kallar en "evig" anställning vid stationen. Inom tjänsten får arbetstagaren välja sina

---

24 Sjöholm Skrubbe *Skulptur i folkhemmet*, op.cit., s. 104.

arbetsuppgifter och den ger även avtalsenliga förmåner, som semester och pension. Hur länge tjänsten löper skulle vara styrt av finansmarknadens utveckling men uppskattas av konstnärerna kunna löpa vidare i cirka 120 år. Stationens fysiska gestaltning för tanken bort från Stationen, typrummet, och imiterar ett annat slags rum. Här återskapas en industriarbetares arbetsmiljö med stämpelklocka och "fabriksliknande lampor ovanför plattformarna vilka slår på ett fluorescerande ljus - ett arbetsljus - när den anställde arbetar". *Evig anställning* relaterar därmed på håll till den materialistiska historiesyn och samhällskritik som ligger bakom Derkerts idéprogram för Östermalmstorg. Med sin långa tidsutsträckning skulle *Evig anställning* däremot inte vara ett statiskt verk, vilket lyfts fram som ett skäl för att det valts ut, utan anses förändras i takt med människors förståelse av arbete .

I jurytutlåtandet framhölls att Senneby + Goldins förslag var idémässigt storslaget, det omfattar hela den stora stationen och har en förmåga att "färdas genom dess väggar", samt "potential att genom ryktesvägen blir en del av Göteborgs muntliga historia."[25] Kulturteoretikern Josefin Wikström har i en kommentar konstaterat att det blir skevt att ontologiskt placera konstens spekulation på samma nivå som finansmarknadens, och därmed bortse från konstens kritiska potential.[26] Jag vill omformulera hennes tanke och föreslå att det på liknande sätt finns en ontologisk skevhet i den brett förankrade tilltron på en institutionell nivå till konstens förmåga att uppfylla och gå igenom rum som om dessa vore obefläckade och utan gräns. Det här verket kommer kunna överleva hela den uppskattade tidsrymden som jag ser det på ett villkor, att konstmaskineriet fortlever över samma tidsrum och kan beskydda det.

Den historiska konsten aktualiserades dessutom konstkritiskt, i den debatt som uppstod om tävlingens vinnande bidrag. Genom att utforma de miljöer där medborgarnas dagliga liv utspelade sig, menade kritikern Frans Josef Petersson, att folkhemmets offentliga konst kunnat bevara "de demokratiska idealen om jämlikhet och rättvisa som levande inslag i offentliga miljöer". 1900-talets offentliga konst hade därmed "en utpräglad 'futurity', framtidsutsikt", något som *Evig anställning* saknar, enligt honom.[27] Jämförelsen med 1900-talets konst gjordes med bred gest, medan bildsättningen till en av de artiklar där Petersson

---

25 *Kronotopia tävling 2. Haga och Korsvägen 2017. Juryns samlade utlåtande för konstnärlig gestaltning av stadsomvandlingsprojektet Västlänken i Göteborg.* Statens konstråd och Trafikverket 2018.

26 Josefine Wikström, "Entrepreneurial subjectivity", i *Radical Philosophy*, issue 2.05, Autumn (2019).

27 Frans Josef Petersson, "Statens Konstråd sviker sitt sociala och demokratiska arv", *Kunstkritikk.se*, [hämtat 2017-11-17].

kritiserar Statens Konstråds satsning var just Siri Derkerts *Sverigeväggen* (1969).
I bildtexten utnämns verket till "ett av de främsta uttrycken för en socialt
medveten, offentlig konst under svensk efterkrigstid". Denna idealisering av
välfärdssamhällets konst återvänder således inom en konstkritisk diskurs som
en referenspunkt gentemot vad Wikström förstod som Goldin + Sennebys
utsuddande av skillnad mellan konstens och finansmarknadens spekulationer.
I den här tankebilden utgörs själva framtidsutsikten av den äldre konstens
kapacitet att handskas med samhällsproblem vilka med tiden blivit alltmer
påtagliga. I takt med att demokratiska värden hotas så får dessa verk en allt
större relevans och påtaglighet. Den äldre offentliga konstens aktualitet anses i
det perspektivet öka, snarare än minska, med tiden.

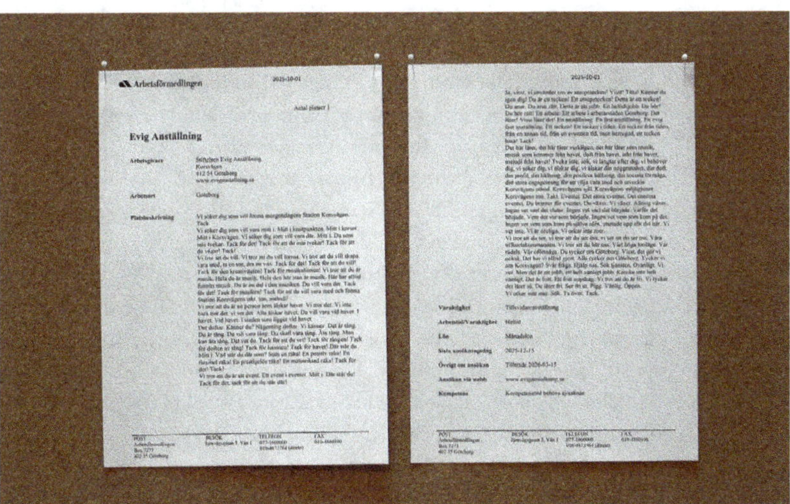

Skiss av verket *Eternal Employment* av Simon Goldin och Jakob Senneby
© Simon Goldin och Jakob Senneby / Bildupphovsrätt 2021

Går man tillbaka till tävlingsprogrammet där beställaren tecknar visioner kring vad som skall åstadkommas, upprättas dock också en tydlig konstnärlig gräns. Programmet stipulerar att ett vinnande förslag inte skall vara "typisk offentlig konst, eller typisk stationskonst [sic], eller dylikt".[28] Exakt vad det här betyder är svårt att veta, men det tycks rymma en förhoppning om att framgångsrika idéförslag tvärtom mot den konstkritiska hållningen, skall vara nyskapande just genom att frigöra sig från den offentliga konstens historia. Det skall vara konst på en station men inte se ut som konst på en station, det skall verka i rummet utifrån idéer om såväl arv som framtid, men samtidigt nogsamt undvika konstnärliga, historiska referenser. Det framstår som motsägelsefullt för ett projekt som i flera avseenden vilar på en konstnärlig och institutionell plattform etablerad sedan decennier, en plattform som vi sett på flera olika vis dröjer kvar i det tidsrum som den nya gestaltningen verkar i.

Ett vidgat begrepp för offentlig gestaltning

Bevarandeproblemen kring folkhemmets offentliga konst, är akuta idag och föremål för utredningar.[29] I regeringens proposition *Kulturarvspolitik* (prop.2016/17:116), fastställdes det efter några års inventering av folkhemmets fysiskt utsatta offentliga konst, att man bör styrka förutsättningarna för att bevara byggnadsanknuten konst från 1900-talet. I Kulturminneslagen (1988:950), inbegrep kulturarvsbegreppet för första gången konstverk i den offentliga miljön. Den propositionen menade att medan kulturarv tidigare använts för att beteckna objekt, konstverk och byggnader, behöver det även omfatta immateriella kulturarv som sedvänjor och traderad kunskap. En annan väsentlig dimension är, enligt propositionen, att kulturarvet skall definieras för sådant som är en angelägenhet för alla. Denna angelägenhet behöver vara förankrad på den aktuella platsen, man fastställer att "i allmän mening kan kulturarv förstås som spår och uttryck från det förflutna som tillskrivs värde och används i samtiden".[30] Med denna förståelse blir det mindre viktigt att dra en gräns mellan föremål och bruk, vilket är ett perspektiv som jag förespråkar.[31] Om man öppnar kulturarvspolitiken på detta vis, så behöver inte frågan om permanens eller temporalitet vara bestämmande för vilka verk som har relevans.

På politisk nivå finns alltså indirekt en beredskap för att beakta annan offentlig

---

28 Tävlingsprogram Kronotopia, s. 5.
29 Se till exempel rapporten Karin Hermerén och Henrik Orrje, *Offentlig konst – ett kulturarv. Tillsyn och förvaltning av byggnadsanknuten konst* (Stockholm: Statens konstråd, 2014).
30 Propositionen Kulturarvspolitik (prop. 3016/17:116), s. 58.
31 Propositionen Kulturarvspolitik (prop.2016/17:116), s. 57–58.

konst än den som kan kopplas till fysiska artefakter eller objekt med respektabel ålder, som del av kulturarvet. Detta öppnar för att ta hänsyn till en rad olika aspekter på konstens verkande i rummet. I utredningen *Byggnadsanknuten offentlig konst. Kunskapshöjande insatser för förvaltning av den offentliga konsten som del av kulturmiljön*, artikuleras det stora behovet av förändringar i förordningar kring tillsyn och bevarande, men också vad gäller just kunskapshöjande åtgärder. I en intressant passage diskuteras konflikter som kan uppstå i värderingen av kulturhistoriska, estetiska, sociala, miljömässiga och ekonomiska aspekter. En och samma företeelse kan tolkas olika av skilda "intresseområden, som exempelvis det konstnärliga, konstvetenskapliga eller kulturhistoriska området" med sina perspektiv. Begreppet den offentliga konstens tidsrum som det har etablerats i mitt kapitel, vilket innefattar även institutionella praktiker och beaktar hur konst och kulturpolitik från olika tidpunkter samverkar, skulle kunna vara ett verktyg i detta förändringsarbete.

Det här kapitlet har genom några exempel velat sätta fingret på en inneboende motsättning mellan å ena sidan en stark tilltro till konsten att skapa lösningar av problem som hör till politikens sfär - å andra sidan en otillräcklig förmåga att se hur tidigare initiativ kan dröja kvar och lågintensivt verka i tidsrummet. Den offentliga skulpturen är en artikulering av sociala maktrelationer som har sin grund i institutionaliserande praktiker.[32] Det här kapitlets huvudsakliga fokus har varit på konst som sammanfaller i rummet och skapar dynamiska och sedimenterade lager av inte bara konstnärliga utan också institutionella praktiker. När konsten ska ges plats i det offentliga rummet utifrån en stark demokratisk och kulturpolitisk vision uppstår ett spänningsförhållande mellan två skilda fält, å ena sidan konstvärlden, där konst med skilda estetiska uttryck och konstnärer med sina preferenser verkar, å andra sidan beställarens fält, där politiska processer och myndigheter interagerar. Fler och mångskiftande analyser av de komplexa tidsrum där konstnärlig gestaltning planeras behöver upprättas i vid sidan av politisk och konstnärlig tilltro till konstens agens.

---

32 Viktiga undersökningar av detta är Catharina Gabrielsson, *Att göra skillnad. Det offentliga rummet som medium för konst, arkitektur och politiska föreställningar*. Doktorsavhandling. (Stockholm: Kungliga Tekniska Högskolan, 2006). samt Jessica Sjöholm *Skulptur i folkhemmet*, op.cit.

Konstverksamhet i den offentliga tiden:
En studie av Skogen kallar, Ställbergs gruva och Evig anställning
// Dan Karlholm

Inom den statliga medelstilldelningen skiljer man på det som brukade kallas projekt-bidrag och verksamhetsstöd, vilka oavsett innehåll och kvalitet framför allt definieras temporalt, som korta respektive långa aktiviteter.[1] Med andra ord handlar det om temporära, kortfristiga, flyktiga, tillfälliga eller rent av efemära inslag (tänkta att försvinna) respektive långvariga, pågående (tillsvidare), permanenta eller rent av eviga skeenden (tänkta att bestå). De förra kan få bidrag, de senare behöver mer kontinuerlig uppbackning.[2] I båda fallen handlar det om investe-ringar i det okända, kommande. Att konstnärer sedan ganska lång tid arbetar med konstprojekt (utan givna slutdatum) har förvisso blivit en kliché, ungefär som att de forskar (vad de än gör), vilket påverkar hur vi ska förstå *konstverk* idag. Den ofta framförda tanken att utvecklingen på konstfältet gått från unika verk eller produkter till oavgränsade projekt eller processer, måste dock problemati-seras. Jag kommer att diskutera frågan om konst, tid och projekt utifrån tre nya offentliga konstverk med teoretiskt stöd från konstteoretikern Boris Groys.

De tre verk jag tar upp förhåller sig alla till vad som nästan kunde kallas *longue durée* (Braudel) – avseende de riktigt långa tidsperspektiven. De kan alla sägas utmana senmodernitetens accelererande flyktighet och anpassningsbara flexibilitet. De befinner sig också på tvärs mot alla tankar på marknadifiering och varufiering liksom vår tids behov av omedelbar behovstillfredsställelse. Det första exemplet är Malin Arnell och Åsa Elzéns *Skogen kallar – Ett oändligt kontaminerat samar-bete eller Dansandet är en form av skogskunskap* (2018–20), som må vara relativt kortfristigt men med oändlighetstanken inskriven i skogen. Verket handlar i korthet om att söka lagligt skydd av 3,7 hektar sörmländsk skog för att ta den ur produktion och skydda den beständigt. Här aktualiseras även Fogelstadgruppen (1925–54) som var pionjärer för såväl kvinnorörelsen som ekologiskt odlande.

---

1   Idag talar man om mer avgränsade anslagsmedel respektive mer eller mindre löpande förvaltningsmedel. Dessa kategorier korrelerar dock inte nödvändigtvis med stöd till till-fälliga respektive mer permanenta konstprojekt.

2   Detta är dock en teoretisk uppdelning. I praktiken förstås det permanenta som mer än fem år – kanske rent av 20 år – vilket diskuteras i Håkan Nilssons bidrag "Tillfälliga förbindel-ser och långtgående konvergenser" i denna antologi.

Det andra verket är det kollektiva *Ställbergs gruva*, lett av Carl-Oscar Sjögren och Eric Sjögren, utifrån ett övertaget gruvindustriområde i Västmanland på 9 hektar mark och ett antal byggnader, som man förvärvat 2015. Verket utforskar livsvillkoren i ett avfolkat hörn av världen via olika konstnärliga och kulturella verksamheter, som också involverar lokalbefolkningen. Det tredje konstverket, *Evig anställning* av Goldin + Senneby (Simon Goldin och Jakob Senneby), var det vinnande förslaget 2017 för station Korsvägen i tävlingen *Västlänken: Kronotopia* i Göteborg. Verket – i huvudsak en anställning utan arbetsbeskrivning – kommer att invigas tillsammans med stationen 2026. Anställningen beräknas löpa i cirka 120 år. Här behandlas bland annat lönearbetet, kapitalismen och meningen med livet.

Alla tre verken arbetar ämnesmässigt med långa tidsperspektiv samtidigt som dessa tidsperspektiv också utgör verkens existensvillkor. De handlar i hög grad om utsträckta tider (ett stycke skog i Södermanland, ett avfolkat gruvsamhälle i Västmanland och en tillsvidareanställning i Göteborg) men utsträcks därmed själva i tiden, vilket inte är en nödvändig förutsättning för deras vara som verk, bara en möjlighet till följd av ett konstbegrepp gynnsamt mot öppna processer. Rötterna till detta konstbegrepp ligger långt borta, i 1950- och 60-talens uppgörelse i väst med en alltmer sluten och renodlad modernism som nått sin kulmen och samtidigt börjat sammanfattas historiografiskt.[3] Inte minst 1960-talets processkonst, såsom en förlängning av konceptkonsten där det fysiska verket var underordnat (dock inte eliminerat då ett verk måste ta någon form av gestalt, om så bara via ord för att existera) bör nämnas här. En fortsättning var relationell estetik som från och med 1990-talet blev ett av den globala samtidskonstens mest tongivande spår. Att en statlig myndighet börjat arbeta med att beställa offentliga konstverk med uttryckligt kort hållbarhet eller "tillfällig" karaktär hänger ihop med denna historik, låt vara med en tidigare okänd betoning på processernas avslut.[4] Det är alltså de tillfälliga verken som är avgränsade och slutna och de permanenta som är öppna och oavgränsade.

---

3   Ett vittnesmål om denna brytningstid i Sverige är Leif Nylén, *Den öppna konsten. Happenings, instrumental teater, konkret poesi och andra gränsöverskridningar i det svenska 60-talet* (Stockholm: SAK, publikation 107, 1998). Se även Hans Hayden, *Modernismen som institution. Om etableringen av ett estetiskt och historiografiskt paradigm* (Stockholm & Stehag: Brutus Östlings bokförlag Symposion, 2006).

4   Arbetet med det uttryckligt tillfälliga fick utrymme inom Statens konstråds verksamhet från 2012, samtidigt inleddes Magdalena Malms tid som direktör för Statens konstråd vilken hon förblev till 2019. Det tillfälliga verket påminner om det klassiska dramats betoning på "början, mitt och slut". https://statenskonstrad.se/arbeta-med-konst-i-offentliga-miljoer/arbetsprocesser-inom-offentlig-konst/arbetsprocess-for-tillfallig-offentlig-konst/ [hämtad 2020-10-08].

Tid, projekt och konstprojekt

Om vi nu närmare granskar tidsligheten hos dessa verk, är de då alla exempel på vad som ofta beskrivs som en utveckling på det globala konstfältet från verk till process eller projekt? Jag vill ifrågasätta detta i det följande och istället föreslå att det rör sig om verk som process och processer som verk. Endast om vi uppfattar verk som identiskt med en fysisk gestaltning eller materiell entitet, kan det ligga något i beskrivningen ovan. Men verk måste för det första förstås som en förkortning av konstverk, och det råder knappast något tvivel om att dessa tre exempel på offentlig konst också exemplifierar denna abstrakta kategori. För det andra måste alla konstverk förstås som både materiella och immateriella, nu och så djupt ned i historien som vi kan följa dem, genom att de alla, i kortast möjliga sammanfattning, materialiserar en idé.

Projektifieringen av samhället och inte minst dess organisering av arbete är ett fenomen som slagit igenom globalt under de senaste decennierna.[5] I sin text "The Loneliness of the Project" diskuterar Boris Groys hur projektansökningar i vår samtid har kommit att breda ut sig på konstfältet lika mycket som inom akademin.[6] Det handlar om att tillförsäkra sig en tid av "socialt sanktionerad ensamhet" eller frihet att göra något som man själv definierat, vilket också innebär en inteckning av framtiden.[7] Med tanke på att endast en minoritet av alla projektansökningar på alla fält och i alla branscher beviljas innebär det också att den framtid som faktiskt kommer att infinna sig är en framtid som bär det förutsägbaras och genomförbaras prägel, en framtid som bedömarna av ansökningarna förstår, känner igen och bekräftar. Alla resultat bör vara förväntade, och ingenting strängt taget komma som en överraskning. Den myllrande mångfalden av avvisade projekt är lika många möjliga eller snarare omöjliga framtider. Projekt inom både vetenskap och offentlig konst har också i regel en egen projekttid, normalt tre till fem år, varefter det måste slutredovisas och något slags konkret resultat påvisas.[8]

Groys diskuterar förvisso även andra typer av projekt, orkestrerade av sekter eller

---

5 Till exempel Anders Jensen, Christian Thuesen & Joana Geraldi, "The Projectification of Everything: Projects as a Human Condition", *Project Management Journal*, June/July 2016, s. 21–34.

6 Boris Groys, "The Loneliness of the Project", *Going Public* (Berlin: Sternberg Press, 2010), s. 70–83.

7 Groys, "The Loneliness of the Project", op.cit., s. 72.

8 Exempelvis Konstnärsnämnden anger följande: "Projektbidrag kan sökas av enskilda konstnärer för ett avgränsat experiment eller utvecklingsarbete. Projektet ska ha ett tydligt formulerat mål, vara tidsbegränsat och ha en budget." Dessutom: "projektets resultat ska på något sätt visas offentligt" https://www.konstnarsnamnden.se/projektbidrag_bild_form [hämtad 2020-10-25]

religionsutövning, men ser framför allt projekt som något typiskt modernt. Han anför det konstnärliga avantgardets olika "projekt" som exempel, men frågan är om inte projektet istället mer än något annat avspeglar vår tids kultur och offentliga sektor fundamentalt genomsyrad av *new public management*. NPM kan sägas snurra kring tanken på utvärdering av kortfristiga projekt i två steg: före (förutsättningar, målsättningar och förväntad avkastning) och efter (resultat, utfall, effekter). Inte minst har här dokumentationen (och utvärderingen) en central roll, vilket Groys bygger vidare på, som vi snart ska se.

I alla de tre verk som diskuteras i denna text ligger konstverkens bortre gräns flera decennier fram i tiden, vilket innebär att dessa verk måste lämnas därhän innan deras effekter eller grad av fullbordan kan kontrolleras.[9] Den projekterade, konceptuellt utdragna tiden, som alltså löper in i den okända framtiden, gör dessa verk omöjliga att definitivt utvärdera. De kan förstås dokumenteras och utvärderas *till viss del*, men aldrig helt, vilket möjligen bidrar till deras attraktionskraft.

Groys understryker att projekt alltid handlar om (fram)tid:

> Each project is above all the declaration of another, new future that is thought to come about once the project has been executed. But in order to build such a new future, one first has to take a leave of absence, a time in which the project shifts its agent into a parallel state of heterogeneous time. This other timeframe, in turn, disconnects from time as society experiences it – it is de-synchronized. Society's life carries on regardless – the usual run of things remains unaffected. But somewhere beyond this general flow of time, someone has begun working on a project – writing a book, preparing an exhibition, or plotting a spectacular assassination – in the hopes that the comple-

---

9   Henrik Orrje, administrativ chef för Statens konstråd, beskriver processen med konstprojekt så här: "Genomförda tillfälliga projekt slutgodkänns av ansvarig curator på SK, alt. samarbetspartner som t.ex. kommun, men konstnärerna som deltar i tillfälliga projekt gör ingen slutrapportering. I regeringsuppdrag som Konstrådet har haft de senaste åren har produktion av konstverk (permanenta och tillfälliga) kombinerats med andra kulturpolitiska målsättningar kring kunskapsutveckling, som t.ex. interdisciplinär samverkan, utveckling av begreppet gestaltning, civilsamhällets delaktighet, självorganiserade konstaktörer och människors gemensamma mötesplatser. I dessa uppdrag har konstnärerna haft en betydelsefull roll för stärkt kunskapsutveckling och har aktivt medverkat i kunskapsspridning av lärdomar och erfarenheter, d.v.s. främst kvalitativa aspekter, genom texter, filmer, konferenser, seminarier etc. Konstnärerna har även medverkat i programverksamhet och annan kunskapsspridning efter att uppdragen har avslutats." (e-post med författaren 2020-11-27)

> ted project will alter the general run of things and all mankind
> will be bequeathed a different future: the very future, in fact,
> anticipated and aspired to in this project. In other words, every
> project thrives solely on the hope of being resynchronized with
> the social environment.[10]

Först beskrivs projektet som en ny framtid, därefter som den tid det tar att tänka fram denna framtid. En tidsram i form av en ny framtid samt en i form av "annan tidsram" som utgör den första tidsramens villkor. Projektet kräver således ett projekt för att komma till stånd (pengar = tid och nödvändiga resurser). Projektet är både vägen och målet, både förutsättning och resultat, vilket gör det ytterst svårt att ens tänka utanför denna projektbox. Står vi rent av inför en översättning av konst till projekt? Nej, det handlar inte om att det ena ersätter eller kan stå för det andra, utan om en tvåkomponentskombination: konstprojekt (*art projects*).

Varje projekt utgör, enligt Groys, ett förslag på en ny och av projektet genererad framtid. Det är drastiskt men träffande uttryckt. När det också gäller den projekttid som innefattar arbetet med projektet, känner onekligen jag som forskare igen mig. Även om också varje utkast och utarbetad idé på det konstnärliga fältet kan beskrivas i projekttermer är dock konstprojekten tidsprojekt av ett annat slag, eller: det viktiga är där det "resultat" som utvecklas över tid, varken dess förarbete eller dess definitiva slutrapportering. Det viktiga är det som utspinner sig längs projektets egen tidsaxel, det som pågår, verksamheten snarare än det avslutade verket. Eller: verket är verksamheten. Konstverket är konstverksamheten.

Verkens konceptionstid och dess produktionstid (som det går att söka projektbidrag för) föregår resultatet som dock också kallas projekt (och listas som sådana, det vill säga i sin färdiga eller historiska form, på hemsidor och i arkiv).[11] Inom akademin (inklusive konstnärlig forskning) avslutas projekt med att något annat levereras: en eller flera texter eller en utställning, till exempel. Inom konstvärlden avslutas ett projekt med – ett projekt.[12] Trots denna skillnad är Groys tankar på en alternativ temporalitet för projektet relevanta här, för även det avslutade projektet (som i sin tur sträcks in i framtiden) kan ju liknas vid en gentemot den vanliga tiden heterogen tidslighet, en parallell tid som således avsynkroniseras från den vanliga: klockans, almanackans och årstidernas tid. Målet, skriver sedan Groys, är att den tid som lyfts ut ur detta flöde åter förenas

---

10 Groys, "The Loneliness of the Project", op.cit., s. 76–77
11 På Statens konstråds hemsida söks konstverk 2020 under fliken "Våra konstprojekt".
12 Under detta namn kan förstås dölja sig alla möjliga typer av fysiska manifestationer.

eller återsynkroniseras med den gängse, samhälleliga tiden. Det betyder knappast att den därmed försvinner eller osynliggörs utan att den integreras med och kommer att tillföra något, påverka eller förändra denna tidslighet (osagt i vilken grad). Tid utanför det pågående vardagliga sociala flödet är vad konstnärerna ansöker om för att de ska kunna presentera något tillbaka till detta flöde och i någon mån förändra dess kurs.

I fortsättningen av Groys intressanta essä om projektets ensamhet och särskildhet blir han en exponent för den clichéartade föreställningen att konstutvecklingen gått från verk till process eller projekt. Vad han beskrev i citatet ovan var ju att varje projekt (bokstavligen "framkast") syftar till att realisera en ny framtid, det vill säga, som jag förstår det, en aldrig så liten förskjutning av det som förestår, det kommande. Men för att detta ska ske etablerar själva projekttiden – förstått som den tid som tas i anspråk för att tänka ut och arbeta fram ett framtida projekt – en parallell "heterogen" tid, en tid vid sidan av den vanliga tiden. Projekttiden kan liknas vid en tidsficka eller alternativ tid, som syftar till att sätta sitt avtryck på den dominanta, mer eller mindre homogena, normala eller "vanliga" tid till vilken denna tid förhåller sig som ett alternativ. Två aspekter av projekt alltså, som resultat samt som tid för förverkligande av detta. Men kategorin är än mer töjbar och Groys börjar tala om oavslutbara projekt och säger till och med något senare att projekt inte "kan" avslutas, trots att han exemplifierat projektresultaten med böcker och utställningar: "...även om den heterogena projekttiden inte kan avslutas kan den [...] bli dokumenterad". Men det var ju den heterogena tiden som avsynkroniserades från den vanliga tiden med sikte att återsynkroniseras med den, vilket rimligen måste innebära att den också avslutas som sådan, inte bara tangerar eller överlappar med utan integreras med standardtiden som den också därmed har påverkat på något aldrig så litet men dock sätt.

Groys fortsätter: "Man kan till och med påstå att konst är ingenting annat än dokumentationen och representationen av sådana projektbaserade heterogena tider."[13] Argumentet har även framförts i en tidigare essä och återanvänds här, spekulerar jag, utan att författaren fullt ut har kontroll över konsekvenserna för projektdiskussionen.[14] Att konst "ingenting annat är" än dokumentationen/representationen av konst-som-projekt, låter förstås inte bara andefattigt och meningslöst, det innebär också att tömma konstbegreppet på substans – det reduceras till en kanal eller spegel – samtidigt som även projektbegreppet

---

13   Groys, "The Loneliness of the Project", op.cit. s. 77.
14   Boris Groys, "Art in the Age of Biopolitics: From Artwork to Art Documentation", *Art Power* (Cambridge, Massachusetts & London: MIT Press, 2008), s. 53–65.

töms på substans genom att mista sin livgivande koppling till konst. Hela värdet av tanken på konstprojekt är ju att det rör sig om en ny typ av konstverk. När han påstår att "konst inte längre förstås som skapandet av konstverk utan som dokumentation av livet-i-projektet – oavsett resultat" missuppfattar han både vad konst och projekt handlar om här. Vidare: "...konst manifesteras inte längre som ett annat och nytt objekt för kontemplation skapat av konstnären utan som en annan heterogen tidsram för konstprojektet som dokumenteras som sådant." Slutsatsen blir att "konstdokumentation är, per definition, inte konst".[15]

Genom att samtidigt anamma begreppet konstprojekt (*art project*) tycks Groys hela argument ovan upphäva sig självt. Ett sådant projekt innefattar eller är ju uppenbarligen konst, alternativt: konsten ifråga yttrar sig här i form av ett projekt. Det som ser ut som en postum dokumentation är i själva verket den färdiga manifestationen, en presentation av det tillryggalagda, fullbordade konstprojektet, vars innehåll i form av handlingar, skeenden och gestaltningar genom åren till största delen förbrukats och förflyktigats. Det enda som aldrig förbrukas eller förflyktigas är konstverkets/konstprojektets idé. Det är inte dokumentationen utan presentationen av denna idé i dess mest lagrade form som till sist möter en betraktare när verket exponeras. Detta stadium betyder inte att verket därmed blir historiskt eller upphör, då fortlevnad mycket väl kan vara inskriven som ett konstverkligt existensmodus i projektet. Verket kan ha programmerats som "definitivt oavslutat" för att parafrasera Marcel Duchamp.[16]

Konst presenterar sig alltså i alla dessa fall som konstprojekt (med en gentemot den vanliga, normala tiden heterogen tidsram). Enligt Groys är ett konstprojekt ett projekt i två meningar av ordet, från utkastet eller projiceringen till resultatet via resan mellan dessa punkter (som också lystrar till namnet projekt). Det är alltså snarare tre innebörder av projekt som ryms i ordet konstprojekt: 1) någon eller några sätter ihop ett projekt, ett dokument som beskriver avsikter och för-väntade följder, 2) genomför sedan (i bästa fall) detta projekt (som tänkt eller med olika avvikelser) under en viss stipulerad tid för att slutligen 3) presentera projektet som resultat. Idén finns förstås med under hela processen men rea-liseras först under projektets utveckling och i dess samtliga aspekter (lagrade som sediment) först i det allra sista ledet.

Vilken roll spelar nu projekt och tidslighet i de tre verken *Skogen kallar*, *Ställbergs gruva* och *Evig anställning?*

---

15 Groys, "The Loneliness of the Project", op.cit., s. 78–79.
16 Jfr. *The Definitely Unfinished Marcel Duchamp*, red. Thierry de Duve (Cambridge, Mass. & London: MIT Press 1991).

Skogen kallar

I verket *Skogen kallar* med undertiteln *Ett oändligt kontaminerat samarbete eller Dansandet är en form av skogskunskap* väljs ordet projekt bort till förmån för "samarbete", vilket förstås syftar på konstnärerna Malin Anrells och Åsa Elzéns kollektiva arbete men säkerligen också på de aktiviteter som arrangeras och äger rum i denna skog (bland annat dans i form av rave).[17] Huvudaktionen, som den framställs av konstnärerna vid en offentlig presentation av verket, är "att ta en bit skog ur produktion", vilket jag tolkar som en symbolisk protestaktion mot det hårt effektiviserade industriella skogsbruket som definierar en ung skog som denna, max 70 år gammal, som "produktionsskog", skog som alltså endast är till för att avverkas och säljas (snarare en plantage än en skog och signifikativt nog med liten biologisk mångfald).[18] Marken är på 3,7 hektar och ligger i Julita, Katrineholms kommun i Södermanland. Denna allt annat än orörda bit odlad natur ägs av Fogelstad säteri, vars anor som bruk går tillbaka till 1600-talet. 1925 instiftade Elisabeth Tamm Kvinnliga Medborgarskolan vid Fogelstad, ett veritabelt hem för Fogelstadgruppen som bildades 1921 av bland andra Elin Wägner och blev en av den svenska kvinnorörelsens viktigaste noder.[19] Vad konstnärerna idag och i detta verk söker realisera är ett arrendeavtal (Skogsavtal) på maxtiden 50 år för denna skogsplätt, som skär som en rätlinjig kil in i ett mycket större skogsområde, det vill säga liknar en tårtbit ur en stor kaka.[20] Skogen klassas inte som skyddsvärd idag, huvudsakligen på grund av sin ringa ålder, men om ytterligare 50 år kan den ju mycket väl vara det. Planen är således att spara ut och rädda denna areal från extrahering och exploatering, så att skogen både kan återfå sin naturliga agens och åldras utan direkt påverkan utifrån och klassas som skyddsberättigad "gammelskog" om ett halvt sekel – med sikte på juridiskt skydd i all oändlighet.

---

17 "Detta är ett av tolv lokala konstprojekt som var en del av Statens konstråds regeringsuppdrag Kunskapsnav offentlig konst (2018–2020). Projekten syftade till att undersöka konstbegreppet och vad konst kan vara." https://statenskonstrad.se/konst/skogen-kallar/ [hämtad 2020-10-02].

18 Samtal om "Temporaritet och offentlig konst", Statens konstråd, 19-12-04: https://www.youtube.com/watch?v=0EqAbQ5gb78 [hämtad 2010-10-10].

19 https://statenskonstrad.se/konst/skogen-kallar/ [hämtad 2020-10-02].

20 När denna text är färdig att lämnas in nås jag av beskedet att ett sådant avtal tecknats.

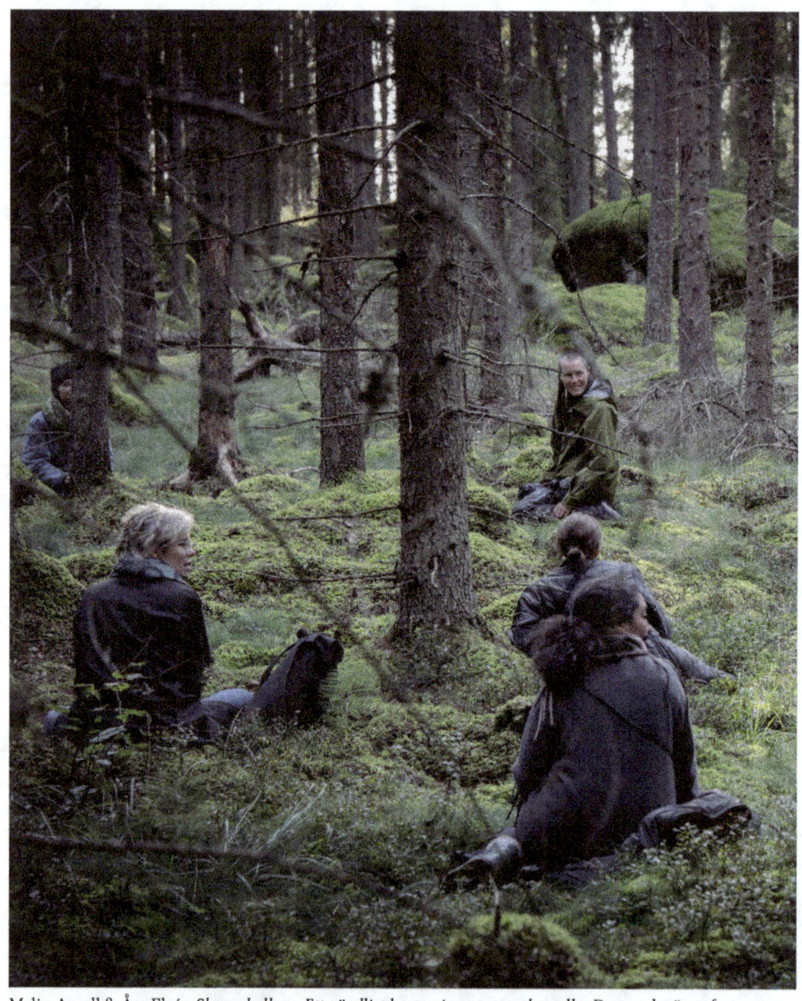

Malin Arnell & Åsa Elzén *Skogen kallar – Ett oändligt kontaminerat samarbete eller Dansandet är en form av skogskunskap* 2019, Foto: Ricard Estay/Statens konstråd

Skog är en kollektiv singularitet, som framgår av ordstävet att inte se skogen för alla träd. Dialektiken mellan beståndsdelarna träd och helheten skog är intrikat, och hade man kapat av en alltför liten yta "skog" skulle själva definitionen av skog kunnat ta skada. En viss utbredning och mångfald tycks alltså nödvändig, men denna smala triangel gränsar nu till trädgrannar med vidsträckta rötter och sammanhängande vegetation som offras, biotoper klyvs, djurstigar kapas... Finns det inte ett problematiskt våld i handlingen att frilägga en bit skog ur skogen? Hur markera och upprätthålla dessa gränser? Kommer inte också den utsparade skogen att bli en onaturlig, kulturell entitet? Vilket påminner om vad filosofen Jean Baudrillard reflekterade över beträffande den lilla population som upptäcktes i den filippinska djungeln 1971, där de levt i sekler utan kontakt med omvärlden, men vilka genom den artificiella handlingen att lämna dem ifred i sin "primitiva" jungfrulighet likväl förvandlades till påverkade.[21] Eller rentav "kontaminerade".[22] Här finns ett etiskt dilemma som kunde utforskas vidare. *Skogen kallar* har också beröringspunkter med konstnären Henrik Håkanssons *The Reserve* (2009–12), ett 2500 kvadratmeter stort område vid Wanås slott i Skåne som inhägnades med stängsel för att därmed låta ett stycke terräng "utvecklas utan mänsklig inverkan och utgöra en kontrast till den omgivande naturen".[23]

Jag kan inte låta bli att koppla ihop tanken på en separerad tid av avskildhet eller "ensamhet" för denna skog med Groys grundtanke om projekt. Skogen blir här de-synkroniserad från det normala och normativa tidsflödet, för att utvecklas i en tid utanför denna hegemoniska tid med sina cykliska krav på avkastning. Här uppstår en heterogen eller snarare heterokron, parallell tidslighet som syftar till att låta skogen vara skog och som genom denna konstnärliga intervention i ett ekonomiskt system riktar kritik mot systemet.[24] Till verket knyts också ett flertal mer suggestiva och metaforiska associationer, uttryckt som "3,7 hektar symbioser, historier, temporaliteter och relationer", inte minst med hjälp av begreppet "begär", såväl till lesbisk kärlek som till "en större tidsrymd och en

---

21 Jean Baudrillard, "The Precession of Simulacra", *Simulacra and Simulation*, övers. Sheila Faria Glaser (Ann Arbor: The University Of Michigan Press, 1994), s. 7-8.

22 Verktiteln återtar det negativt laddade begreppet kontamination, som kan syfta på en språklig sammanblandning av uttryck men annars betyder något fläckat, förorenat, besudlat... Svenska Akademiens ordböcker: https://svenska.se/tre/?sok=kontamination&pz=1 [hämtad 2010-11-01].

23 Även utan större däggdjurs inverkan kan tilläggas, vilket bidrar till att inte bara låsa ett utrymme för ren utveckling utan att också påverka och delvis omdirigera den omedelbara omgivningen från ett djurperspektiv. http://www.wanas.se/svenska/Konst/Konstn%C3%A4rer/Konstn%C3%A4r.aspx?fid=67 [hämtad 2020-10-08].

24 Om heterokroni, se till exempel Keith Moxey, *Visual Time: The Image in History* (Durham & London: Duke U.P., 2013); Dan Karlholm, *Kontemporalism. Om samtidskonstens historia och framtid.* (Stockholm: Axl Books, 2014), s. 276–286.

annan framtid", vilket rimmar väl med Groys analys.[25]

Skogen blir vidare, enligt konstnärerna, ett "assemblage med egna temporaliteter" men också ett monument, vilket klingar något mer statiskt och definitivt men till skillnad från de flesta monument betonas här den kontinuerliga förändringen: "The forest becomes a monument – an on-going, transformative, performative public artwork".[26] Det är också "a public artwork, a forest and a habitat for endless and endless dead or alive vibrant matter", vilket indirekt refererar till nymaterialisten Jane Bennett.[27] Men om det blir ett föränderligt, transformativt monument kanske man också kan säga att ett sådant monument blir oskiljaktigt från sin egen dokumentation – hur annars synliggöra transformation (av vad?). Det här aktualiserar och problematiserar på ett intressant sätt Groys argument. För honom tycks utgångspunkten vara en besvikelse över att allt fler konstutställningar nöjer sig med att visa upp vad som redan utspelat sig någon annanstans (den tristaste aspekten av dokumentation), istället för att presentationen blir ett med sig själv och att konstverket "händer" varje gång det aktiveras av en betraktare/besökare/publik. Här är det ju också fråga om kontinuerliga svar på skogens kallande, i form av exkursioner, vandringar, samtal, dans och interaktion med skogen själv.[28]

Intressant nog sker också något performativt vid blotta klassificeringen som "offentlig konst": "When the forest is understood as a public artwork it is lifted out of its predetermined context and becomes a kind of resistance to the Western teleological concept of time."[29] Arrendet skulle lyfta skogen från direkt avverkning, men offentlig-konstklassningen lyfter också ut skogen från det västerländska tidsbegreppet. Men är det inte snarare från det ekonomiska systemet? Att detta tidsbegrepp skulle vara i symbios med kapitalismen och skogsindustrin komplicerar konstnärernas förlitande på samma tidsbegrepp i sin förhandling om en arrendetid på femtio år.

En tyngre etisk problematik presenterar sig till sist: "What is our obligation to the forest? Our responsibility? Who should we listen to? Something whispers

---

25 Konstnärerna har nära kontakt med organisationen Naturens rättigheter, modellerade efter deklarationen om mänskliga rättigheter och som i Sverige leds av aktivisten Pella Thiel.

26 Presentation of Forest Calling – A Never-ending Contaminated Collaboration or Dancing is a Form of Forest Knowledge by Malin Arnell and Åsa Elzén: https://statenskonstrad.se/events/programdag-in-forests-call [hämtad 2020-10-10].

27 Ibid., Jane Bennett, *Vibrant Matter: A Political Ecology of Things* (Durham: Duke University Press, 2010).

28 Dessa aktiviteter är i sin tur ett sentida eko av Fogelstadgruppens verksamhet som bland annat handlade om att en grupp kvinnor (med nyvunnen rösträtt) i ett skyddat sammanhang umgicks och tränade på att agera som politiska subjekt.

29 Se not 26.

that it is completely impossible to own 'nature', to own land. Making a profit on the commons, the land, is a loss of our future."[30] Men måste inte ansvar utkrävas under tiden gentemot skogen, via det som kallas skogsvård? Och vad göra med granbarkborrens eventuella härjningar (den nämns men mer poetiskt än alarmistiskt), som skulle kunna äventyra den framtida skyddsklassningen man hoppas på? Hur skydda sig mot alltmer frekventa skogsbränder under antropocen? Ibland förtär ju naturen faktiskt sig själv, vilket dock bara betyder energitransformation. På ett mycket sympatiskt sätt vill detta verk motverka kapitalismens skadeverkningar förkroppsligat i successiva avverkningar av skog, till förmån för skogens egen agens och egna rättigheter. Detta sker förvisso till priset av en antropogen avstyckning där den utsparade skogen hotar bli en olycklig individualitet som om några år kan komma att sakna sin symbiotiska omgivning, om än i gengäld träda fram som en protest mot och ett monument över den moderna människans dokumenterade girighet.

Ställbergs gruva

Verket *Ställbergs gruva* beskrivs av konstnärerna på följande vis:

> Ställbergs gruva vill vara en plats där de stora frågorna blir per-
> sonliga – och det personliga del av de stora frågorna. En plats
> för lärandet, tvivlet och det levande. Kollektivt och individu-
> ellt. Existentiellt och politiskt. En plats där världsrymden och
> världsmarknaden bor granne med gråärtens rötter och klangen
> i en maskinhall. Ställbergs gruva drivs genom den ekonomiska
> föreningen The non existent Center [sic!] och utgår från nio
> hektar mark och 1000 kvadratmeter byggnader i Ställbergs ned-
> lagda järnmalmsgruva i Ljusnarsbergs kommun.[31]

---

30   Se not 26 Att jord inte kan ägas är ett huvudtema i en viktig inspirationskälla för detta projekt: Elin Wägner och Elisabeth Tamm, *Fred med jorden* (Stockholm: Bonniers, 1940). Boken införlivades även i Åsa Elzéns utställning "Träda – Fogelstadgruppen och jord" på Sörmlands museum 2020-05-30 – 2021-01-26.

31   Ställbergs gruva: https://www.stallbergsgruva.se/ [hämtad 2020-10-10]. Om inget annat anges är citat i texten hämtade härifrån. "Detta är ett av tolv lokala konstprojekt som var en del av Statens konstråds regeringsuppdrag Kunskapsnav offentlig konst (2018–2020). Projekten syftade till att undersöka konstbegreppet och vad konst kan vara. Urvalsgruppen på Statens konstråd som valde ut projekten bestod av: Magdalena Malm, fd direktör, Åsa Mårtensson, projektchef Kunskapsnav offentlig konst, Elena Jarl, assisterande curator, Giorgiana Zachia, samordnare Stärka konstorganisationer och Edi Muka, curator." https://statenskonstrad.se/konst/processen/ [hämtad 2020-10-10].

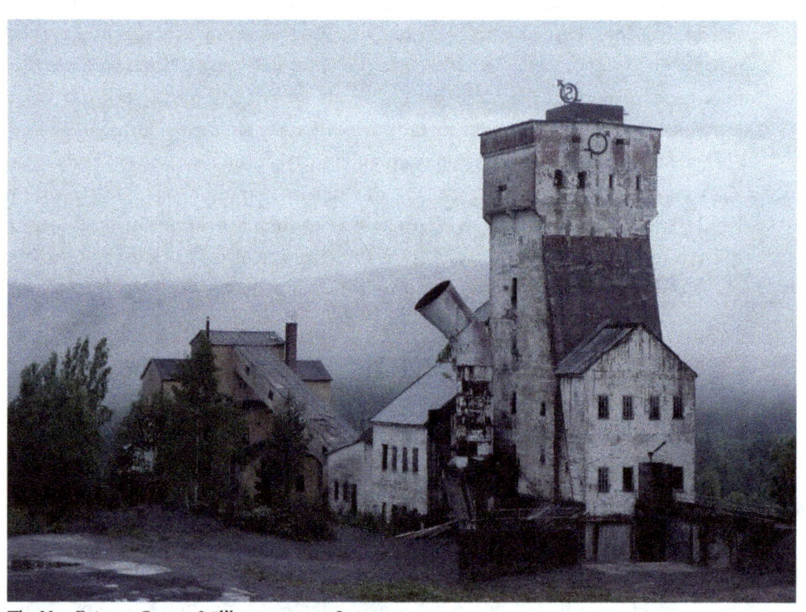

The Non Existent Center, *Ställbergs gruva*, 2018,
Foto: The Non Existent Center

Tempus anger att det här är en vision, något man önskar vara. Texten använder klassiska retoriska stilfigurer, från den inledande kiasmen, ett par anaforer och kontraster till en hisnande perspektivförskjutning från "världsrymden" till "gråärtens rötter". Och i föreningens namn – det icke-existerande centret (i översättning) – ryms en paradox. Än mer intrikat är den skenbara dubbleringen av subjektet i denna paragraf: Ställbergs gruva utgår från mark och byggnader i Ställbergs gruva... Men som alla förstår finns det två Ställbergs gruva, dock bara en gruva.

Efter detta stycke, som jag alltså tack vare formen "vill vara" betraktar som en vision, snarare än program, policy eller projektbeskrivning, följer mer rak information: Sedan 2012 drivs verksamheten på denna plats som också är ett verk (en konstplats?) med titeln (som jag för tydlighetens skull kursiverar) *Ställbergs gruva* av elva personer med skiftande bakgrund inom konst och hantverk, förutom även journalistik och psykologi. Sedan 2015 sägs mark och byggnader vara "kulturarbetarägda", eftersom "gruppens andra förening, Non Existent Resources, köpte fastigheten." Vidare: "Ägandet ses som en långsiktig investering, med en avbetalningsplan som sträcker sig till år 2070." Att allt ska vara avbetalat och de elva skuldfria om femtio år är ju en sak, men här torde också vidden av engagemanget anges, nära kopplat till den långsiktiga investeringen man talar om. Detta är också ungefär den beräknade återstoden av initiativtagarnas livstid.[32] Man vänder sig mot begreppet projekt, som visserligen kan vara mångårigt, men ändå oftast konnoterar något mer tillfälligt. Det här verkar vara fråga om konstverksamhet i detta ords mer oavgränsade mening. Tidsperspektivet är intressant, då inget här startar från scratch, från 2012 eller förvärvet 2015. Ställbergs gruva har ju sin egen historia liksom marken, bygden, kommunen och denna plats på jorden. I ett vidare stycke på hemsidan beskrivs mer om platsen som svar på frågan "Var vi är": "Ställbergs gruva är belägen på mangan- och järnhaltigt urberg i Hörksälvens dalgång, strax norr om Kopparberg i Ljusnarsbergs kommun, Örebro län, Västmanlands landskap." En geologisk bestämning i botten leder fram till en plats på kartan idag. Här bröts, beskrivs vidare, koppar, järn och silver sedan medeltiden till 1900-talets slut. All samhällsservice som en gång fanns här är borta och inte ens en matbutik finns kvar. Tågen stannar inte och färre än 100 personer bor här idag.

På 1950-talet sägs gruvans huvudschakt ha varit Europas djupaste (1072 m). 1977 stängde allt då Jan Stenbeck blev ägare av Ställbergsbolaget. Mot den mång-

---

32   Presentation av C-O Sjögren vid Symposium om temporaritet och offentlig konst 19-12-12, Statens konstråd: https://www.youtube.com/watch?v=3h7palzuH4w [hämtad 2020-10-15].

hundraåriga gruvbrytningen kontrasteras hans fokusområden: "Han investerade kapitalet i bland annat ZTV och Comviq, dagens Tele 2." Från industrisamhället till informationssamhället. Sedan 2012 har här TNEC bedrivit "konstnärlig, kulturell och social verksamhet vars utgångspunkt är gruvan med obegränsad omnejd". Från det lokala till det globala, frestas vi kanske säga, men det korrekta konstaterandet är snarare: från det lokala till glokala (det nya lokala determinerat av dess inflätning i det globala).

Gruppen arrangerar vandringar, föredrag, utställningar, festivaler med mera och har även en internationell residensverksamhet (allt i skrivande stund pausat på grund av pandemin). Ämnesmässigt kretsar arbetet kring frågor om konstens och kulturens möjligheter att "bearbeta de svårigheter som dagens samhällen står inför", inte minst när det gäller klimatarbetet. Genom att på ett energieffektivt och hållbart sätt omskapa platsen hoppas man möjliggöra permanentboende på lite sikt. Verksamheten beskrivs vidare utifrån en "öppenhet inför det levande, historien och det gemensamma" via "en gestaltande samhällsundersökning". Runt hörnet, poängterar man, finns "omvärlden och dess ekonomiska, mänskliga och ekologiska förutsättningar" och den fråga som exemplifieras lyder: "vilka kunskaper behövs i en värld där klimatet snabbt förändras?" Ett kollektivt undersökande lyfts fram, "[e]tt utforskande av kända och okända delar av jaget och världen".

Poeten Jonas Gren, involverad i *Ställbergs gruva*, vill inte kalla denna form av konstverksamhet för projekt, vilket har med tiden att göra: "För mig är det viktigt att inte kalla det vi gör för projekt utan för arbete. Det är viktigt för känslan av att lova någonting gentemot sig själv. Annars blir det som att vi kommer dit några stycken, tar någonting och lämnar några andra kvar. Att det finns kvar ett vi och ett dom när projektet är gjort. Jag vill sudda ut gränsen mellan vi och dom och att den sammanblandningen finns kvar över tid."[33] Det är en mäktig vision som *Ställbergs gruva* som verk tillika industriell ruin förkroppsligar, med mängder av osynliga tentakler mot omvärlden i en planetarisk utvidgning. 2019 fick man Kulturbryggans strukturbidrag för att skapa inte temporära projekt utan "beständiga platser för konst- och kulturproduktion utanför storstäderna".[34] Målet är bland annat att utveckla residensverksamhet på cirka 40 personer per år på denna "tänkande plats" (C-O Sjöberg), där alla tankar också hela tiden konkretiseras och omsätts i handling, samtidigt som avfolkningen och nedmonteringen av samhällsservicen pågår runt omkring.

---

33   Marit Kapla, "Berättelsen om 2070", *Ord & Bild*, 2–3, (2017) s. 47–52.
34   https://www.stallbergsgruva.se/Renovering-2020 [hämtad 2020-10-27].

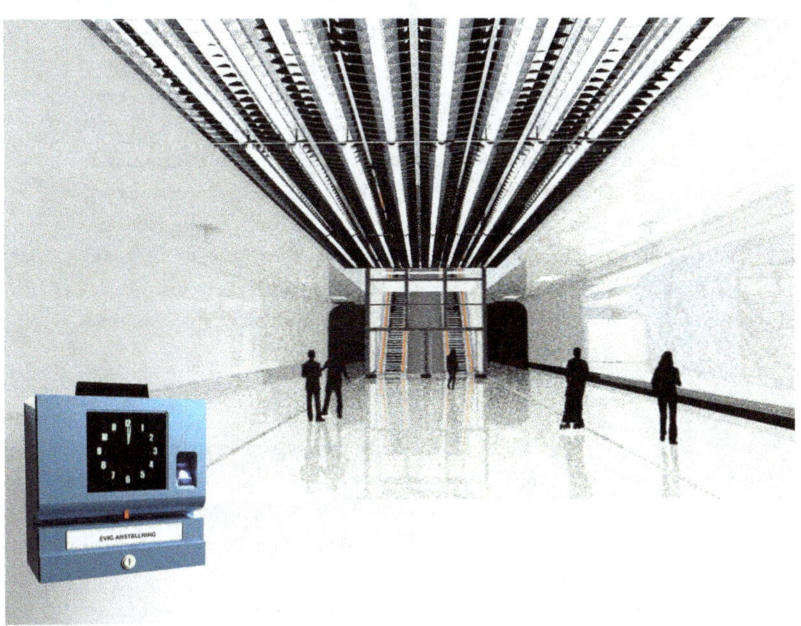

Skiss av verket *Eternal Employment* av Simon Goldin och Jakob Senneby
© Simon Goldin och Jakob Senneby / Bildupphovsrätt 2021

Evig anställning

Konstverket *Evig anställning* av Simon Goldin och Jakob Senneby presenteras av Statens konstråd som

> ett idébaserat verk där en person kommer att få en anställning på station Korsvägen. Vad arbetstagaren väljer att göra formar arbetets och därmed konstverkets innehåll. I ett idébaserat konstverk är det själva arbetsprocessen, hela processen kring skapandet, inte förverkligandet av ett fysiskt objekt som står i centrum. Ett idébaserat konstverk lyfter fram en viss frågeställning och bjuder in till debatt, kommentarer och spontana reaktioner. Det som händer i kommentarerna och reaktionerna blir nytt råmaterial till konstverket, som fortsätter att utvecklas utifrån de förändrade förutsättningarna. Verkets utformning är alltså helt beroende av hur det tas emot, och därför kan man säga att det aldrig blir riktigt färdigt.[35]

Mycket av detta gäller faktiskt all konst, dock inte premissen att vad som sägs och vad som görs i mottagandet av verket absorberas som en del av verket, vilket är en princip som bland andra Lars Vilks och Dan Wolgers anammat. Det är en effektiv defensiv strategi som gör gällande att vad någon än säger eller vilken kritik någon än framför mot verket ifråga så bidrar detta därmed bara till att ytterligare "skapa" verket.

På station Korsvägen, som beräknas invigas 2026 när Västlänken i Göteborg står klar, kommer en stämpelklocka och ett särskilt ljus att installeras på stationen, liksom ett omklädningsrum för den anställde. "Frågan om hur framtidens arbete kommer att se ut är en av de centrala delarna i konstverket", meddelas vidare, vilket innebär att siktet är inställt på framtidslighet, vilket överensstämmer med Groys tankar om (konst)projekt. Stämpelklockan verkar dock handla mera om dåtiden, som en semiotisk figur för modernitetens anställningsvillkor, rent av en folkhemsmarkör. Den analoga stämpelklockan på bilden ovan förvandlar den osynliga kärnverksamheten – i form av en anställning utan kärna eller på förhand stipulerad verksamhet – till ett slags visuell teater. Det mekaniska stämpeluret med sin runda urtavla med arabiska siffror bygger på pappkort som skjuts ned i "klockan" och förses med en datumstäm-

---

35 https://statenskonstrad.se/konst/evig-anstallning/ [hämtad 2020-10-10]. Curator Lotta Mossum, assisterande curator Alba Baeza. För konstnärernas "proposal" på engelska, se https://statenskonstrad.se/app/uploads/2018/09/3-Eternal_Employment-WrittenDescriptionA4.pdf.

pel och exakt tidsangivelse.[36] Handlingen tydliggör att det inte är så mycket en klocka som ett kontrollverktyg, som manifesterar arbetsgivarens absoluta biopolitiska makt över arbetstagaren, som en övervakare som inte befattar sig med vad arbetaren gör, bara registrerar att vederbörande stämplar in i tid och inte stämplar ut förrän arbetsdagen är till ända (även om detta kan fejkas om arbetstagaren låter någon annan stämpla in eller ut). Apparaten blir inte bara en agent som styr arbetarens rörelser och dagsbeting utan också en symbol för maktobalansen mellan parterna. Konstnärer må leva prekära liv under knappa, osäkra omständigheter, men är det något de har är det friheten att själva formulera sitt arbete (om de inte uteslutande arbetar på uppdrag). Här finns en bjärt kontrast mellan konstnärerna och deras idébaserade relativt sett meningsdigra konstverk och det meningsbefriade arbete man tänkt ut att någon annan ska ta sig an.

Ytterligare en idékomponent till detta verk är den franske ekonomen Thomas Pikettys tes "att investerat kapital ökar i värde snabbare än en lön ökar idag, vilket enligt honom leder till ökade klassklyftor".[37] "Det här konstverket använder den befintliga budgeten, investerar den så att avkastningen, enligt nuvarande prognos, räcker till en anställning under 120 år."[38] Det är en intressant tankeövning att tömma begreppet arbete på allt innehåll, all förutfattad mening, för att undersöka vad det kan fyllas med givet den rena formalian runt en anställning. Vad som kan uppfattas som cyniskt är att denna tankelek omfattar, ja kräver, ett slags försökskaniner i form av människor vars uthållighet och viljestyrka testas i detta experiment. Här finns alltså en för konceptuella verk ovanligt påtaglig etisk komplikation. Hur har konstnärerna löst den? Det är ju förstås för tidigt att säga då verket ännu bara befinner sig på det första av de tre projektstadier som diskuterats ovan. Konstverket har dock redan påbörjats genom att ha presenterats som vinnande tävlingsbidrag och dokumenterats som sådant. När konstkritikern Frans Josef Petersson gick till hård kritik mot verket i *Kunstkritikk* 2017 bidrog han ju inte bara till att addera en dimension till verket, han lyckades även få chefen för Statens konstråd, som i samarbete med Trafikverket initierat tävlingen, att svara och därmed bidra konstnärligt.[39] Och nu sitter jag själv här

---

36 Klockans exakta utformning är ännu inte är bestämd men tankarna ovan utgår från den bild som spritts av konstnärerna. Många stämpelklockor idag är för övrigt digitala.

37 https://statenskonstrad.se/konst/evig-anstallning/ [hämtad 2020-10-10].

38 Ibid. Se Thomas Piketty, *Kapitalet i tjugoförsta århundradet*, övers. Lars Ohlsson (Stockholm: Karneval, 2015).

39 I *Kunstkritikk:* Frans Josef Petersson, "Statens konstråd sviker sitt sociala och demokratiska arv", 17.11.17; Magdalena Malm, "Statens konstråd försvarar Goldin+Senneby", 22.11.17; F J Petersson, "Ska vi ha arbetsgivarkonst nu?" 22.11.17; M. Malm "Med omsorg om arbetstagarens förhållanden", 01.12.17.

och bidrar... En sak som korrigeras i debatten är Peterssons felaktiga antagande att den anställde måste tillbringa sin tid på stationen, men det "finns ingenstans reglerat att den anställda måste befinna sig på stationen"[40] understryker Malm i båda sina svar. Förutom två gånger om dagen eller närmare 500 gånger om året, kan tilläggas, så länge personen ifråga vill fortsätta att uppbära lön!

Frågan är om inte detta "idébaserade" verk hade kunnat fungera, rent av gjort sig bättre som ett tankeväckande förslag, utkast, projekt (i den första meningen av ordet, enligt min tredelning ovan)? Betänk konceptkonstnären Lawrence Weiners lakonism: "The piece need not be built."[41] Hotar inte realiseringen av verket, med hjälp av faktiska anställda som byggklossar om några år, att leda till svåröverskådliga för att inte säga olösliga etiska problem? Många som tog del av det vinnande förslaget fann problemet vara att inget fysiskt "verk" skulle uppföras, men för mig är problemet tvärtom att verket till varje pris ska bli fysiskt förkroppsligat.[42] I detta verk tycks klichén från-verk-till-projekt inverterad; ett intressant konstprojekt, som hade kunnat stanna på pappret (på det så kallade projektstadiet) kommer om några år och i över hundra år att manifesteras med hjälp av levande människor som material.[43]

Jämförelser, slutsatser

Alla de tre verken tar sig an något skenbart ointressant, något som bara finns där och som ingen riktigt bryr sig om eller kan greppa. Ett skogsparti, som man inte ens kan definiera som en enhet utan en karta eller att systematiskt vandra igenom det; en nerlagd gruva och det mer eller mindre nerlagda stycke samhälle som omger den, efter omställningen och nedläggningen av den en gång blomstrande gruvindustrin (en fossil verksamhet som gjorde detta samhälle möjligt), samt ett verk i form av något så byråkratiskt och icke-visuellt som en anställning utan gängse behov – ingen given arbetsuppgift som tarvar en lösning – utan mer en anställning som sådan, under en så lång tid att det överskrider en enskild människas livslängd (och därmed utmanar definitionen av en anställning), en anställning som bara pågår, också långt efter det att konst-

---

40 M. Malm "Med omsorg om arbetstagarens förhållanden", 01.12.17. https://kunstkritikk.se/med-omsorg-om-arbetstagarens-forhallanden/ [hämtad 2020-10-15].

41 Lucy L. Lippard, *Six Years: The Dematerialization of the Art Object from 1966 to 1972...* (Berkeley: Univiversity of California Press, 1973), s. 73.

42 Detta diskuteras i Per Strandberg, *Monument över Fast anställning*, kandidatuppsats (Stockholm: Stockholms universitet, 2018), s. 27.

43 Verket påminner mig om den spanske konstnären Santiago Sierras djupt kontroversiella konst, där han bland annat betalar människor för att utföra mer eller mindre meningslösa uppgifter.

närerna/arbetsgivarna är döda. Jag har diskuterat dem utifrån frågan om konst, projekt och tid, om än inte alltid i den ordningen.

Det kan låta som om dessa tre offentliga konstverk i projektform vore ovanligt långvariga genom att de på ett mindre vanligt sätt definierar sig själva temporalt i tre angivna tidsspann: 50 år med sikte på evighet, 50 år med sikte på skuldfrihet, eller så länge pengarna räcker, ca 120 år enligt den ekonomiska kalkylen. Det här gör dock dessa konstverk, paradoxalt nog, relativt kortfristiga. Genom att vara absolut tidsbegränsade, som all tillfällig konst, utgör de undantag till regeln för konst, offentlig som privat: tills vidare-existens. Det senare missuppfattas inte sällan som förmäten tidlöshet. Tidlöshet är dock ett projicerat värde och ett estetiskt ideal, aldrig en realitet då inget kan äga rum eller existens utanför tiden. Tidlöshet är en dröm om lång (över)levnad, bortom nuflödet (Bergson) och "the general run of things" (Groys). *Skogen kallar* är på sätt och vis ett undantag till det tidsbegränsade, genom att laborera med två temporala steg, ett första som omfattar ett halvt sekel, och ett andra som omfattar evigheten. I ytterligare en paradoxal vändning är det emellertid tidsbegränsade verk som dessa som förmår artikulera, konkretisera och gestalta det notoriskt undanglidande och potentiellt oändliga fenomenet tid. De kan också sägas ställa basala ontologiska frågor; vad är (egentligen) en skog, ett samhälle, ett arbete? Och därmed: vad är (idag) ett konstverk? Ett verk refererar till naturen (hotad), ett till kulturen (hotad) och ett till kapitalismen (ohotad).

För de två första av dessa verk – dessa "projekt" enligt Statens konstråd – var det en viktig fråga att "undersöka konstbegreppet och vad konst kan vara". Ett svar på det har redan diskuterats och framstår som självklart idag: konst kan idag vara *konstprojekt*, vilket betyder att konstverk idag kan vara av projektkaraktär, vilket betyder att de involverar framtidslig utveckling men också begränsad temporal projektion på ett sätt som skiljer dem från gängse konstverk i form av rumsligt avgränsade föremål (med oavgränsad räckvidd). Jag har samtidigt argumenterat mot föreställningen om att utvecklingen därmed gått "från" verk "till" processer och projekt eftersom de senare fortfarande är (konst)verk, verk som kommit att definieras av sina projicerade och prognosticerade, immanenta och generativa processer. Det är snarare fråga om att just konstbegreppet tänjts ut till att också, parallellt och synkront, omfatta verk av projektkaraktär. Konst kan alltså idag vara konst-som-projekt och projekt kan, under vissa omständigheter, vara konst.

Det verk som tydligast är konst, för mig, är *Evig anställning*, som presenterar en utarbetad idé på ett smart och suggestivt sätt (men där den förestående omsättningen av idén kan ses som en medföljande komplikation). Det är ett konceptkonstverk som hotar med att bli absurd teater. *Skogen kallar* är ett verk i form av ett samarbete på flera plan, genomskjutet av performativiteter och aktiviteter och med ett tydligt mål i sikte. Att allt som sker i och med skogen från och med nu är konst följer av konstprojektet som paradigm. När det gäller relationen mellan *Ställbergs gruva* och konstbegreppet blir det mer diffust. Är det ens viktigt för de inblandade konstnärerna och akademikerna att detta är konst (annat än att den klassningen öppnar vissa pengafickor)? Med risk för att reprisera Groys fyrkantighet angående projekt måste jag ändå undra om en produktions- och residensplats för konst och kultur verkligen också, som sådan, kan räknas som konst? Är varje ateljé och utställningsplats också konst(verk)? Statens konstråd har svarat ja på denna fråga på det mest emfatiska sätt som finns, genom att tilldela medel åt "projektet", men här någonstans blir gränsen så flytande mellan villkor för konst- och kulturproduktion i allmänhet och det som genereras ur sådan produktion – idéer, fysiska gestaltningar och konstprojekt – att kategorierna hotar suddas ut. I en text om verket som når mig i skrivandets slutskede glider subjektet bakom *Ställbergs gruva* mellan ett den, ett det och ett de. *Ställbergs gruva* till skillnad från Ställbergs gruva är omväxlande en verksamhet, ett projekt, ett kollektiv och en "konstnärsdriven plats". Det är också metakonst: ett offentligt konstverk som vill "utveckla ett varsamt tänkande kring offentlig konst".[44]

Alla dessa verk problematiserar den etablerade bestämningen *offentlig konst*. Skogen är ju knappast en offentlig arena, snarare undandragen offentligheten (trots allemansrätten), och gruvsamhället som plats är en blandning av offentligt och privat men utan att märka ut det som är konst i detta projekt på ett sätt som vi är vana vid när det gäller offentlig konst. I det sista verket är detta led – (offentlig) konst – frånvarande respektive i stort sett osynligt trots att det rör sig om offentlig konst i eminent mening genom att avgränsas till ett slags tillägg till (knappast utsmyckning av) en kommunalt finansierad tågstation.

Offentlig konst har varit starkt uppknuten kring tankar på rummet och platsen,[45] men vad som ovan berörts vetter snarare mot vad jag kallar den offentliga tiden.[46] Och så fort detta uttalats inser ju var och en att det måste handla om det offentliga *tidrummet* och att det alltid har gjort det. Extremt avgränsat till en station i det tredje verket, om än inom ramen för hela Göteborg; en mindre

---

44 Osignerad, "Processen", *Vi förändrar varandra. Kunskapsnav offentlig konst* (Stockholm: Statens konstråd 2020), s. 64–65.

45 En svensk klassiker är Catharina Gabrielssons *Att göra skillnad. Det offentliga rummet som medium för konst, arkitektur och politiska föreställningar*, doktorsavhandling (Stockholm: Kungliga Tekniska Högskolan, 2007).

46 Uttrycket är ovanligt men diskuteras till exempel, i en mer narratologisk mening, av Paul Ricoeur i "Narrative Time", *Critical Inquiry*, 7:1 (1980), s. 169–190.

avfolkningsbygd i det andra verket, om också globalt kopplat till världen och planeten; en virtuellt "avstyckad" bit skog i det första verket, om än kopplad till det imaginära och queera rum som Fogelstad betecknar, med utvidgningar och symbioskopplingar mot andra socialiteter, mänskliga och o-mänskliga och drömmen om en bokstavligen evig tidsrymd. Samtalet om offentlig konst idag skulle berikas av att involvera reflektioner över vilka tidsligheter och tidrum som medföljer. Det senare ordet är en einsteinsk sammansättning av den mänskliga och icke-mänskliga existensens huvudkoordinater, men redan själva begreppet tid rymmer två olika dimensioner. Tiden som rum eller omfång måste relateras till tiden som hastighet, takt, rytm, fart. Den första tidsdimensionen svarar på frågan "hur länge?" eller "hur lång tid tar det?" medan den andra dimensionen anger med vilken hastighet eller frekvens något sker, den mäter eller "tar tid på" en företeelse. Längden är viktig i alla tre verken, men också förhandlingsbar, utsagd, stipulerad om än öppen för förändring beroende på vad som händer. Takten är mindre given. I *Skogen kallar* är konstnärerna tydliga med att olika tempi och tidsligheter sammanflätas heterogent (eller heterokront) i en vidare och mer mångfaldig mening än Groys användning av ordet. I *Ställbergs gruva* överlappar också en rad aktiviteter med olika hastigheter, från långsamma renoveringsprojekt till korta evenemang, från poetiska glimtar av evigheten till de ansvarigas emotsedda skuldavskrivning om ett antal decennier. I *Evig anställning* är det inte fråga om någon evighet, trots titeln, men väl om ett långt och monotont förkroppsligande av den samhälleliga och kapitalistiska normaltiden, styrd av klockan, kalendern och årsarbetstiden som mekaniskt ackumuleras år efter år.[47]

Skogen kallar och *Evig anställning* är båda lika såtillvida som de har en närmast avantgardistisk experimentkaraktär (också en projektkvalitet enligt Konstnärsnämnden) och att de båda är ett slags undersökningar. De är också båda abstrakta genom att abstrahera – "afsöndra, frånskilja, borttaga"[48] – en kaka ur exploateringsunderlaget i det första fallet och genom att iscensätta vad Marx kallade "abstrakt arbete" i det andra fallet.[49] Härmed stannar så att säga också dessa utkast eller projekt(iler) vid en form utan innehåll. Dock fyller redan nu *Skogen kallar* sin form med innehåll av skiftande slag (vandringar, dans,

47 Evig heter det i verktiteln men det handlar ju inte om det utan om det tidsmässigt "obestämda" (*indefinite*), som det står omväxlande i konstnärernas Proposal för Eternal Employment: https://statenskonstrad.se/app/uploads/2018/09/3-Eternal_Employment-WrittenDescriptionA4.pdf [hämtad 2020-10-11].

48 *Svenska Akademiens Ordbok* (1893): http://www.saob.se/artikel/?unik=A_0001-0087.Iv3b [hämtad 2020-10-26].

49 Karl Marx, *Kapitalet: Kritik av den politiska ekonomin. Första boken* (Lund: Arkiv/Zenit, 1981), s. 33–34.

performance, etcetera), men dessa aktiviteter kan knappast påverka den stora frågan om utsugningen av naturens resurser. Snarare sliter väl dessa på den skog som ska skyddas? I *Evig anställning* är en grundtanke att låta formen utgöra eller snarare helt ersätta innehållet. Verket blir abstrakt genom att frilägga ren arbetstid, ren arbetskraft utan avseende på resultat, mening eller bruksvärde. Snarare blir det en hyllning till spekulation i kapitaltillväxt som överordnad princip. Båda dessa verk kan också beskrivas som orealistiska gentemot det reala eller reella, och därmed som både utopiska och symboliska. Det vill säga: *Skogen kallar* iscensätter en viktig aktion på goda etiska och ekologiska grunder, men kan knappast bidra annat än symboliskt (3,7 hektar) till en bättre värld. *Evig anställning* iscensätter utopin utan innehåll redan nu, på en specifik plats där inget eller vad som helst kan hända, och blir också symboliskt genom att dra ett tankeväckande experiment till sin spets utan att leverera någon tydlig vilja eller vision om framtiden. I kontrast till dessa två verk, men särskilt det senare, framstår *Ställbergs gruva* som befriat från abstraktion, utopier och symbolism. På ett ytterst konkret, men likväl både visionärt och poetiskt sätt arbetas här på riktigt för att skapa en plats för skapande verksamhet och därmed rädda och återskapa ett stycke samhälle. Att detta arbete är konst är lite märkligt, men inte värre än så.

Alla tre verken, till sist, är intressanta, ambitiösa, gränsöverskridande och problematiska. Alla har de också (minst) ena foten i det förflutna för att verkställa nya framtider. Konstnärerna bakom *Evig anställning* arbetar inte själva men ställer frågan om vad ett arbete är, nu och i framtiden men delegerar åt framtiden att ta reda på svaret. *Skogen kallar* (sam)arbetar mot "en annan framtid", en bättre än den ekologiskt förödande vi har att emotse om ingenting görs för att förhindra den, medan *Ställbergs gruva* utför tungt kollektivt arbete här och nu utifrån tanken, antar jag, att framtiden redan är här, det är bara att spotta i nävarna och hugga i.

Listen!
En skulptur på torget och ett metoo-monument
// Anna Rådström

I ett hörn av Rådhustorget i centrala Umeå reser sig Camilla Akrakas skulptur *Listen!*[1] Tre och en halv meter ovanför marken, på en blank rostfri stålplatta, buren av fem stålrör, tronar ett meterhögt kattdjur. Polyesterkompositkroppen är lackerad med blänkande billack: Mazdas nyans Soul red Crystal. Käften är gjuten i bronslegeringen Nordic gold.[2] Stålsockeln är menad att påminna om en bur, vilket innebär att djuret brutit sig ut och nu befinner sig i frihet uppe på dess tak.[3] Sittande på burtaket spänner det musklerna och riktar kroppstyngden framåt. Strupen är sträckt, öronen stryks bakåt och ögonen är halvslutna. Den gyllene käften är vidöppen. Listen! Lyssna! Den permanenta skulpturen, som också är ett kommunalt metoo-monument, förankrar stadigt utropstecknet som ingår i dess titel.

När Håkan Nilsson i föreliggande antologi beskriver den offentliga konstens förändrade spelplan kommer han fram till att denna konstkategori alltmer sällan utgörs av "skulpturer på torget". Han konstaterar också att "ingen staty på torget längre" har blivit ett mantra som uttrycker de senaste decenniernas förändrade syn på det beständiga.[4] Den förändrade synen, som betonar det tillfälliga och föränderliga, innefattar föga förvånande också monumentet. Konstvetaren Jeff Werner noterar till exempel att en av tendenserna inom den samtida offentliga konstens praktik och diskurs "är en rörelse bort från monumentet och det autonoma konstverket mot tillfällig konst och social konst."[5] Utifrån kartläggningar av detta slag kan *Listen!* framstå som ett verk som inte riktigt platsar i samtiden fastän det invigdes i början av november 2019 och berör ett högaktuellt, brännande ämne. Verket kan, genom sin dubbla funktion

---

1 När konstnären anger titeln i sin verksbeskrivning ingår ett utropstecken. Jag använder det också eftersom det rör sig om en uppmaning. I de flesta källor som denna artikel refererar till förekommer dock inte detta tecken. För Akrakas inkluderande av utropstecknet se, Umeå kommun, "Listen, metoo-monument" https://www.umea.se/umeakommun/kulturochfritid/kultur/konst/listenmetoomonument.4.2126f616dccfdd9431 577b.html [hämtad 2020-02-09]. Uppdaterad 2020-11-19.

2 Umeå kommun, "Listen, metoo-monument", Sara Meidell, "Camilla Akraka skulpterade ett vrål", *Västerbottens-Kuriren* (VK) 19/10 2019.

3 Umeå kommun, Listen, metoo-monument, Umeå kommun, "Klart med metoo-monument på Rådhustorget", https://via.tt.se/pressmeddelande/klart-med-metoo-monument-pa-radhustorget?publisherId=1422393&releaseId=3252651 [hämtad 2020-05-22].

4 Håkan Nilsson, s.36 och s.158 i föreliggande antologi.

5 Jeff Werner, *Postdemokratisk kultur* (Halmstad: Gidlunds förlag, 2018), s. 96.

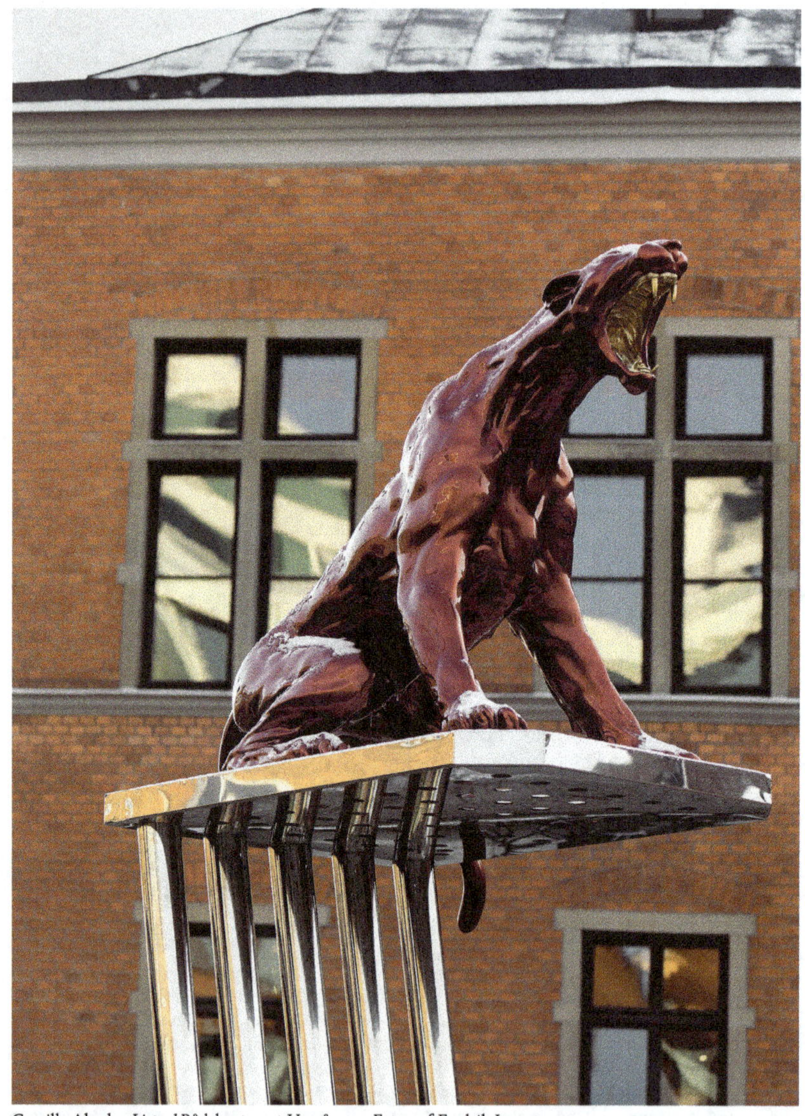

Camilla Akraka, *Listen!* Rådshustorget Umeå 2019. Fotograf Fredrik Larsson
© Camilla Akraka / Bildupphovsrätt 2021

som monument och skulptur på torget, bli ett exempel på den för samtiden mindre lockande delen i dikotomin "temporär/permanent". I detta kapitel vill jag däremot ta fasta på den kritiska potential som det permanenta kan besitta genom att uppmärksamma hur ett verk som *Listen!* öppnar för tankekoncentration och tankeproduktion.[6]

Syftet med kapitlet är att undersöka menings- och platsskapande processer som uppstår när Umeå kommun i ljuset av den feministiska rörelsen metoo positionerar sig mot sexuella trakasserier via Akrakas verk.[7] Jag är intresserad av vad *Listen!* gör, det vill säga vilka betydelser verket är med och skapar. Främst intresserar jag mig för de betydelser som det medskapar i egenskap av djurskulptur på torget och metoo-monument. Jag uppmärksammar hur djuret lägger spår som bidrar till tänkande om samtida metoo-manifestationer men också om feministisk historia, praktik och analys. En betydande del av mitt resonemang ägnas åt vad som händer när kattdjuret, som dessutom kategoriseras som puma, görs till symbol för en rörelse som huvudsakligen omfattar kvinnor. Kopplingen till kattdjuret, puman, skapar ambivalens.. Avslutningsvis noterar jag att *Listen!* har blivit ett landmärke för Umeå stad, och att verket används för att positionera Umeå kommun som en progressiv kulturkommun som aktivt tar ställning för jämställdhet.[8]

Ett monument blir till: en kort bakgrund

Akrakas verk invigdes 2019, två år efter det som har kommit att kallas för metoo-hösten. Det uppgavs då vara Sveriges, och kanske också världens, första metoo-monument.[9] Umeå kommun reste det som en markering mot sexuella

---

6 Se också Håkan Nilssons diskussion om den permanenta konstens kritiska potential och dess möjliga funktion som ett rum för eftertanke i en nyliberal tid där det föränderliga, flyktiga och flexibla utgör en grundpelare, s.13 i föreliggande antologi. Se även Annika Öhrners diskussion om förenklade dikotomier i kapitlet "Miljonprogrammets konst i dagens livsmiljö".

7 Betonandet av menings- och platsskapande processer placerar kapitlet i närheten Jessica Sjöholm Skrubbe, *Skulptur i folkhemmet: Den offentliga skulpturens institutionalisering, referentialitet och rumsliga situationer 1940–1975*, doktorsavhandling (Göteborg & Stockholm: Makadam, 2007) och Beatrice Oroug, *Skulpturförflyttningar i det offentliga rummet: En analys av temporära konstprojekts effekter på det offentliga rummet och skulpturers betydelsebildningar*, masteruppsats (Huddinge: Södertörns högskola, 2019).

8 Undersökningen som följer baseras på in situ-studier av *Listen!* och torgmiljön. Litteraturen spänner över ett register där konstvetenskaplig forskning, kritisk essäistik och feministiska klassiker ingår. Nödvändiga samtidskällor för fakta och åsikter om Akrakas verk utgörs av nyhetsinslag i SVT och SR, samt av artiklar, krönikor och insändare främst publicerade i dagspress. Information hämtas också från Umeå kommuns hemsida.

9 Filippa Armstrong & Fanny Vedin, "Första #metoo-monumentet i världen", Sveriges Radio,

trakasserier och det tillägnades "de som tillsammans bröt tystnaden i samband med metoo-rörelsen."[10] Idén till monumentet väcktes av konstintendent Moa Krestesen. I en intervju ett par dagar innan invigningen förklarade hon att idén var ett uttryck för den frustration som hon i likhet med andra upplevde "när metoo drog igång". Hon sade också: "Det ingår i mitt jobb att ta initiativ och bevaka var det kan finnas möjlighet till konst. När jag väl kom upp i nämnden var det ett enhälligt beslut som försiggick av en lång process."[11] Den känslomässiga reaktionen kunde alltså användas inom ramen för tjänstebeskrivningen och beredningen av ett kommunalt ärende tog sin början. Krestesen beskriver processen som lång, men i relation till ett permanent offentligt monument över ett historiskt skeende framstår den ändå som relativt snabb. I april 2018 fattade kulturnämnden beslut om genomförande av en offentlig gestaltningsupphandling och i mars 2019 tilldelades Akraka uppdraget.[12] Kulturnämnden var enig men tillkomstprocessen kännetecknades också av konflikt. Företrädare för Sverigedemokraterna ifrågasatte kostnaden för verket och i media beskrevs monumentet som en "vattendelare bland medborgarna".[13]

Kostnaden täcktes dock till mer än hälften av medel från en 1970-tals donation från Sparbanken till kommunen avsedd att användas till konst på Rådhustorget.[14] Att det placerades på det nyligen ombyggda torget hade alltså till en betydande

---

P4 Västerbotten, 22/3 2019, https://sverigesradio.se/artikel/7181932 [hämtad 20-02-09], "De bygger en rytande puma – som monument över metoo", *Aftonbladet* 22/3 2019, Yvonne Rittvall, "Metoo-puma väcker känslor i Umeå", *Dagens Nyheter* (DN) 11/1 2019.

10 Umeå kommun, "Listen, metoo-monument". op.cit.

11 Alexzandra Granath, "Kommunen om metoo-puman: 'Konst måste få kosta'", SVT Nyheter, Västerbotten, 29/10 2019, https://www.svt.se/nyheter/lokalt/vasterbotten/kommunen-om-metoo-puman-konst-maste-fa-kosta [hämtad 2020-08-17].

12 För uppgifterna om beslutsdatum se Umeå kommun, "Klart med metoo-monument på Rådhustorget". op.cit. Kommunens inbjudan att inkomma med monumentförslag riktade sig till professionellt verksamma konstnärer med minst 5 års högskoleutbildning eller motsvarande. Upphandlingsförfarandet skedde i tre steg: ansökan; urval för tilldelning av skissuppdrag; beslut om gestaltningsuppdrag. Se Umeå kommun, "Gestaltningsupphandlingar, Uppdrag #metoo-monument på Rådshustorget i Umeå", https://www.umea.se/umeakommun/kulturochfritid/kultur/konst/foryr...stnarer/gestaltningsupphandlingar.4.20c92392148f96bd89f18adc.html [hämtad 20-08-01]. Sidan är numera borttagen. Den finns dokumenterad hos författaren.

13 Angående debatt i kommunfullmäktige där kostnaden för metoo-monumentet ifrågasattes av Sverigedemokraterna se Kerstin Erikson, "Het debatt om Metoo-puman i fullmäktige", *Västerbottens-Kuriren* (VK) 29/10 2019; Anne Pettersson, "Puman direkt in i hetluften", *Folkbladet* 29/10 2019. Angående metoo-monumentet som vattendelare se Granath, "Kommunen om metoo-puman: 'Konst måste få kosta'". op.cit.

14 Umeå kommun, "Listen, metoo-monument". op.cit. Budgeten för konstverket låg på 500 000 kronor plus ca. 100 000 kronor för skissarvoden till de tre konstnärer som gick vidare till urvalsprocessens slutfas. Donationen från Sparbanken stod för ca. 350 000 kronor medan resten togs från kulturnämndens budget för konstinköp.

del att göra med finansiering. Till detta ska också läggas kommunens insikt om placeringens effekt. "Torget", skriver kommunen i upphandlingens uppdragsbeskrivning, "är en viktig demokratisk mötesplats året om" och genom placeringen "mitt i centrum blir verket en symbol för ett aktivt ställningstagande om nolltolerans mot sexuella trakasserier och övergrepp – lokalt, nationellt och globalt."[15] Kommunen visar sålunda en medvetenhet om den offentliga konstens symboliska värde, något som också återkommer i det slutliga omdöme som ges till Akrakas verk.

När bedömningsgruppen gjorde urvalet bland insända förslag utgick den från följande fyra aspekter: "estetiska och konstnärliga värden i uppvisat presentationsmaterial"; "konstnärlig originalitet"; "konstnärligt uttryck i förhållande till verkets syfte" samt "konstnärens korta beskrivning om hur hen tänker ta sig an uppdraget".[16] Motiveringen offentliggjordes i pressmeddelandet som följde beslutet om tilldelningen. Här uppgavs att Akrakas förslag svarar väl mot kommunens ställningstagande mot sexuella trakasserier, att klass, kön, etnicitet och ålder ständigt närvarar i hennes konstnärliga praktik, och att hennes verk ofta ifrågasätter etablerade positioner på samma vis som de som bröt tystnaden under metoo. Motiveringen avslutas: "Det starka visuella uttrycket i hennes verk i kombination med de betydelsebärande symboliska inslagen bildar en mångbottnad gestaltning som tillför ett nytt estetiskt grepp i Umeås offentliga rum."[17] Bedömningsgruppens motivering återspeglar urvalsaspekterna utan att närmare gå in på beskrivningar av verket, men av pressmeddelandet framgår att de symboliska elementen utgörs av "manligt kodade material och maktsymboler, som till exempel stål, billack och muskelmassa".[18]

I pressmeddelandet finns också en formulering som har betydelse för min undersökning då den berör den centrala kategoriseringen av det rödlackerade kattdjuret. Den lyder: "Konstverket heter 'Listen' och föreställer en puma [...]."[19] Ytterligare en central formulering återfinns i en artikel publicerad kort därefter. Krestesen uppges här säga: "Den [puman] är hög och jag tror också att det kan bli ett landmärke. 'Vi ses vid puman', en kan stå både under, bakom eller

---

15   Umeå kommun, "Gestaltningsupphandlingar, Uppdrag #metoo-monument på Rådshustorget i Umeå". op.cit.

16   Ibid. I bedömningsgruppen ingick Moa Krestesen, konstintendent och projektledare för upphandlingen, Helena Wikström, konstnärsrepresentant och konstnärlig ledare Vita kuben, Åsa Adolfsson, konstpedagog och Anja Boman, konstsekreterare. Bland inbjudna representanter fanns bland annat Jennie Forsberg, konstvetare och utvecklingsledare för Kvinnohistoriskt museum, Umeå kommun.

17   Umeå kommun, "Klart med metoo-monument på Rådhustorget". op.cit.

18   Ibid.

19   Ibid.

bredvid den [...]."[20] Pumakategorin förstärks ytterligare när en olycka inträffar i början av sommaren 2020. *Listen!* blev påbackad av en skylift i samband med renoveringen av fasaden till stadsarkitekt Fredrik Olaus Lindströms tegelröda rådhus från början av 1890-talet (numera restaurang). Kommunens biträdande kulturchef Lars Sahlin kommenterade det inträffade med orden: "Det är en olycka. Det kan hända i de bästa familjer."[21] Uttalandet grundades sannolikt på att restaureringsarbetet utfördes av en entreprenör anlitad av kommunen, men kan också tolkas som ett uttryck för viljan att understryka att det inte rörde sig om avsiktlig åverkan. Efter genomförd skadebesiktning meddelades på kommunens hemsida att *Listen!* – som nu inte bara kallades "puman" utan också "metoo-puman" – skulle flyttas för lagning och sedan återkomma till torget.[22]

I exemplen ovan kommuniceras något annat än det som samtidigt förklaras via en pedagogisk kommunal webbsida tillägnad *Listen!* På frågan om varför kommunen valt en puma ges svaret: "Konstnären har inte artbestämt djuret, det kan vara en puma och har blivit det i folkmun. Det kan även vara ett annat kattdjur." [23] Vilket det andra djuret är framgår inte, men enligt Akraka skulle det kunna vara en panter.[24]

I menings- och platsskapande processer spelar gestaltning och placering självklart roll. Lika betydelsefullt är vilka ord som används i anslutning till gestaltningen och hur detta relaterar till uppgifterna den tilldelas. Det kategoriserande ordet "puma" har smugit sig in i kommunala dokument, det har fastnat i "folkmun" och spridits via media, vilket många av titlarna i artikelns notförteckning vittnar om. Det går inte att bortse från att kategoriseringen påverkar meningsproduktionen. Puma är ett stort kattdjur, men det är också ett slangord. I egenskap av det senare definieras ordet i insändare och krönikor som diskuterar *Listen!* Det definieras på olika sätt: en puma kan vara en attraktiv kvinna.[25] Alterna-

---

20 Anne Pettersson, "Metoo-monument ska sättas på upp på Rådhustorget: 'Har en uppkäftighet'", *Folkbladet* 22/3 2019.

21 Anders Wynne, "Metoo-puman skadad – tar lång tid att återställa i ursprungligt skick", *Västerbottens-Kuriren* (VK) 2/6 2020.

22 Umeå kommun, "Me too-puman är skadad och flyttas för att lagas", https://www.umea.se/umeakommun/kulturochfritid/kultur/konst/arkivpumanarskadadochflyttasforattlagas.5.2adf2b2d1724e9f24668ee0.html [hämtad 2020-08-01]. Sidan publicerades 20-06-05 och är numera borttagen. Den finns dokumenterad hos författaren. Huvuddelen av detta kapitel skrivs innan *Listen!* återförts till sin plats och existerar därmed delvis i ett mellanrum. I mellanrummet finns ingen anledning att skifta fokus från närvaro till frånvaro – min uppmärksamhet vilar stadigt på det tronande djuret.

23 Umeå kommun, "Listen, metoo-monument". op.cit.

24 Meidell, "Camilla Akraka skulpterade ett vrål", op.cit.

25 Daniel Persson, "Ryt till mot politisk konst", 26/11 2019, https://timbro.se/smedjan/ryttill-mot-politisk-konst/ [hämtad 20-05-22].

tivt: en puma kan vara en sexuellt attraktiv kvinna.[26] Eller: en puma är "en mogen kvinna som sexuellt dras till och attraherar yngre män."[27] Hur än definitionerna varierar deltar de i meningsproduktionen i vilken puman förutsätts vara en hona och därmed en (sexualiserad) kvinna.

Puman, kattdjuret och metoo

Utifrån det som beskrivits ovan, framstår "puma", alternativt metoo-puman", som en meningsproducerande läsanvisning för allmänheten.[28] Om kattdjuret definierats som en panter hade anvisningen inte varit densamma.[29] Men oavsett vilken art som valts hade en väsentlig sak kvarstått, nämligen den traditionstyngda sammankopplingen mellan kvinnan och djuret. Så därför, när denna undersökningen nu går närmare in på meningsproduktion i relation till metoo, kvinnohistoria och feministiskt tänkande, diskuteras "puma" jämsides med det icke artbestämda kattdjuret.

Metoo tog sin början 2006 i USA då kvinnorättsaktivisten Tarana Burke synliggjorde sexuellt våld mot rasifierade svarta kvinnor genom att konsekvent betona betydelsen av att det till varje berättelse om övergrepp kunde läggas ett "metoo". Elva år senare, 2017, lade skådespelaren Alyssa Milano till en hashtag till "metoo" och betonade därigenom användandet av sociala medier. Idag är metoo känd som en global rörelse som tillmäter vittnesmål och delande av erfarenheter avgörande betydelse. Manifestationerna riktar strålkastarljus mot "en patriarkalt präglad samhällsstruktur, som ger förövaren, vanligtvis en man, möjlighet att missbruka sin maktfördel genom att begå sexuellt präglade handlingar av varierande brottsgrad."[30] Den citerade beskrivningen, formulerad av statsvetaren Maud Eduards för *Nationalencyklopedin*, förmedlar inte en ny upptäckt. Det handlar snarare – för att parafrasera undertiteln till en av författaren

---

26   Kjerstin, "Obegripligt och tanklöst med röd puma", Ordet fritt, Västerbottens-Kuriren (VK) 7/5 2019.

27   Johanna Lindqvist, Fredagskrönikan, "Fortsätt lyssna på hennes vrål", *Folkbladet* 1/11 2019.

28   Här lånar jag tankar från Dan Karlholm. När han diskuterar vad ett monument kan vara ser han det som avgörande att det på, eller i anslutning till, monumentet finns en verbal förankring. Förankringen är en inskription som inte är en titel utan en "läsanvisning och motivering". Se "Det tomma monumentet", i *Vad betyder verket?: konstvetenskapliga studier kring måleri, skulptur, stadsplanering och arkitektur*, red. Thomas Hall, Ewa Kron & Lempi Borgwik (Stockholm: Konstvetenskapliga institutionen, Stockholms universitet, 2001), s. 45.

29   Hur detta kan påverka meningsproduktionen diskuteras senare i kapitlet.

30   Maud Eduards, "me too-rörelsen", i Nationalencyklopedin [NE], https://www-ne-se. till.biblextern.sh.se/uppslagsverk/encyklopedi/l%C3%A5ng/me-too-r%C3%B6relsen [hämtad 2020-07-30].

Rebecca Solnits böcker – om en beskrivning av en gammal konflikt till vilken det lagts ett nytt kapitel. Men, enligt Solnit, förde ändå vattendelaren metoo med sig något nytt. Det nya menar hon, var inte att kvinnor talade ut, det nya var att människor lyssnade.[31]

Men vad har *Listen!* att göra med detta förutom att skulpturen/monumentet också har kallats för en vattendelare? Är det inte bara ett skolboksexempel på biologism utan också på antropomorfism? Läggs kvinnors vittnesmål i pumans käft? Projiceras deras erfarenheter på kattdjurets kropp? Nej, menar jag, det är inte ett skolboksexempel på vare sig det ena eller andra, men det är ett exempel som genrerar ambivalens. Detta är emellertid inte nödvändigtvis negativt eftersom ambivalens är en högst aktiv ingrediens i meningsskapande processer, liksom den är central för feministiskt tänkande. Författaren, filosofen och litteraturvetaren Hélène Cixous argumenterar till exempel för "la pensée des deux côtés" (ungefär, tanken om två sidor/det av två sidor tänkta).[32] Medan Peggy Phelan, en ledande forskare inom performance och performativitetsstudier, hävdar att feminism "makes ambivalence a necessary worldview. In these days of hideous fundamentalism, the capacity to acknowledge ambivalence is revolutionary."[33] Så, samtidigt som jag höjer varningsflaggan för biologism och antropomorfism ser jag att puman/kattdjuret på torget – det offentliga rummet *par exellence* – förankrar en uppmaning: *Listen!* Genom uppmaningen aktiveras en påminnelse om metoo, men också om andra omistliga kapitel inom feministisk kamp. Den meningsproduktion som utvecklas förorsakar skavande men kan också fungera stärkande.

Tankespår

Ordet tankespår signalerar pumans/kattdjurets avtryck på tänkandet samtidigt som det anger att själva tankeverksamheten också lägger spår. [34] Tänkande,

---

31 Rebecca Solnit, *Whose Story is This: Old Conflicts; New Chapters* (London: Granata Publications, 2019), s. 7.

32 Mireille Calle-Gruber & Hélène Cixous, *Hélène Cixous: Photos de Racines* (Paris: des femmes, 1994), s. 34.

33 Peggy Phelan, "Feminism Makes Ambivalence a Necessary Worldview", *ArtForum*, 2 (2003) s. 149. Jag har i en tidigare text tagit fasta på såväl Cixous som Phelans idéer om ambivalens. Se "Ambivalens och ett 'emellan': Reflektioner genom och runtomkring ett av Annika von Hausswolffs fotografier", i *Att känna sig fram: Känslor i humanistisk genusforskning*, red. Annelie Bränström Öhman, Maria Jönsson & Ingeborg Svensson (Umeå: h:ström-Text och kultur, 2011), s. 168–189.

34 Tankespår är ett gammalt uttryck men förekommer också i kritiska djurstudier som utgår från Jacques Derrida. Se Anne E Bergers & Martha Segarras "Thoughtprints", *Critical Studies*, 35 (2011), s. 3–22.

menar kulturteoretikern Mieke Bal, är varken individuellt, partikulärt eller bundet till den tid då idéerna artikuleras. Tankars liv liknar bilders liv: de är båda varaktiga men också föränderliga, och de upprätthålls kollektivt. De är föremål för debatter och lockar därmed fram ett tänkande som inte främst handlar *om* världen utan sker *med, genom* och *i* världen, inbegripet dess visuella manifestationer. Vi "läser" inte tankeinnehållet i en bild utan skapar det och interagerar med det.[35] Bals performativt rotade resonemang är betydelsefullt för det tänkande som sker här, även om *Listen!* inte är en bild utan en offentlig skulptur som också är ett monument.

När arkitekten Catharina Gabrielsson analyserar arbetet med omgestaltningen av Stortorget i Kalmar i början av 2000-talet lyfter hon fram följande iakttagelse: "Det geometriska mönstret på ytan av brunnslocken påminner om ett stort tassavtryck, som om ett monster klivit över platsen; monster som ur (lat.) *monere* att visa, uppmana eller erinra, den etymologiska roten till monumentet."[36] Utifrån denna iakttagelse och språkliga härledning kan puman på Rådhustorget i Umeå liknas vid ett monster. Det lämnar inte indexikala tassavtryck på stenbeläggningen, men dess röda, muskellösa och storkäftade uppenbarelse intar platsen. Från en upphöjd, distanserad position i ena hörnet av torget kan det även sägas erinra om något.

När jag diskuterar *Listen!* jämsides med puman och kattdjuret markeras och levereras den del av västerländsk kvinnohistoria som sedan århundranden brottats med kopplingen till djuret, till honan. Brottningskampen kan följas i författaren och filosofen Mary Wollstonecrafts klassiska och oumbärliga skrift *Till försvar för kvinnans rättigheter* (1792). När hon förtydligar sin egen position gentemot mannen ser hon sig nödsakad att poängtera att hon är kvinna och samtidigt hänvisa till djurriket i vilket det tydligt framgår "att honorna i allmänhet är underlägsna hannarna ifråga om fysisk styrka. Det är en naturlag som inte går att upphäva eller ändra på till kvinnans förmån."[37]

Brottningskampen får en tydlig arena när filosofen Simone de Beauvoir närmare 160 år senare skriver den banbrytande och vägvisande mastodontanalysen *Det andra könet* (1949). Liksom Wollstonecraft tillkännager hon sitt biologiska kön och tar upp dikotomin hona-hane, men hos henne är tongången en annan.

---

35 Mike Bal, "Thinking in Film", *Thinking in the World*, red. Jill Bennet & Mary Zournazi (London & New York: Bloomsbury Academic 2020), s. 173.

36 Catharina Gabrielsson, *Att göra skillnad: Det offentliga rummet som medium för konst, arkitektur och politiska föreställningar*, doktorsavhandling, (Stockholm: Kungliga Tekniska Högskolan, 2007), s. 398.

37 Mary Wollenstonecraft, "Till försvar för kvinnans rättigheter", *Kvinnopolitiska nyckeltexter*, red. Johanna Esseveld & Lisbeth Larsson, (Lund: Studentlitteratur, 1996), s. 34.

Studien är uppdelad i två böcker. Första boken, "Fakta och myter" börjar med att "Öde" avhandlas. Det första kapitlet i denna del heter "Biologiska utgångspunkter" och inleds med en definitionsfråga:

> Kvinnan? Det är mycket enkelt säger de som gillar enkla förklaringar: hon är en livmoder, en äggstock, hon är en hona och detta ord räcker för att definiera henne. I mannens mun klingar tillmälet "hona" som en förolämpning, men han skäms inte för sin egen djuriskhet, han blir tvärtom stolt om han får höra att han är "en hane". Termen "hona" är inte nedsättande för att den förankrar kvinnan i naturen utan för att den begränsar henne till hennes kön.[38]

Beauvoir fortsätter sedan i rask takt och med ett målande språk att rada upp klichéartade beskrivningar av beteenden hos olika arter av honor för att visa på mannens avsmak och kastrationsskräck, men också på hans fantasiförmåga när det kommer till sexuell erövring och dominans. Vad gäller det senare skriver hon: "De stiligaste rovdjurshonorna som tigrinnan, lejoninnan och panterhonan lägger sig underdånigt ner i hanens mäktiga omfamning."[39] Analysen inkluderar inte explicit puman men visar på orsaker till varför tankegodset kring kvinnohonan skaver. Här finns inslag av inte bara biologism utan också av sexism där även den starkaste honan/kvinnan underställs hanen/mannen.

Biologin som kvinnans öde upphörde inte efter det att Beauvoir plockat isär den, men där hon använder kattdjurshonan för att måla upp en språklig bild av underkastelse, lyfter Camilla Akraka sju decennier senare fram ett skulpturalt kattdjur som signalerar det radikalt motsatta och stör därmed den "naturlag" som beskrivits ovan. När Akraka utformade förslaget till *Listen!* arbetade hon redan med en kattdjurstematik. Ett exempel på detta går att finna i hennes separatutställning *Colonial Rooms* på Passagen i Linköping (2014). Här ingick bland annat tre pantrar (*Sisters*) och en tjur. Konstellationen beskrevs på följande vis av en recensent:

> Tre panterhonor vandrande i cirkel (det kvinnliga) och en störtad tjur (uppenbarligen det manliga) skapar en dramatisk scen. Mönstren i sina fasta strukturer blir här i mötet med de tre-

---

38 Simone de Beauvoir, *Det andra könet* (Stockholm: Norstedts förlag, 2002), s. 41. Studiens andra bok är "Den levda erfarenheten".

39 Ibid.

dimensionella djuren på ett underfundigt sätt en metafor, för just rörelse och förändring av – position och makt?[40]

Den genuskoreografi som iscensätts här skiljer sig från underkastelsescenen i kapitlet "Biologiska utgångspunkter". Här är det tjuren, en av symbolerna för manlig potens, som befinner sig i utsatt läge.

Av utställningen i Linköping framkommer att hennes konstnärskap behandlar koloniala rum, vilket bland annat innebär att arbeta med såväl historia som samtid, och med frågor som rör identitet och makt.[41] Arbetet med dessa rum kan kopplas till konstnärens egna erfarenheter. Akraka, som är född i London 1968 och uppvuxen i Stockholm där hon utbildats vid Kungliga konsthögskolan, berättar i en intervju med kulturredaktör Sara Meidell hur erfarenheterna av att vara svart och uppvuxen i Sverige på 1970-talet bidrog till att det för henne blev självklart att söka Umeå kommuns monumentuppdrag. Hon säger: "Att bli betraktad som mindre värd på grund av den man är född till, är det som Metoo-rörelsen i grunden protesterar mot."[42]

I intervjun lyfter Meidell frågan om "puman". Hon har uppenbarligen slangordet i tankarna och tycks finna det problematiskt. Meidell frågar Akraka hur hon ser på att "ett objektifierande begrepp om kvinnor" har kommit att symbolisera det som metoo står för. På detta svarar konstnären att det kan argumenteras för att begreppet återerövras. Men samtidigt, menar hon, är det intressant att kattdjuret blivit läst som en puma och inte en panter, vilket ju också var ett alternativ. Avsikten med förslaget, berättar hon, var att "bredda idén om kattdjuret – en panter kan ju också vara en svart jaguar eller en leopard, det handlar bara om pigmentering."[43] Här syftar hon förmodligen på att ett överskott av färgpigmentet melanin kan leda till att exempelvis leoparder och jaguarer blir svarta istället för fläckiga.[44] Detta betyder att vi inte kan bygga

---

40   Lotta Ekfeldt, "Med fokus på det koloniala", *Om konst: konstnärer skriver om konst*, 1/9 2019, https://omkonst.se/14-akraka-camilla.shtml [hämtad 20-05-22].

41   Två år efter *Colonial Rooms* ställdes *Sisters* ut på Vallentuna kulturhus. Enligt rubriken till en notis inför utställningen stod nu de tre panterhonorna för "krocken mellan den koloniala eran och nutid och mötet mellan afrikansk och skandinavisk natur." Se Anna Wilson, "Pantersystrar till Konstkuben", *Mitt i Kungsholmen* 16/8 2016, https://www.mitti.se/nyheter/pantersystrar-till-konstkuben/lmphp!394407/ [hämtad 2020-07-27]. Akraka har även utfört *Shades of the Tiger* (2019), ett offentligt skulpturuppdrag för allaktivitetshuset Agora i Skäggetorp, Linköping finansierat av det kommunala fastighetsbolaget Lejonfastigheter. Se Susanne Hasselqvist, "Tiger till Skäggetorp", *Corren* 17/2 2017, https://corren.se/nyheter/linkoping/tiger-till-skaggetorp-om4508708.aspx [hämtad 20-11-28].

42   Meidell, "Camilla Akraka skulpterade ett vrål", op.cit.

43   Ibid.

44   Roland Johansson, "Kattdjur – evolutionens mästerverk", *WWF Magasin*, 1 (2020), s. 19.

våra kategoriseringar av kattdjur på dess pigmentfärg. Men jag är osäker på hur uttalet om "bara pigment" ska tolkas i det sammanhang som omger *Listen!* Metoo-rörelsen började genom Burkes synliggörande av sexuellt våld mot rasifierade svarta kvinnor, men har breddats till att även inkludera andra. Är Akrakas uttalande ett sätt att peka på detta och betona sitt verks allmängitighet bortom frågor om ras (och kön)?[45] Med andra ord, säger hon att metoo berör och angår alla?

När ett verk möter sin publik är inte konstnärens intentioner avgörande för meningsproduktionen, och Akrakas intention att "bredda idén om kattdjuret" tycks ha gått spårlöst förbi. Istället fastnar ett könsbestämmande slangord som måste återerövras för att kunna användas i metoo-sammanhang. Att återta ett begrepp, som när allt kommer omkring kanske aldrig varit ens eget, är varken okomplicerat eller ofarligt. Ord gör något och de tenderar att ha bagage med sig, eller som filmskaparen och författaren Trinh T. Minh-ha uttrycker det: ord töms och fylls med nytt innehåll men de bär samtidigt med sig ett andrahands-minne.[46] *Listen!* har gett upphov till en återerövringsprocess av ordet "puma". Det rör sig om ett slags uppvisning av "empowerment in action".

Våren 2019, strax efter det att bedömargruppen tillkännagett sitt val av Akrakas verk, skriver konstvetaren Katrin Steen en krönika i vilken puman ställs mot lejonet, den i historien och i det offentliga rummet allestädes närvarande makt-symbolen. Lejonet omnämns både i egenskap av hane med tjock man och som hona i egenskap av flockdjur, men vad gäller puman görs inga könsdefinitioner. Detta innebär dock inte att den nödvändigtvis förblir könlös. Om läsaren har slangordet i sitt ordförråd infinner sig lätt definitionen hona. Puman uppges smygande ge sig in i leken men väl på torget väcker den uppmärksamhet. Steen beskriver hur den vrålar, flexar musklerna och gör sig redo att anfalla samtidigt som den påminner om metoo och kampen som måste fortsätta. Pumans vrål sägs dock möjligen överröstas av förtjusta hurrarop.[47]

Steens korta och populärt hållna krönika aktiverar tankar om torget som en scen där performativa handlingar äger rum. De utspelar sig fysiskt i verkligheten

---

45 Att Akraka för in den svarta pantern kan också ge en association till The Black Panther Party som bildades i USA i mitten 1960-talet. I relation till detta parti och till den senare Black Life Matters-rörelsen är det inte en fråga om "bara pigment".

46 Trinh T. Minh-ha, "Difference: A Special Third World Women Issue", *Feminist Review*, 25:2 (1987), s. 5. Att ord gör något blev välkänt genom filosofen J.L Austins arbete. Se *How to Do Things with Words* (Oxford: Oxford University Press, 1962).

47 Katrin Steen, "En puma tar plats bland lejonen, *Folkbladet* 2/4 2019. För en såväl breddad som fördjupad diskussion om lejonets uppgifter i det offentliga rummet se Oscar Svanelids kapitel "Trygghetskonst: om konst som trygghetsåtgärd för offentliga rum" i föreliggande antologi.

eller imaginärt inuti huvudet på den som står eller rör sig över torget. Ett torg är, som Umeå kommun och många andra påpekar, en viktig demokratisk mötesplats, men det är också "maktens arena *per se*".[48] Makt kan ta sig många former, bland annat kan den vara en könsmaktsordning. Inom feministisk praktik och teori är denna maktform självklart något som analyseras och utmanas. Två viktiga redskap i detta arbete är rösten och blicken. Redskapen används såväl praktiskt som analytiskt.

Listen! står i det sydöstra hörnet av Rådhustorget. I det nordvästra står Sean Henrys skulptur *Standing Man*. Henrys stumma, solitära mansgestalt kom tillfälligt till torget via Galleri Andersson Sandström 2007 och väckte omgående fotografisk iver och omvårdnadskänslor. Genom åren har den ensamme mannen till exempel försetts med mössa och halsduk som skydd mot det ofta kalla vädret. Därpå köptes skulpturen av Umeå kommun 2008 och har sedan dess stått i sitt hörn bortsett från en period, 2016–2017, då torget byggdes om. En insändarskribent, vars egentliga ärende är att efterlysa namnskyltar till de båda verken, noterar den iögonfallande konstellation som iscensatts. Han refererar till *Listen!* som "puma", funderar över om det finns en pedagogik bakom avsaknaden av information och beskriver scenen så här: "Två säregna poler av manligt och kvinnligt som talar med, eller möjligen förbi, varandra över torget".[49] Frågan om pedagogik är högst relevant och då inte endast i fråga om namnskyltar. Det tycks osannolikt att den både förbindande och distanserande diagonalen över Rådshustorget inte tagits med i beräkningen vid uppmonterandet av *Listen!* Min tolkning är att den stumme solitären, mannen, genom att tydligt adresseras av kattdjuret tvingas in i en relation. När jag står under puman följer jag ett imaginärt rytande som slungas diagonalt över torget. Vrålet träffar ena sidan av *Standing man's* ansikte. Här uppstår en koppling till det andra redskapet som nämns ovan: blicken. Iscensättningen och det imaginära diagonala vrålet väcker en intressant association till konstnären Barbara Krugers ikoniska fotomontage *Untitled (Your gaze hits the side of my face)* (1981). Men där Krugers verk adresserar problematiken med den allestädes närvarande manliga blicken väcks här frågor om kvinnohonans vrål och dess mottagande. Går vrålet in i örat på den slutna mansfiguren?

---

48   Werner, *Postdemokratisk kultur*, op.cit., s. 38.

49   Anders (Verner) Kristoffersson, Ordet fritt: "Varför anonyma konstverk på Rådhustorget?", *Västerbottens-Kuriren* (VK) 18/3 2020.

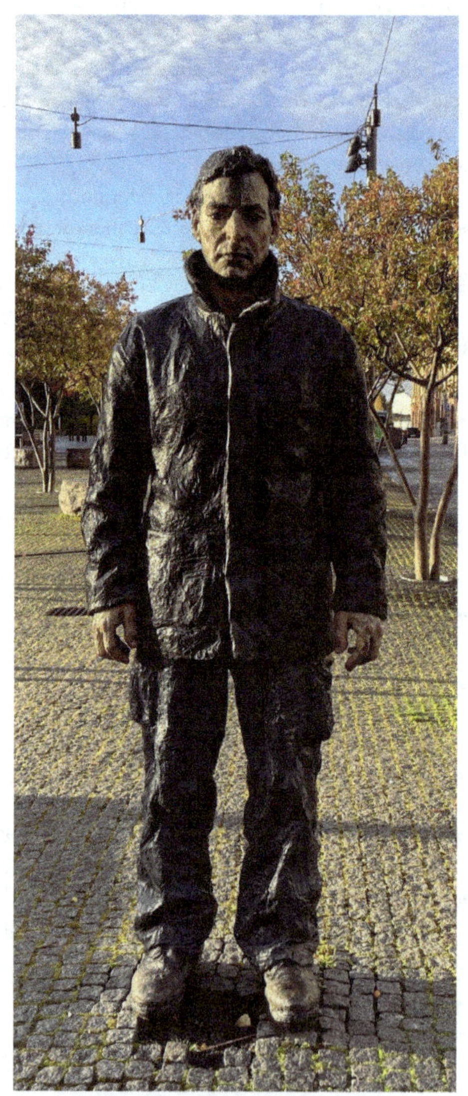

Sean Henry, *Standing Man*. Rådshustorget 2008 Umeå
Foto: Umeå kommun

En gyllene käft

På den tidigare nämnda kommunala webbsidan tillägnad *Listen!* ställs frågan: "Varför vrålar den, pumor kan inte vråla?" Kommunen svarar: "Men konst kan vråla, konsten är fri att gestaltas och uttrycka sig på ett annat vis än verkligheten."[50] Trots kommunens lovtal till konstens frihet blir det här tydligt hur en kategorisering ("puma") kan begränsa en röst, ett vrål.

Författaren och konstkritikern John Berger är en av många som diskuterat relationen mellan människodjuret och det icke mänskliga djuret. I diskussionen är frågan om språk grundläggande. Han skriver att "djurets avsaknad av ett gemensamt språk, dess tystnad, säkerställer alltid dess distans, dess särskillnad, dess uteslutande från och av människan.[51] Om Bergers formulering skulle bearbetas en aning och ställas i relation till iscensättningen på Rådhustorget skulle förslagsvis följande kunna yttras: kvinnohonans språk finns, hon är inte tyst, likafullt finns där en distans, en särskillnad, hennes uteslutande från och av mannen.

Detta kan i sin tur byggas på med ett kort stycke ur Jacques Rancières *Tio teser om politik*. I den åttonde tesen förklarar Jacques Rancière en effektiv härskarteknik, ett säkert sätt att förvägra ett annat politiskt djur (det vill säga en människa) agens. Om det finns någon som du inte vill erkänna som politisk varelse ska du börja med att inte erkänna den som bärare av det politiska, du ska inte förstå vad den säger, inte heller ska du höra att det är ett yttrande som uttalas.[52] En sådan teknik bringar den som uttalar yttrandet ur balans om den inte har en position som möjliggör direkt motstånd genom att kräva att bli lyssnad till. Härskarteknik kan användas i olika situationer, bland annat har den förekommit när det under metoo har vittnats om sexuella övergrepp och trakasserier.

Redan på 1970-talet analyserade socialpsykologen Berit Ås härsktekniker, bland annat osynliggörande. I början av 2000-talet tog *Empowerment Nätverket vid Stockholms universitet* (ENSU) som sin uppgift att utmana teknikerna och utarbetade för detta både motstrategier och vad de kallade bekräftartekniker. Följaktligen blev härskartekniken att osynliggöra bemött genom motstrategin att ta plats, och denna strategi förstärktes genom en bekräftteknik som syftade till att synliggöra.[53] Liknande strategier blir aktuella när röst och lyssnande betonas.

---

50 Umeå kommun, "Listen, metoo-monument".op.cit. Här skulle det vara möjligt att debattera kommunens ambition att undervisa medborgarna, och lägga in Hanno Rauterbergs påstående om att metoo-rörelsens emancipatoriska verkan ligger i att den inte behöver vänta på institutionernas hjälp. Men en sådan diskussion ligger inte inom ramverket för detta kapitel. Se Hanno Rauterberg, *Hur fri är konsten? Den nya kulturstriden och liberalismens kris* (Göteborg: Daidalos, 2019), s. 91.

51 John Berger, *Konsten att se* (Stockholm: Brombergs bokförlag, 1982), s. 13.

52 Jacques Rancière, "Ten Theses on Politics", *Theory and Event*, 5:2 (2001), s. 10.

53 Louise Andersson & Anna Lena Lindgren, "Feministiska perspektiv på konstpedagogik",

En puma kan alltså, enligt Umeå kommuns hemsida, inte vråla. Nej, men den har ett läte. I ett specialnummer av *WWF Magasin* tillägnas alla världens katter uppmärksamhet. De beskrivs som evolutionens mästerverk och sägs vara berömda för sina läten. Lejonet, leoparden och jaguaren ryter. Tigern har ett mäktigt läte, men ryter inte. Puman däremot "har ett berömt skri som låter lite grann som en kvinna i nöd."[54] Beskrivningen anger inte om detta gäller såväl honor som hannar, men den rimmar illa med det vrål som tänks komma ur den gyllene käften. Men, föreslår jag, lätet kan på ett metaforiskt plan kopplas till metoo-monumentets uppgift att erinra. Det erinrar om det som Rebecca Solnit lyfter fram, nämligen att feminismen, liksom andra människorättsrörelser, har utgjorts av en process där röster förstärkts fram till dess att de burit i kraft av sig själva, genom solidaritet har svaga röster ackumulerats så att de blivit kraftiga nog för att sätta sig upp mot dem som Solnit kallar diktatorerna.[55] Den ackumulerande processen, som jag menar möjliggörs genom bekräftarteknik, är en förutsättning för den effekt som metoo har haft och fortsätter att ha.

Den förstärkande processen är ett grundackord för feminismens arbete för att kvinnor ska kunna, vilja och tordas göra sina röster hörda.[56] *Listen!* påminner om processen av att dela erfarenheter men också om hur de som inte har erfarenheter att dela reagerar när de tar del av andras. Påminnelsen visar att det fanns de som lyssnade även före metoo. Den svenska översättningen av Susan Brownmillers massiva och ögonöppnande studie *Våldtäkt* gavs ut 1977, tre år efter att den först publicerats i USA under den längre titeln *Against Our Will. Men, Women and Rape*. Studien börjar med "Ett personligt uttalande". De första raderna lyder: "Den vanligaste frågan jag fick då jag höll på med att skriva denna bok var kort, direkt och irriterande: 'Har du någonsin blivit våldtagen?' Mitt svar var lika direkt: 'Nej'."[57] Brownmiller beskriver hur lyssnandet till dem som hade dessa erfarenheter i grunden förändrade hennes uppfattning om vad våldtäkt är och fick henne att skriva boken som i sin tur förändrade många andra människors syn.

En annan skildring ges av Maria-Pia Boëthius i *Skylla sig själv: En bok om våldtäkt*. Här beskrivs traumatiska erfarenheter medan Sexualbrottsutredningens förslag till ny lagtext rörande våldtäkt bekämpas. Det första kapitlet inleds med

---

Konstfeminism: Strategier och effekter i Sverige från 1970-talet till idag, red. Anna Nyström, Louise Andersson et.al. (Stockholm: Atlas, 2005), s. 169.

54 Johansson, "Kattdjur – evolutionens mästerverk", op.sit. s. 17.
55 Solnit, *Whose Story is This*, op.cit., s. 36.
56 Jag anspelar här på sången "Befrielsen är nära" i Margareta Garpes och Suzanne Ostens pjäs *Jösses flickor*, 1974.
57 Susan Brownmiller, *Våldtäkt* (Stockholm: Pan/Norstedts 1977), s. 7.

en beskrivning av Sveriges första så kallade sensivitetsträningskurs för kvinnor på Tylösands havsbad i januari 1975. Boëthius, som var en av deltagarna, återger hur de talade, jämförde och gladdes åt upptäckten av att inte vara "galna".[58] Andra kvinnor hade erfarenheter som de hade trott sig vara ensamma om. Här fanns alltså ett tydligt "jag också". Första upplagan av boken utkom 1976 och 1981 trycktes den andra upplagan. I det nya förordet till den annars oreviderade texten skriver Boëthius: "Idag har jag förstått att den redan är en pusselbit i den svenska kvinnohistorien. Tiden går fort. Det som hände för knappt fem år sen är redan 'historia'."[59]

I uppdragsbeskrivningen som följer gestaltningsupphandlingen för metoo-monumentet på Rådhustorget, skriver Umeå kommun att det finns ett före och ett efter metoo. Det kommande minnesmärket beskrivs som ett "tidsdokument" och det ges en kortfattad samtidshistorisk bakgrund med referenser till Tarana Burke och metoo-hösten 2017.[60] När historikern Kerstin Nordlander får en snabb fråga från en journalist angående metoo-monumentet uttrycker hon kritik mot idén och menar att Umeå kommun är för tidigt ute. Metoo är en viktig rörelse men det går ännu inte att veta om den kommer att leda till förändringar, menar hon. För att få förändringar till stånd anser hon att det snarare är   lagstiftningen som måste förändras. Och, fortsätter hon, "Risken är att om fem år är det ingen som vet vad 'Metoo-puman' står för. Då blir monumentet bara ett kattdjur som står på torget [...]." [61]

I den omedelbara samtid som omger skrivandet av detta kapitel går det inte att helt och fullt tala om ett "efter metoo", rörelsen skapar fortfarande svallvågor och möter motreaktioner. Men att det ännu inte går att tala om ett efter innebär inte att det är omöjligt att tala om metoo. Det är också möjligt att som journalisten Alexandra Pasccalidou anta ett annat tidsperspektiv. I samband med utgivningen av antologin *me too: så går vi vidare – Röster, redskap och råd*, 2017 fick hon frågan om det inte var för tidigt att ge ut boken. Fanns det inte risker att viktiga historier inte skulle komma med? Pasccalidou svarade: "Det är inte för tidigt. Det är för sent."[62]

---

58 Maria Pia Boëthius, *Skylla sig själv: En bok om våldtäkt*, 2 uppl. (Stockholm: LiberFörlag, 1981), s. 7–8.

59 Ibid., s. 5.

60 Umeå kommun, "Gestaltningsupphandlingar, Uppdrag #metoo-monument på Rådhustorget i Umeå." Som Sjöholm Skrubbe påpekar går det knappast att göra en generell distinktion mellan minnesmärke och monument. Ordet monument kommer från latinets *monumentum* som betyder minnesmärke, se Sjöholm Skrubbe, op.sit. not 44 s. 326.

61 Rittvall, "Metoo-puma väcker känslor i Umeå", op.cit.

62 Johanna Palm, "Pascalidou om nya boken: Årtusenden av tystnad och tabun bryts äntligen", SVT Nyheter 3/11 2017, https://www.svt.se/kultur/metoo-sa-gar-vi-vidare-alexandra-pasca-

Att debattera huruvida det är för tidigt eller för sent att påminna om, eller att dokumentera, ett pågående skeende ligger inte inom detta kapitels intressesfär. Det viktiga här är det meningsskapande som *Listen!* deltar i och den historia som med detta följer. Ett monument som upphör att erinra är inte längre ett monument i definitionens strikta bemärkelse, då spelar det liten roll om kattdjuret kallas för puma eller panter. Det går inte att veta vilka framtida meningsskapande processer monumentet kommer att delta i. Men att meningsproduktion kommer att fortsätta är tämligen säkert då *Listen!* är gjord för att hålla. Verket har siktet inställt på permanens och kontinuerlig relevans.

Utropstecknet på torget

I sin omfattande studie av offentliga skulpturer i det svenska folkhemmet 1940–1975, lyfter konstvetaren Jessica Sjöholm Skrubbe fram skildringar av djur som en vanlig motivkategori. Inhemska djurraser dominerar: björnar, rådjur och ibland lodjur. Skulpturerna, som ofta föreställer lekande ungar eller honor med ungar, återfinns i skolmiljöer, offentliga parker och i bostadsområden. Detta, menar Sjöholm Skrubbe, innebär "att det ligger nära till hands att uppfatta dessa skulpturer som ett slags fabel – det vill säga att tematiken i skulpturerna i hög grad kan överföras till mänskliga förhållanden."[63] I bostadsområdena tematiseras till exempel ofta förhållandet mellan hona/mor och unge/barn vilket leder till att metaforiska pekpinnar riktas mot schablonföreställningar om kvinnan som mor och om hemmet som hennes domän.[64] Sjöholm Skrubbe visar alltså hur en skulptural genuskoreografi under täckmantel av djuret utspelar sig i folkhemmets Sverige.

Idag är folkhemmet mer eller mindre nedmonterat men djuret har inte försvunnit. I november 2019 anländer det till Rådhustorget i hjärtat av Umeå. Det för Sverige främmande kattdjuret har rustats för att stå pall för det västerbottniska klimatet. Djurskulpturen förankrar stadigt utropstecknet som ingår i dess titel: *Listen!* I egenskap av monument erinrar verket om något som varit, men det är också verksamt i ett nu. Runt puman på torget utspelar sig en feministisk och politiskt laddad koreografi som skiljer sig från den mer lågmälda genuskoreografi som beskrivs av Sjöholm Skrubbe.

När *Listen!* invigdes kom hundratals personer. Kulturnämndens ordförande Helena Smith (S), Camilla Akraka och Ida Östensson från Make Equal och medgrund-

---

lidou [hämtad 20-11-29].
63   Sjöholm Skrubbe, *Skulptur i folkhemmet*, op.cit., s. 185.
64   Ibid., s. 186.

are till samtyckesrörelsen Fatta, höll tal. Enligt en artikel i dagspressen kallade Östensson *Listen!* för "ett tidsdokument tillägnat oss som bröt tystnaden". Hon upplyste också åhörarna om att det "sker hundra våldtäkter om dagen. Det betyder att någon gång under mitt tal kommer förmodligen en tjej eller kvinna att bli våldtagen."[65]

Under invigningen spelade gruppen Mäkt som inkluderat *Listen!* (kallad puman) i en av sina sånger.[66] Det framfördes också ett performance med titeln *Kort kjol.*[67] Framförandet var ett resultat av konstnären Gunilla Sambergs konstpedagogisk verksamhet. I samband med sin utställning *Som kropp – till Marie och Marlene* på kommunala Umeå konsthall höll hon workshops för tjejer (16–18 år).[68] På invigningsdagen av *Listen!* intog tjejerna torget. När de gjorde det anslöt de sig till tidigare konstfeministiska aktioner. Till exempel, i början av 2000 talet bjöd konstnärsgruppen High Heel Sisters in kvinnor att under en timme gå tillsammans med dem över Sergels torg i Stockholm. "Känn att du äger platsen", var uppmaningen.[69] En ackumulerande effekt fortsätter nästan tjugo år senare på Rådhustorget.

Epilog

Listen! används idag. En aktiv användare är Umeå kommun, beställaren av metoo-monumentet. Samma år som *Listen!* invigdes uppgavs kommunen satsa mest i Sverige på kultur per kommuninvånare. [70] Jämställdhetsarbete genom kultur har sedan flera år tillbaka ingått i profileringen. Under kulturhuvudstadsåret 2014 invigdes kvinnohistoriskt museum och presenterades då som "ett nytt och unikt museum i Sverige."[71] Museet, som drivs i kommunal regi, ligger i kulturhuset Väven vid Umeälven nära Rådhustorget och *Listen!* Liksom det kommunala metoo-monument sägs museet uppmana "till handling".[72] Det finns en "empowerment-ambition". Men ambitionen omfattar inte enbart "jämställdhetsfrågan" utan också Umeås stads attraktions- och växtkraft i stort. I detta tilldelas *Listen!* en

---

65 Sigrid Törnqvist, "Hundratals slöt upp för Metoo-pumans invigning", *Folkbladet*, 4/11 2019, Sigrid Törnqvist, *Västerbottens-Kuriren* (VK) 4/11 2019.

66 Ibid.,

67 Se Kultursekreterare Anja Bomans svar på Håkan Nilssons frågor om Umeå kommuns satsningar på temporär konst i kapitlet "Tillfälliga förbindelser och långtgående konvergenser: Den offentliga konsten i kommunal regi" i föreliggande antologi.

68 "kort kjol", https://gunillasamberg.com/2019/11/05/kortkjol/ [hämtad 21-09-08].

69 Eva Hallin, "Med motstånd mot förändring": Samtal med Sapphos Döttrar, High Heel Sisters, Johanna Gustafsson och Fia-Stina Sandlund", *Konstfeminism*, s. 159.

70 *Nyistan: En tidning för alla nya i Umeå kommun*, 2019, s. 6.

71 *Nyistan: En tidning för alla nya i Umeå kommun*, 2014, s. 3.

72 Ibid.

framträdande roll. Skulpturen/monumentet (det nya estetiska greppet i Umeås offentliga rum) figurerar som frontfigur för besöksnäringen via *Visit Umeå*. Här används *Listen!* både som en markör för kommunens ställningstagande mot sexuella trakasserier och som omslagsbild till en broschyr för en konstrunda i Umeå stads centrum.[73] I ett annat sammanhang används Akrakas verk för att marknadsföra Umeå som "staden som ryter för jämställdhet". Med siktet inställt på befolkningsökning (200 000 invånare 2050) framhåller kommunen jämställdhet som ett "självklart perspektiv inom hållbar stadsutveckling."[74] Här tilldelas alltså *Listen!* inte bara uppgiften att erinra om metoo, utan förväntas också locka människor till staden.[75]

Listen! har blivit ett landmärke och som sådant tycks det även utan direkt kommunal regi involveras i ett identitetsbygge med inslag av empowerment. Metoo-puman tatueras på armen tillhörande en känd Umeåprofil, puman får en krönikör med rötter i punken att utbrista att hon är stolt över att bo i Umeå. En annan krönikör skriver "Så slå er för bröstet västerbottningar. Oavsett om du hatar en röd #Metoo-puma eller inte. Störande konst är det bästa vi kan ha för det är ett bevis för att vi lever i ett samhälle där du och dina barn och barnbarn är tillåtna [...]."[76] Men *Listen!* dyker också upp i krissammanhang. Kattdjuret har synts i tecknad skepnad på en banderoll under en demonstration mot nedskärningar inom Region Västerbottens ASTA-mottagning i Umeå. I en kort artikel (där *Listen!* både kallas "puma" och "Metoo-puman") citeras en av deltagarna i manifestationen. Hon säger: Med tanke på all erfarenhet vi nu har av våld och övergrepp mot kvinnor känns det faktiskt lite absurt att behöva göra en sådan här grej [...]".[77] Banderollen med det röda kattdjuret påminner om att det pågår en kamp bortom Rådshustorget i stadens mitt. *Listen!*[78]

---

73   Umeå kommunen, Visit Umeå, "Metoo-monumentet", https://visitumea.se/sv/metoo-monumentet-listen [hämtat 20-07-06], Umeå kommun, "Konstrunda i Umeå centrum".

74   Umeå kommun, "Staden som ryter för jämställdhet", https://www.umea.se/platswebbar/flyttatillumea/arkiv/nyhetsarkiv/nyheter/stadensomryterforjamstalldhet.5.5d9221f-0174f9921146e4c.html [hämtad 20-12-01].

75   Jämför till exempel med Håkan Nilssons diskussioner om offentlig konst, stad och förort i kapitlet "Offentlig konst: ett försök till navigering" i föreliggande antologi.

76   Anna Sundelin, "Umeåprofil har #Metoo-puman på sin arm – 'Jag bär den med stolthet'", Affärsliv 24, i *Västerbottens-Kuriren* (VK) 5/4 2019; Erica Sjöström, "Punkiga puman passar perfekt", Västerbottens-Kuriren (VK) 8/11 2019, Jonas Danielsson, "Se till att akta er för mjäkig kultur", *Folkbladet* 6/12 2019.

77   Niclas Holmlund, Umeåbor i manifestation för hotad Asta-mottagning, *Västerbottens-Kuriren* (VK) 2/6 2019.

78   *Listen!* står sedan december 2020 åter på Rådhustorget. Det finns nu en skylt som upplyser om monumentets uppgift. Utropstecknet inkluderas i titeln.

Lekens plats i en antropocen offentlighet.

Om Vril Båt Sten/Fijfere Vanás Geađgi av Joar Nango och Anders Rimpi

// Charlotte Bydler

Vi befinner oss på förskolan Giella i Jokkmokk, eller Jåhkåmåhkke som är dess lokala lulesamiska namn. Här på denna plats finns idag det offentliga konstverket *Vril Båt Sten/Fijfere Vanás Geađgi* skapat av Joar Nango och Anders Rimpi. Några barn klättrar omkring och klänger på en sten, vänder om och smyger försiktigt in och ut under en båt. Den står vänd upp-och-ned över ett stenparti, stödd mot en grupp av björkstammar kapade så att de bildar en sluttande form och barnen lyssnar till något därinne: en röst som talar lulesamiska till kluckande vatten.[1] Sedan kliver de varsamt uppför en trappstege—en stock med inhuggna trappsteg och ledstänger—som leder till en *njallas* dörröppning. Njallan är ett samiskt timrat förråd där man förvarar skinn, kläder, mat och andra värdesaker som man vill hindra djur från att förstöra. Därav dess placering på en slät trädstam som gör den svåråtkomlig. Inne i njallan ligger en så kallad vril fastskruvad i botten. Vrilen är egentligen en missbildning som man kan hitta på träd, en knöl bildad av kvistar vars fibrer växer i alla riktningar, rhizomatiskt, utan början och slut.

I denna text kommer jag att utforska det offentliga konstverket *Vril Båt Sten/Fijfere Vanás Geađgi*, som alltså är ett offentligt konstverk och samtidigt en lekinstallation av de båda samiska multikonstnärerna Joar Nango och Anders Rimpi. Syftet är att diskutera verket med utgångspunkt från samisk historia och även tidslighet under antropocen. Verket beställdes år 2017 av Statens konstråd, som ett "permanent" verk och stod klart för barnen att leka i året därpå. Det faktum att Statens konstråd stod som beställare aktualiserar den historiska och samtida problematiken som rör relationen mellan majoritetsbefolkningen som talar svenska och samerna som har status som Europas enda urfolk. 23 januari 2020 vann Girjas sameby ett fall i Högsta domstolen som stipulerade att de har rätt till upplåtelse av all jakt och fiske på sina marker.[2]

---

1   Jag vill tacka Håkan Nilsson, Dan Karlholm och framför allt Oscar Svanelid för ovärderlig hjälp med denna text.
Fortsättningsvis kommer jag att välja nordsamiska, *sámigiella*, när jag skriver samiska termer. Dels av bekvämlighetsskäl, dels på grund av att det fortfarande är det största språket bland de samer som överhuvudtaget talar ett samiskt språk.

2   Högsta domstolen, Sveriges domstolar, domslut publicerat 23/1 2020, https://www.domstol.

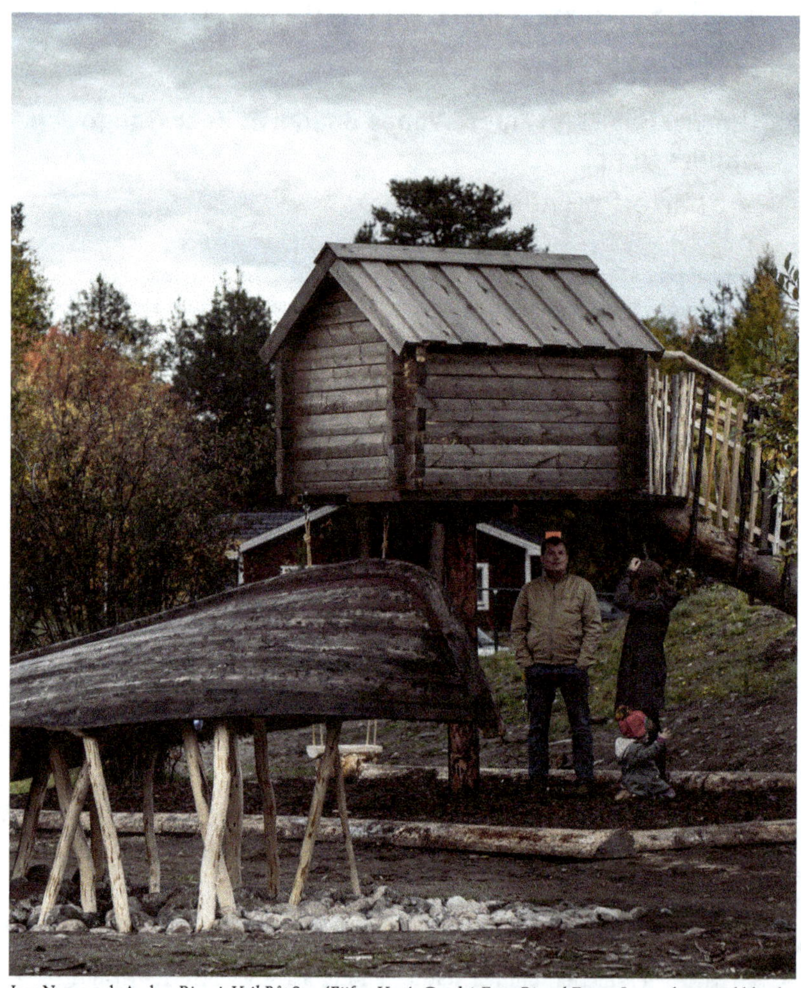

Joar Nango och Anders Rimpi, *Vril Båt Sten / Fijfere Vanás Geadgi*. Foto: Ricard Estay. I samarbete med bland andra Håvard Arnhoff (rumsliga lösningar), Britt Inger Bær (pedagog på Giella förskola), Patricia Fjellgren (vrilens röst), Lisa Lyngman-Gælok (dúodjidetalj på stenen), Anders Sunna (stencilgraffiti på högtalarna och pålen), Sigbjørn Skåden (författare till alla texter), Per Tjikkom & Petter Tjikkom (högg timret till och hjälpte till med monteringen av njallan), med flera.

se/en/nyheter/2020/01/girjas-sameby--men-inte-staten--har-ratt-att-upplata-smavilts-
jakt-och-fiske-pa-samebyns-byomrade-ovanfor-odlingsgransen/ [hämtad 2021-09-08]

Eftersom installationen var tänkt som ett platsspecifikt verk för Giella förskola i Jåhkåmåhkke/Jokkmokk som en del av deras pedagogik byggd kring samiska språk, skulle man kunna tolka det som att den svenska staten satsar på samiska språk. Men vad ska vi då tänka om offentlig konst som beställs av en nationalstat vilken inte erkänner det samiska urfolkets rättigheter till den mark när de utan tvivel kan visa att de legitimt har vistats där sedan urminnes tider?[3] Krävs inte som en motprestation att Sverige garanterar ett motsvarande tidsspann åtminstone för den offentliga konsten, alltså "urminnes tider" fast riktat mot framtiden istället?[3] Och sist men inte minst, fanns det i verket några vinkar till den långa räcka av oförrätter som Sverige har utsatt samer för historiskt sett – och dessutom fortsatt utsätter dem för? Naturligtvis, och det ska jag visa i det följande.

Giella betyder "språk" på det lokala lulesami och nordsámi, och språkens mångfald blev ett viktigt verktyg i pedagogiken på förskolan när det gällde att stärka barnens samiska identitet. På Giella förskola tränas barnen i bland annat sydsamiska, lulesamiska och nordsamiska.[4] Mikael Pirak som vid den aktuella tiden var rektor vid Sameskolstyrelsen kontaktade Statens konstråd då han behövde något slags rumsgestaltning, eller möjligen en kollektion av löskonst till den nyöppnade förskolan:

> Vi tänkte först i banorna av fasta installationer, konstverk på väggarna, inlånade bilder. Nu kommer det att bli än bättre – en konstnärlig process där barnen involveras och blir en del av det färdiga verket. Det är definitivt nydanande för den här typen av byggnation och lokaliteter, men helt i linje med den samiska traditionen av överförd kunskap genom delaktighet i det vardagliga arbetet – den tysta kunskapen, baserad på den samiska nedärvda kunskapen – *árbediehtu* – som förs vidare genom generationerna.[5]

---

3   "Urminnes tider", *time/s immemorial*, är en fras som innebär "a time antedating a period legally fixed as the basis for a custom or a right", "time immemorial", *Merriam-Webster Dictionary*, https://merriam-webster.com/dictionary/time immemorial [hämtad 2020-11-20].

4   Sydsamiska (saemie) har ca 500 talare från norra Dalarna i höjd med Røros och Trondheim i Norge. Till de centralsamiska språken räknas lulesamiska, umesamiska, pitesamiska och nordsamiska som avgränsas av Ume-, Pite-, Lule-, och Torne älv. Nordsamiskan används av fyrdubbelt så många som talare (ca 40 000 eller 85 procent) som överiga språk. Ovanför Torne älv tar enaresamiskan vid, enligt hemsidan för tidskriften *Samer*, http://www.samer.se/nordsamiska [hämtad 2020-11-19]. Språkväxlingen fortsätter emellertid med de östsamiska språken: enaresamiska, skoltsamiska och tersamiska på finska och ryska sidan av Sápmi.

5   Mikael Pirak, "Statens konstråd engagerar välrenommerade multikonstnärerna Joar

För detta uppdrag kontaktade curatorn Anders Olofsson och Henrik Orrje, dåvarande verksamhetschef på Statens konstråd, Åsa Bergdahl som vid den tiden var konstkonsult vid Statens konstråd. Bergdahl har vuxit upp i en samisk miljö, vilket sannolikt varit ett skäl att hon ansågs passande för uppdraget. Hon kontaktade i sin tur Joar Nango, som har arbetat mycket med frågor som rör samiska rum, vilka i hans konstnärskap kan sägas ligga lika mycket i de verktyg som används som i den omgivande rymden och de landskap man finner runtomkring. När Nango som alltså är same från norska sidan föreslog att Anders Rimpi skulle tillfrågas om han ville vara delaktig i arbetet med att skapa ett offentligt konstverk så valde han en ytterligare person med rötter i Sápmi.[6] Visserligen har Rimpi främst arbetat på västkusten i trakten runt Göteborg, men har kvar en del av sitt liv i det som han betraktar som sitt samiska hemland. Rimpi arbetar bland annat med att musiksätta teater- och operauppsättningar, men utbildar sig även själv till operasångare.

Språkfrågan nämns redan i Bergdahls projektbeskrivning, där hon skriver: "Separeras eller integreras/assimileras i det svenska samhället? Intresset för den samiska identiteten ökar snabbt och så även barnantalet på Giella".[7] Vad som är intressant är att *Vril Båt Sten/Fijfere Vanás Geađgi* även aktualiserar den språklighet som finns hos det samiska konsthantverket, dúodji. Enligt traditionen är dúodji strikt bundet till brukbarhet, men har hos Nango lika mycket att göra med dekorativa kvaliteter oavsett om det handlar om hantverk av horn, metall, trä, textil, rötter, skinn, eller annat som råkar finnas i konstnärens omedelbara närhet. Nangos arbeten kan ibland tyckas bryta mot dúodjins regler, som till exempel i bågstångskåtan (ett immobilt hem ofta täckt med torv) som i hans verk ofta framträder i sin nakna, skelettartade form. I Nangos konstruktioner ersätts även de traditionella snörena av tvinnade rottrådar eller rensenor med exempelvis nylonrem, eller något annat syntetiskt material.

I sin idéskiss av verket skriver Nango att de i "god samisk tradisjon" ville återanvända det som redan finns på platsen, vilket råkade vara ett par fullt funktionsdugliga redskapsbodar som stod utanför den gamla förskolan.[8] För att till

---

Nango och Anders Rimpi för unikt konstnärligt arbete på Giella", *JOKKMOKK*, https://jokkmokk.se/Nyheter-och-Event/Nyheter/Kommun-och-samhalle/statens-konstrad-engagerar-valrenommerade-multikonstnarerna-joar-nango-och-anders-rimpi-for-ett-unikt-konstnarligt-arbete-pa-giella/ [hämtad 2020-11-22]. Hela blockcitatet är kursiverat i originalet.

6   Åsa Bergdahl, telefonintervju och e-post med författaren, 2020-11-16.

7   Åsa Bergdahl, *Projektbeskrivning (kortfattad beskrivning av projektet)*. E-post till författaren, 2020-11-16.

8   Joar Nango, *Jietna aittit*, projektskiss signerad och daterad i november 2017, förmedlad till författaren via Åsa Bergdahl i e-postmeddelande, 2020-11-16.

fullo uppfatta dess mening är det enligt konstnärerna nödvändigt att ge den språkliga bakgrunden till titeln: *fijfere* är sydsaemie för "vril", *vanás* betyder "båt" på lulesami, medan *geađgi* står för "sten" på nordsámi. Orden får förskolans flerspråkiga pedagogik att återklinga. Barnen som ska leka i och omkring verket kommer från olika familjer, även lingvistiskt sett två språkfamiljer (syd- och centralsamiska). Barnen följer en grupp som talar deras eget språk istället för att delas in åldersvis. Det är alltså ett skäl till att vi kan beskriva verket som platsspecifikt, då det på ett tydligt sätt interagerar med språkpedagogiken på Giella förskola.

Som jag förstår Rimpi utgör björkvrilen (*fijfere*), det vill säga den utväxt som de har placerat inne i njallan, i Nangos och Rimpis offentliga konstverk en symbol för framtiden.[9] Ursprungligen var vrilen tänkt att bli en gunga, men konstnärerna insåg att dess tyngd gjorde att den riskerade att skada något barn om det skulle få vrilen/gungan i huvudet. Så den fick skruvas fast i njallans golv. Vrilen är ett fint stycke trä, och talar här med skådespelaren Patricia Fjellgrens röst om sin framtid på sydsamiska: "Kanske blir jag si eller så, denna typ av kärl eller något annat ...?" Barnen på förskolan kan höra hur den överlägger med sig själv om vad den skulle kunna bli. För att begripa detta är det viktigt att beakta att vrilen är ett högt värderat stycke trä som passar som råmaterial för all slags trädúodji. Eftersom vrilen är ett centralt material inom det samiska hantverket så är den eftertraktad och man ser ut den långt innan man tar den. Oftast hämtas den på sommaren eller hösten då saven inte riskerar att skada träet, vilket får vrilen att skifta färg eller till och med ruttna. Så gjorde även de två konstnärerna. En medhjälpare tog ned vrilen med en motorsåg och transporterade den tunga träklumpen till Jåhkåmåhkke/Jokkmokk i Nangos röda skåpbil på vilken det står att läsa "FFB", som annars förknippas med transporter i samband med tillfällighetsarkitektur av FFB (Felleskapsprosjektet for å Fortette Byen, ett arkitektkollektiv som Nango är medgrundare av).

Den träbåt, *vanás*, som barnen kan smyga in i signalerar enligt Rimpi en komplex relation till nutiden. Båten har tillhört Rimpis far, men är nu uttjänt. När barnen klättrar in under båtens skyddande köl kan de höra en text av den norska författaren Sigbjørn Skåden som läses på lulesamiska mot en ljudfond av kluckande vatten. Det är ett ljud som påminner om vattnet som mjukt strök längs båtens sidor och som när denna var i bruk bar fram den längs med farvägarna. Båten kan på så sätt sägas beteckna det undflyende nuet, och de moment som likt vattnet försvinner under färden. Eller symboliserar detta element av Nangos och Rimpis verk snarare de stora dammar som torrlade vattenfall och dränkte

---

9   Anders Rimpi, telefonintervju med författaren, 2019-09-06.

betesmarker och hela byar i Sápmi för att elektrifiera Sverige? Denna statligt initierade katastrof skedde vid elnätens ändpunkter långt ifrån de svenska storstäder som till synes med gott samvete exploaterade de samiska markernas och vattenkraftens "rena" energi. Men barnen leker med båten, kanske lyckligt ovetande om denna händelse. Men referenserna finns där, när de är redo att ta dem till sig.

Det sista betydelsefulla elementet i *Fijfere Vanás Geađgi* är stenen, *geađgi*. De två konstnärerna lät en hantverkare borra ett antal hål i stenen av samma borrdimensioner som nyttjas av det multinationella gruvdriftsbolaget Beowulf Mining, Plc. När konstnärernas sten möter förskolebarnen talar den nordsamiska, vilket är det språk som talas av den största samiska språkgemenskapen. Stenen har självfallet en tyngd, men även en viss gravitet som tillkännager att den hör till marken och troligen för lång tid framöver kommer vara en del av denna. De mineraler som stenen är uppbyggd av är dessutom specifika för platsen där den togs. Jag läser, med Rimpi, denna sten som en beteckning och även som en konkretion av det förflutna vilket aldrig kommer tillbaka, men som trots allt förkroppsligas av stenens mineralogiska gestalt, den som för alltid binder den vid den plats där den hämtades.[10] Här finns det med andra ord mycket att lära för förskolebarnen på Giella. Eftersom konstnärerna hade tillgång till en lastbil som erbjöd ett enkelt sätt att flytta stenen från dess plats i skogen och släppa av den på lekplatsen så beslöt de att göra på det viset. Det är långa avstånd i Sápmi så bilen blir ofta det naturliga valet.

Men det var en stark kontrast mellan å ena sidan lastbilens transport driven av fossilt bränsle, å andra sidan konstnärernas försök att hjälpligt täcka stenens djupa märken i marken. Just vad gäller transporten finns en kontrast mellan den marknadsorienterade konstvärldens kortsiktighet och produktionskrav och en mer traditionell samisk logistik. Ett hypotetiskt alternativ hade varit att invänta snön och dra den tunga stenen på en *akkja*/ackja, en samisk rensläde, hela vägen till Giella förskola. Detta hade dock varit svårt att genomföra i dagens konstvärld där tidsramarna är knappa och sällan tillåter konstnärer att lägga någon särskild möda på logistiken, om detta inte speciellt omnämnts som en konceptuell del av verket.

På det norska Office of Contemporary Art (OCA) säger Nango att han arbetar med platsspecifika installationer och egenhändigt tillverkade publikationer,

---

10   Rimpi, telefonintervju.

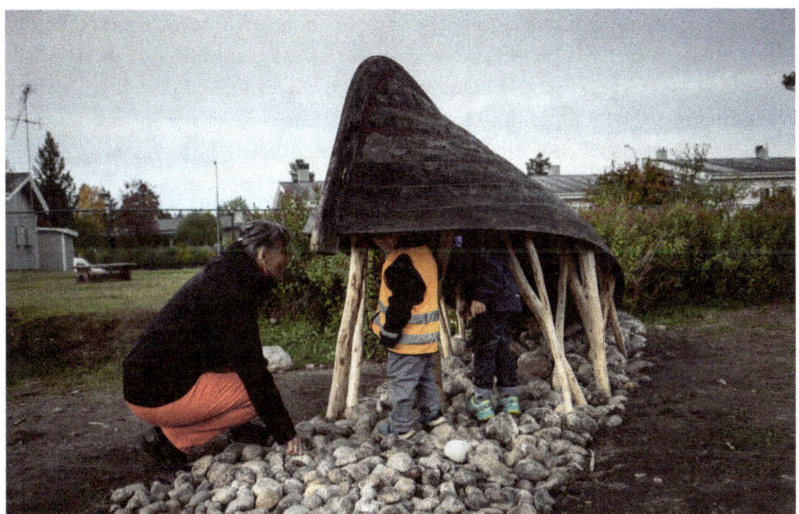

Joar Nango och Anders Rimpi , *Fijfere Vanás Geađgi/Vril Båt Sten.*
Foto: Ricard Estay. /Statens konstråd

> som utforsker og utfordrer grensene mellom arkitektur, design
> og visuell kunst. Tematisk relaterer arbeidene hans til spørsmål
> knyttet til urfolksidentitet, ofte gjennom å utforske motset-
> ninger i samtidsarkitekturen. Han [Nango] har blant annet job-
> bet med temaet *The Modern Sámi Space.* [11]

Valet mellan muskelkraft och explosionsmotor är onekligen ett etiskt dilemma och
det vore ingen orimlighet att vänta sig av två konstnärer – varav den ena säger
sig ha arbetat och tänkt kring det "moderna samiska rumsligheten" – att se på
transportfrågan som en aspekt av denna rumslighet.

Språk och lärande

I mina analyser har jag exponerat hur den samiska materiella och språkliga historien
är en viktig del av Nangos och Rampis installation på Giella förskola. Vril, båt och
sten, som är de tre av det mest väsentliga delarna i deras offentliga konstverk, kan
när de läses i den ständiga kampen mot en kolonial kontext ses som symboler för

---

11 Joar Nango, hemsidan för Office of Contemporary Art, Norway, http://www.oca.no/oca-
pop-up/oca-pop-up-20181122-1330, (min kursivering) [hämtad 2020-11-17].

en antropocen exploatering av skog, vatten och mineral i form av gruvdrift. Att lära genom specifika pedagogiska exempel är (eller kanske håller på att återvända till att vara) ett viktigt drag i flera samiska samhällen. Där kan det framgå vilken giltighet ett aktuellt fall har, och huruvida det har någon begränsning av social art.[12] I det perspektivet bildar historier komplexa relationer, vars mångsidighet kan förstås som ett nystan av förtätade och ständigt återkommande band, vilket även kan sägas ha att göra med de berättelser som ljuder ur vrilen där den ligger i njallan, men som också båten och stenen berättar om.

I *Fijfere Vanás Geađgi* representeras alltså tre samiska språk med hjälp av dessa tre ord. På ett mer abstrakt plan kan dessa språk även sägas representera föreställningsmodus, och lika många sätt att betrakta tillvaron. Behovet av de språkliga elementen i verket *Fijfere Vanás Geađgi* pedagogiska upplägg har såväl sociopolitiska som historiska skäl.Under 1600- och 1700-talen var kristen mission ett vanligt sätt att beröva samer deras kultur. När kolonisationen söderifrån inleddes senast på 1600-talet, var det ofta det skedde genom exploatering av naturresurser och andra former av skatt till den aktuella regentens krig, och senare med rasbiologiska påståenden.[13] Det var också så att det sydsamiska språket, saemie, mötte svenskan tidigare än de centralsamiska språken. Det förbud som rådde kring 1920-talet till 1960-talet mot att tala samiska språk i skolan är ytterligare ett skäl, för att inte tala om renbeteskonventionen mellan Norge och Sverige som undertecknades 1919 och trädde i kraft 1923. Det sistnämnda har ansetts vara spiken i kistan för de samer som kom att tvångsförflyttas från norr in på sydsamiskt territorium, med språkförlust som konsekvens. [14] Detta sätter onekligen Nangos och Rimpis konstnärliga intervention på en förskola i ett historiskt ljus.

Det går även att tänka sig *Fijfere Vanás Geađgi* som utgångspunkter i en kritik där förskolans pedagoger använder sig av detta verk för att undervisa barnen om samernas kamp mot den svenska nationalstaten. En ingång till denna kritiska pedagogik skulle kunna vara de hål som konstnärerna lät hantverkare göra i stenen, i sin lekplatsinstallation. Som jag nämnde var dessa i samma dimension som de vilka används av gruvföretaget Beowulf Mining Inc. På den högst relevanta fråga som ställdes till företagets ledare Clive Sinclair-Poulton om vad lokalbefolkningen säger om deras storskaliga gruvdrift i området svarade han "Vilken lokalbefolkning?". För att stärka sitt påstående visade han fotografier

---

12   Rimpi, telefonintervju.

13   Marte Spangen, "Without a Trace? The Sámi in the Swedish History Museum", *Nordisk museologi/The Journal Nordic Museology*, 2 (2015), s. 20.

14   Elin Anna Labba, *Herrarna satte oss hit. Om tvångsförflyttningarna i Sverige* (Stockholm: Norstedts förlag, 2020), s. 10 och 31.

av ett landskap ifrån Gállok/Kallak, till synes tomt på människor.[15] Det kan användas som en god påminnelse för barnen om hur den globala gruvindustrin nonchalerar samiska traditioner och deras rättmätiga anspråk på sina egna marker.

Vad innebär permanent och temporär i ett av alla samiska perspektiv?

Fijfere Vanás Geađgi/Vril Båt Sten är ett permanent verk. Termen "permanent" som den används av Statens konstråd förstås i motsats till "temporär". Vad som intresserar mig i artikeln är dock vad dessa termer betyder i det samiska perspektiv som gestaltas av Nango och Rimpi. Jag har föreslagit att permanens i detta verk förstås politiskt som ett långsiktigt historiskt tidsperspektiv både vad gäller oförrätter från det förflutna och ett sikte på ekologisk hållbarhet. På samma gång måste permanens förstås som ett relativt och mångsidigt begrepp. Snarare än att utlova att konstverket håller för evigt, handlar det rent fysiskt om att det ska hålla för väder och vind, samt vara tillräckligt slitstarkt för att inte brytas ned av barnens dagliga lek. Eftersom verket som det nu står inkluderar elektroniska delar (Rimpis inspelade röster och miljöskapande ljud), så kan det nog betraktas som mindre "permanent". Njallan håller nog, men inte elektroniken. Kanske inte ens i Statens konstråds mer pragmatiska definition av "permanent"—att det ska få existera ett decennium, eller ett halvt.

Mer intressant är dock den permanens som Nango och Rimpi uppmärksammar genom sitt fokus på samiska språk och syn på naturmiljön. Det är i detta sammanhang som verket kan sägas äga kritisk agens som ett pedagogiskt och politiskt redskap under den sjätte massdöden, den antropocena epok där naturen hotas, såväl som insekter, djur och människor. Men inte bara de fysiska människorna, utan också deras kulturarv och språk riskerar att dö ut. Den totala mängden människor som idag talar lulesamiska kan räknas i hundratal. När ett språk dör ut äventyras även dess världsbild. Det som hotas i det här fallet kan även sägas vara en specifik syn på historien och de miljöer som har satt sina spår i folkgruppens språk. Med andra ord sker ett slags lingvistisk tragedi när ett språk försvinner och med detta alla de ord som i generationer har använts för att beteckna deras världar. Att som barn inte kunna dela sina erfarenheter med äldre generationer har allvarliga konsekvenser för känslan av samisk identitet

---

15   Sofia Persson et al., "'What Local People?' Examining the Gállok Mining Conflict and the Rights of the Sámi Population in Terms of Justice and Power", *Geoforum*, 86 (2017), s. 20—29.

och historia, då den har traderats genom berättelser.[16] Det är när *Fijfere Vanás Geaðgi* läses gentemot denna risk som dess politiska dimension framträder.

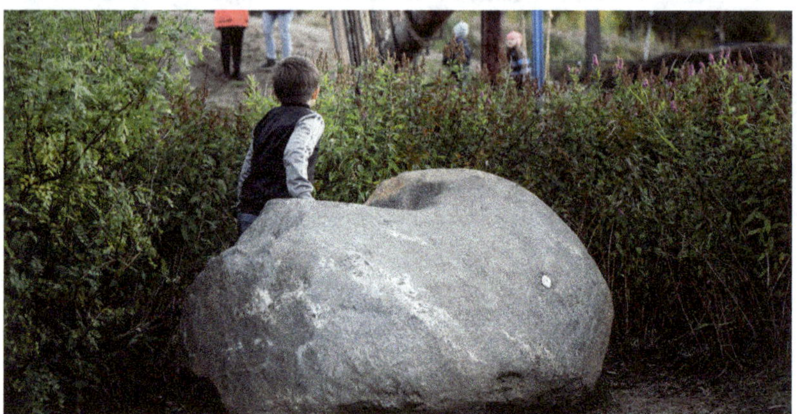

Joar Nango & Anders Rimpi, *Vril Båt Sten/Fijfere Vanás Geadgi*, 2018. Stenen har en inbyggd högtalare där en saga berättas. Foto: Ricard Estay/Statens konstråd

Antropocena lekar

Jag har dock ytterligare en sak att mana till. De såväl språkliga och materiella berättelser som jag i min analys har blottlagt i Nangos och Rimpis offentliga konstverk syftar även till att få barnen att bry sig om, återförtrolla eller kanske åter-sanktifiera synen på naturen.[17] Denna praktik belyser vad som förhoppningsvis är del av ett paradigmskifte, vilken bryter den svenska hegemoni där samiska föremål har samlats i historiska och etnografiska museum. Den samhälleliga och kulturella utvecklingen balanserar idag på gränsen till en tillvaro där samer deltar på sina egna villkor. Det har rests repatrieringskrav och man har även påbörjat återbegravningar av samiska skelett som har funnits på svenska museum. Den så kallade skuggmannens kvarlevor har återförts till Deárna/Tärnaby där han begravdes 2002 efter lång tid i källaren på Historiska museet i Stockholm. Det är beklämmande att just Ernst Manker, en välkänd svensk etnolog som borde ha vetat bättre, "lånade" hans skelett till Stockholm 1954 för ytterligare forskning.[18] Det här är även ett skifte för konsten där indigena under det senaste årtiondet har getts större uppmärksamhet, inte minst på *documenta 14* (2017) där Nango och Rimpi deltog med ett verk. Statens konstråd

---

16   Rimpi, telefonintervju.
17   Labba 2020, s. 10.
18   Om återbegravningarna av skuggmannen i Tärnaby 2002 och kraniet i Lycksele 2011, se
     Sameradion och *SVT-Sápmi*, https://sverigesradio.se/artikel/7276136 [hämtad 2020-11-30].

kan sägas följa med denna trend genom satsningen på *Fijfere Vanás Geađgi*, vilket Åsa Bergdahl beskriver som "det första projekt Statens [k]onstråd gör på samiska villkor." [19]

På Giellas lekplats vill Nango och Rimpi, med stöd hos pedagogerna och de inspelade rösterna lära barnen (och övriga som besöker verket) att vårda jorden, samt återaktivera de samiska visioner där marker, älvarna och skogen framstår som förtrollade. Genom att besjäla naturen med egen röst och agens framträder en annan syn på de samiska områden som idag exploateras av transnationella företag som Beowulf Mining och den svenska statliga Bergsstaten. På denna punkt framstår verket som ett ställningstagande i debatten om antropocen.

Som hållbarhetsforskaren Gail Whiteman och geografen Katy Mamen har visat drabbas indigena populationer hårdast av klimatkris och exploateringar under antropocen. De är kritiska till den globala utvinningen av mineraler som i de flesta fall sker på indigenas områden och vars beslut fattas på instanser där de sällan är representerade. På så sätt kan dessa redan hårt drabbade grupper utsättas för ytterligare marginalisering och förtryck. Geografen Kathryn Yusoff understryker vidare att utnyttjandet av jordens resurser historiskt och i ett samtida perspektiv är hårt knutet till den ständigt pågående kolonialismen, med dess kontinuerliga destruktion av indigena livsvärldar. Hennes egna erfarenheter av de ofta helt vita konferenserna om antropocen formade hennes upplevelse av att det inte fanns någon plats för rasifierade personers tankar.[20]

Här står hon alltså i kontrast till sådana som utvecklingsekonomen Clive Hamilton, vilken förespråkar en radikalt ökad antropocentrism där människan, snarare än naturen, hamnar i fokus på grund av sin agens.[21] I *The Future of Hegel* (2005) hävdar filosofen Catherine Malabou att agensens natur bygger på "the anticipatory structure operating within subjectivity itself", som gör det möjligt att begripa att någonting kommer att hända, utan att veta exakt *hur* det kommer hända.[22] Vi kan sluta oss till att detta innebär att hon i motsats till Hamilton, inte ansluter sig till den västerländska synen på vetenskap som kräver att allt ska vara mätbart. Hamiltons antagande problematiseras av Nangos och Rimpis verk vars kritiska potential snarare handlar om att lyfta fram ett samiskt synsätt (av flera), och språklighet, där naturen återförtrollas och ges agens. Snarare än antropocentrism

---

19   Bergdahl, intervjuad per e-post och telefon av författaren.
20   Kathryn Yusoff, *A Billion Black Anthropocenes or None* (Minneapolis: The University of Minnesota Press, 2018), s. xiii.
21   Hamilton, *Defiant Earth: The Fate of Humans in the Anthropocene* (Cambridge, UK: Polity Press, 2017), s. 27–35.
22   Catherine Malabou, *The Future of Hegel: Plasticity, Temporality and Dialectic*, övers. Lisabeth During (London, UK: Routledge, 2005), s. 13.

visar de nödvändigheten av att föreställa sig naturen och människan som en fredlig relation (i den martinikanske filosofen, poeten och dramatikern Édouard Glissants mening).[23] Detta demonstrerade de bland annat i det varsamma hanterandet av naturen som skadades då de fraktade bort stenen, samt deras återanvändning av material som de små förrådsstugorna på förskolans gård.

Slutligen visar deras verk hur det under antropocen nödvändiga projektet att etablera alternativa synsätt på jorden kan ta sin början redan på förskolan, genom ett på samma gång lekfullt och kritiskt informerat lärande. Den svenska statens tvångsförflyttning av samiska folk som ligger bakom språkförbistringen – och därmed behovet av förskolan Giella – har dessutom orsakat en minskning av antalet samiska individer, eftersom det bara är personer som kan göra sannolikt att samiska talades i hemmet som kan tas upp på listan till Sametinget, och alltså räknas till samernas skara.[24] Även i staternas folkbokföring kommer språkvitaliseringsprojektet på Giella förskola göra så att samernas antal ökar. Samma sak skedde i Norge – också där tvångsförflyttades samer fast med norska statens benägna hjälp. Så nationalstaterna Norge och Sverige gjorde gemensam sak, då samiska språk korsar gränsen mellan Norge och Sverige längs älvarna. Samiska renskötares traditionella flytt över gränsen till Sverige orsakade Norges gränsadministratörer mycken irritation och huvudbry kring förra seklets första decennier. Det är således inte märkligt att Åsa Bergdahl för Statens konstråd valde en norsk same, Joar Nango, och en svensk same, Anders Rimpi. Som citatet av Inga Idivuoma i Elin Anna Labbas bok *Herrarna satte oss hit* tycks förutsäga:

> Vi tackade Norge och de höga fjälltopparna där, havet, båtarna, människorna. [...] Norges klippor ska eka våra jojkar, eka våra tack till de kommande generationerna.[25]
> // Defá Biette Ingá (Inga Idivuoma)

Låt oss bara hoppas att de barn som växer upp i norr med Giellas hjälp även håller kvar vid sina språk, så att de i sin tur kan föra över dem till sina egna barn.

---

23 Édouard Glissant, *Poétique de la Rélation. Poétique III* (Paris: Gallimard, 1990). Tyvärr är Glissants "relation" inte nödvändigtvis fredlig, inga garantier ges i hans tankevärld för att kunna utesluta möjligheten att antropocen skulle kunna inträffa.

24 *SFS (Sametingslag) 1992:1433 t.o.m. SFS 2019:881* Med same avses i denna lag den som anser sig vara same och 1. gör sannolikt att han eller hon har eller har haft samiska som språk i hemmet, eller 2. gör sannolikt att någon av hans eller hennes föräldrar, far- eller morföräldrar har eller har haft samiska som språk i hemmet, eller 3. har en förälder som är eller har varit upptagen i röstlängd till Sametinget.

25 Labba 2020, s. 183.

Trygghetskonst:
Om konst som trygghetsåtgärd för offentliga rum
// Oscar Svanelid

En återkommande uppfattning om den offentligt finansierade konsten är att den ska bidra till trygghet. Sådana satsningar utgår från att konsten besitter ett instrumentellt värde, vilket anses berättiga dess tillämpning som åtgärd för att skapa trygghet. Under de senaste decennierna har forskning om offentlig konst i Norden analyserat konstens kritiska uppgift, samt dess förmåga att bidra till social integration och gemenskap.[1] Det har även gjorts studier om hur den offentliga konsten kan bidra till stadsutvecklingen och fungera som så kallad "placemaking", vilket har förståtts som att konsten bidragit till gentrifiering och ökad segregation. [2] Däremot visar en kartläggning av det aktuella forskningsläget att det samtida fenomenet med att nyttja offentlig konst som ett politiskt instrument just för att stärka säkerheten och tryggheten i samhället har hamnat i skymundan.[3]

Denna artikel bidrar med en kritisk reflektion över hur offentlig konst har använts som politiskt redskap i skapandet av trygga offentliga miljöer i svenska storstäder. Den politiska målsättningen att använda konst för detta ändamål kunde skönjas redan i början 2000-talet, men har under det senaste decenniet blivit allt vanligare runt om i landet. Det kan sägas spegla den ökade otrygghet hos landets befolkning, särskilt hos unga och äldre kvinnor, som Brottsförebyggande rådet har identifierat i sina årliga trygghetsundersökningar.[4] Vad som intresserar

---

1   Sabine Dahl Nielsen, *Kunst i storbyens offentlige rum: konflikt og forhandling som kritiske politiske praksisser*, doktorsavhandling (Köpenhamn: Københavns Universitet, 2015); Line Marie Brunn Jespersen, "Velkommen udenfor! Den offentlige kunst og iscensættelse af mødesteder i byen", *Periskop*, 17, (2017), s. 116–132; Siv Mie Buhl and Werner Hansen, "Home Is to Be Understood: The Role of Contemporary Art Museums Facing Current Immigration Challenges" i *Flucht und Heimat : Sondierungen der pädagogische Anthropologie*, red. Jörg Althans et al. (Weinheim Basel: Juventa Verlag, 2018).

2   Louise Fabian & Kristine Samson, "Claiming Participation – a Comparative Analysis of DIY Urbanism in Denmark", *Journal of Urbanism: International Research on Placemaking and Urban Sustainability*, 9 (2016), s. 166–188; Hjørdis Brandrup Kortbek, "Contradictions in Participatory Public Art: Placemaking as an Instrument of Urban Cultural Policy" *The Journal of Arts Management Law and* Society, 49:1 (2018), s. 1–15.

3   Kjell Caminha, Håkan Nilsson, Oscar Svanelid och Mick Wilson, *The Public Art Research Report: A Report on the Current State of Research on Public Art in the Nordic Countries, and in a Wider International Context* (2018). Tillgänglig på https://statenskonstrad.se/app/uploads/2019/03/Public_Art_Research_Report_2018.pdf [hämtad 2020-11-26].

4   Sofie Lifvin et al., *Nationella trygghetsundersökningen 2020: om utsatthet, otrygghet och förtroende* (Stockholm: Brottsförebyggande rådet, 2020), s. 10–11.

mig är att trygghet även har formulerats som ett konstnärligt problem, där min undersökning bidrar med kunskap om hur trygghet formar och formas av de offentliga konstverk som skapas. Jag intresserar mig även för de kontexter som finns kring verken, till exempel de kommunala rapporter där uppdraget formuleras och utvärderas. Ytterligare en del av vad som i artikeln förstås som konstens offentlighet har att göra med verkens reception, hur de görs till föremål för politisk debatt och andra sorters interaktioner. Detta ingår i vad jag genom att låna antropologen Arjun Appadurais begrepp kallar den offentliga konstens "sociala liv", varigenom de offentliga verk som studeras förstås som formade genom de möten och relationer som skapas över tid.[5]

Artikeln är disponerad i två fallstudier. Den första utgår från konstnären Anders Årfelts *Stockholmslejon* vars första version ställdes ut på Drottninggatan i Stockholm 1995. Verken är väghinder vilka har gestaltats som lejon och genom sin funktion utgör konkreta exempel på hur offentlig konst används för att förhindra åtkomst och därigenom skapa tryggare gator. I denna studie diskuteras även vad som hände med *Stockholmslejon* under och efter terrordådet på Drottninggatan 2017 då deras trygghetsfunktion ställdes på sin spets. *Stockholmslejon* sorterades inte under kulturförvaltningen utan skapades på uppdrag av trafikkontoret i Stockholm, vilket understryker att den konstnärliga gestaltningen i detta fall har sorterat under en annan förvaltningsinstans. Den andra fallstudien analyserar Göteborgs stads stora satsning på ljuskonst i tunnlar under projektet *Trygg, vacker stad* (2005–2018). Projektet resulterade i att ett tiotal ljuskonstverk skapade av lokala konstnärer i samarbete med ljusdesigners. Syftet var att försköna och skapa trygghet, främst i stadens utsatta områden. Genom mitt urval har jag velat lyfta fram ett par exempel på offentlig konst skapade med tydliga anspråk på att bidra till städernas trygghet. De ger mig möjlighet att ringa in vissa normer inom denna sorts offentliga konst där ljuskonst och gatuhinder ofta återkommer som standardlösningar. Sedan har jag i urvalet även eftersträvat en spridning vad gäller själva trygghetsuppdraget, där Åstrands lejon som finns i centrala Stockholm ställdes i relation till terrorism medan ljuskonsten i Göteborg vände sig till boende i stadens förortsområden.

Den trygga staden

Det ökade intresset för den offentliga konstens möjlighet att bidra till trygghet kan förstås i förbindelse med det globala projektet att forma trygga städer. Före-

---

5 *The social life of things: commodities in cultural perspective*, red. Arjun Appadurai (Cambridge: Cambridge Univ. Press, 1986).

ställningar om den trygga staden återfinns i policyer där brottsbekämpning och brottsförebyggande strategier ingår i mer allmänna åtgärder för att främja den urbana befolkningens välmående.[6] I forskningslitteraturen förknippas begreppet med demokratiskt deltagande, social sammanhållning, ekologisk hållbarhet, samt säkerhet. Denna föreställning ligger idag nära den om den *smarta staden* där digitalisering och ny teknik i kombination med andra former av datainsamling som till exempel medborgardialog anses kunna optimera livskvaliteten för stadens invånare.[7] Den smarta staden har motiverats som ett demokratiskt medel för stadsutveckling, men även kritiserats som del av det neoliberala projektet där sociala problem åtgärdas med tekniska snarare än sociopolitiska lösningar.[8]

Den samtida konstruktionen av den smarta, trygga staden har ofta nära samband med den multidisciplinära ansats som kallas brottsprevention genom arkitektonisk design (*Crime prevention through environmental design, CPTED*). Begreppet myntades på 1970-talet av kriminologen C. Ray Jeffery och vidareutvecklades av bland andra arkitekten och stadsplaneraren Oscar Newman. Den bärande idén för denna riktning är att brott kan motverkas genom den byggda miljön, vilket kan sammanfattas med mottot att det är tillfället som gör tjuven.[9] Brottsprevention genom arkitektonisk design, vilket ses som en form av situationell brottsbekämpning, fortsätter att lyftas fram som en effektiv åtgärd för att skapa tryggare stadsmiljöer, även om många idag förespråkar vad som kommit att kallas den andra generationens CPTED. Denna strategi besvarar en vanlig kritik mot Newman som anses ha undervärderat betydelsen av sociala faktorer för brottslighet. Hans metoder har även kritiserats för att skapa disciplinerade och avhumaniserade urbana rum, samt bidra till gentrifieringsprocesser.[10] Den andra generationens CPTED har som regel inkorporerat

6   Carina Listerborn, "Feminist Struggle Over Urban Safety and the Politics of Space", *The European Journal of Women's Studies*, 23:3, 2016, s. 251–264; Carina Listerborn, *Trygg stad: diskurser om kvinnors rädsla i forskning, policyutveckling och lokal praktik*, doktorsavhandling (Göteborg: Chalmers tekniska högskola, 2002).

7   Devi Mega Risdiana & Tony Dwi Susanto, "The Safe City: Conceptual Model Development - A Systematic Literature Review", *Procedia computer science*, 161 (2019), s. 291–299.

8   Shannon Mattern, *A City Is Not a Computer: Other Urban Intelligences* (New Jersey: Princeton University Press, 2021).

9   Oscar Newman, *Defensible Space: Crime Prevention Through Urban Design* (New York: MacMillan, 1972)

10 Sarah Schindler, "Architectural Exclusion: Discrimination and Segregation Through Physical Design of the Built Environment", *The Yale Law Journal*, 124 (2015), s. 1934–2024; Chiara Certomà, "Expanding the 'Dark Side of Planning': Governmentality and Biopolitics in Urban Garden Planning" *Planning theory*, 14:1 (2015), s. 23–43; Paul Cozens & Terence Love, "The Dark Side of Crime Prevention Through Environmental Design (CPTED)", *Oxford Research Encyclopedia of Criminology*, (2017), https://oxfordre.com/criminology/view/10.1093/acre-

denna kritik, bland annat genom att grunda situationell brottsprevention i demokratiska processer som strävar efter att engagera lokalsamhället.[11] När den situationella brottsbekämpningen infördes i Sverige på bred front under 2000-talet kombinerades den ofta med sociala åtgärder, vilket har förklarats med utgångspunkt i den svenska välfärdsstaten.[12] Urbanteoretikern Carina Listerborn som har forskat på trygghetsfrågor i svenska städer har dock framhållit att den samtida föreställningen om den trygga staden oftast har utgångspunkt i den vita medelklassen. Detta, menar hon, undergräver redan marginaliserade samhällsgrupper såsom rasifierade kvinnor och deras erfarenheter av rasistiskt och sexistiskt våld i offentliga miljöer. [13] Den trygga staden underbyggs ofta av en postkritisk diskurs med grund i en allmängiltig definition av livskvalitet och välmående, men min undersökning visar att det är viktigt att förstå att tryggheten formas i ett politiserat fält. Därför är det nödvändigt att i förhållande till den samtida trygghetskonsten diskutera vilka grupper som har tolkningsföreträde och även lyfta fram negativa effekter av sådana projekt, vilket i min analys knyts till frågor om rasism och genus.

Trots att studiet av den trygga staden är ett etablerat och mångfacetterat forskningsfält är frågan om den offentliga konstens roll i sammanhanget mindre utforskad. Däremot finns beröringspunkter med forskning som diskuterar hur den offentliga konsten används som medel för stadsutveckling och gentrifiering. Kulturteoretikern Josephine Berry har analyserat hur offentlig konst i Storbritannien på 2000-talet assimilerats av en nyliberal stadsutveckling och skapat miljöer som är optimerade för klickflöden, differentierad marknadsföring och ekonomisk vinst. Hon menar att den moderna konstens demokratisering av "den kreativa akten", som återkom i 1990-talets deltagandekonst och *new genre public art*, utmynnade i den nyliberala stadens offentliga konst. Berry belyser även hur offentlig konst används som symbol för en inkluderande social gemenskap, vilken på samma gång undergrävs av privatiseringar och undertryckande av

---

fore/9780190264079.001.0001/acrefore-9780190264079-e-2 [hämtad 2020-11-26].

11 För diskussion om detta se Walter S. Dekeseredy, Joseph F. Donnermeyer och Martin D. Schwartz, "Toward a Gendered Second Generation CPTED for Preventing Woman Abuse in Rural Communities", *Security Journal*, 22:3 (2009) s. 178; Cozens & Love "The Dark Side of Crime Prevention Through Environmental Design (CPTED)", op.cit..

12 Kersin Johansson, "Crime prevention cooperation in Sweden: A regional case study", *Journal of Scandinavian Studies in Criminology and Crime Prevention*, 15, 2014, s. 143–158; Asifa Iqbal och Vainia Ceccato, "Is CPTED Useful to Guide the Inventory of Safety in Parks? A Study Case in Stockholm, Sweden", *International Criminal Justice Review*, 26:2 (2016), s. 150–168.

13 Listerborn, "Feminist Struggle Over Urban Safety and the Politics of Space", op.cit., s. 251–264; Carina Listerborn, "Geographies of the Veil: Violent Encounters in Urban Public Spaces in Malmö, Sweden", *Social & Cultural Geography*, 16:1 (2015), s. 95–115.

sociopolitisk mobilisering.[14] Även om trygghetsskapande konst kan tyckas vara kompatibel med strategier för en stadsutveckling där oönskade individer och beteenden inte längre accepteras i stadsrummet, vore det missvisande att enbart tänka oss användandet av konsten i den funktionen som ett utfall av nyliberalism. Det krävs mer differentierade studier för att komma åt den offentliga konstens roll i skapandet av samtidens trygga städer, vilket är vad min artikel bidrar med. Även om det inte funnits trygghetskonst på samma sätt tidigare bygger denna vidare på ett idéarv om socialt instrumentaliserad konst. Konstvetaren Jessica Sjöholm Skrubbe har skildrat hur 1960- och 1970-talens svenska kulturdebatt karaktäriserades av ett perspektiv på offentlig konst som samhällspolitiskt redskap. Den borgerliga idén om konst som bildning återaktualiserades inom ramen för socialdemokratins projekt för att fostra medborgarna i välfärdsstaten. Hon menar att offentlig konst syftade till att bidra till skapandet av "positiva grundförutsättningar för det offentliga livet [...]".[15] Samt, mer specifikt, skapa "den gemenskapskänsla som karaktäriserade ett Gemeinschaft *inom ramen för ett Gesellschaft*". [16] Den samtida trygghetskonsten ses i det perspektivet förvalta arvet efter välfärdsstaten och dess föreställning om den offentliga konstens betydelsefulla roll i samhällsbygget. Detta sker dock på andra premisser än de som gällde under 1960- och 1970-talen, då den offentliga konsten i dessa fall nyttjas för att förvalta trygghets- och säkerhetsfrågor. Snarare än att skapa en gemensam trygghet för alla grundad i representationen av välfärdssamhällets föreställningsvärld, används offentlig konst i de exempel som undersöks i artikeln som en riktad åtgärd för att öka tryggheten på väl utvalda platser.

Stockholmslejon

Anders Årfelts *Stockholmslejon* har stått vakt vid Drottninggatan i Stockholm sedan 1995. Verken skapades innan visioner om trygghet började återkomma mer frekvent i kommunala styrdokument om offentlig konst, vilket ger dem rollen som pionjärer på det fält som artikeln ringar in. *Stockholmslejon* står strategiskt utställda i gatukorsningarna och fungerar som väghinder med uppgiften att trygga fotgängare på denna hektiska gågata i centrala Stockholm. Skulpterade i helgjuten betong med slipad yta och vågformade manar bidrar dessa lejonhan-

---

14 Josephine Berry, "Everyone is Not an Artist: Autonomous Art Meets the Neoliberal City", *New Formations*, 84/85 (2015), s. 20-22 och 38.

15 Jessica Sjöholm Skrubbe, *Skulptur i folkhemmet: den offentliga skulpturens institutional-isering, referentialitet och rumsliga situationer 1940–1975*, doktorsavhandling (Göteborg: Makadam, 2007), s. 290.

16 Sjöholm Skrubbe, *Skulptur i folkhemmet*, op. cit s. 289.

nar också till gatans konstnärliga utsmyckning. *Stockholmslejon* har varit del av Stockholms offentlighet i 25 år och även flyttat in i många hem genom att säljas som miniatyrer. Konstnären bakom dessa verk är dock mindre känd. Årfelt inledde sin karriär med att visa blyertsteckningarna av vardagsnära motiv som bullar och fikonträd på Nationalmuseums utställning *Unga Tecknare* 1959. På 1960-talet studerade han vid Kungliga konsthögskolan i Stockholm och läste sedan till bildlärare på Konstfack. Hans första offentliga konstverk *Boll med skruv* (1986) står placerad utanför en sporthall i Visby och består av en åtta meter hög betongskulptur som skildrar en tennisbolls dynamiska rörelse genom rummet. På 1990-talet började Årfelt arbeta med väghinder som en konstform, först med *Gutebaggar* på Gotland och kort därefter *Stockholmslejon*. Konstnären har under 2010-talet bland annat skapat *Säfstaholmsäpplen* i Vingåker, även de med samma funktion.

Årfelts tunga betongkonstverk är fysiskt förankrade på platsen och utmärks av sin anknytning till stadens symbolik. Hans *Stockholmslejon* står i dialog med lejonet i det svenska riksvapnet och den franska 1700-talskonstnären Bernard Foucquets lejonskulpturer nedanför Stockholms slott. Lejon är en vanlig symbol för konungamakt, men utgör också ett religiöst motiv. Gamla testamentet är fullt av lejon och rovdjuret är vanligt förekommande som ikoner och ornament i romanska och medeltida kyrkor, även i Norden. Konsthistorikern Morten Stige beskriver hur det kristna lejonet kännetecknas av vänlighet och barmhärtighet, men också av rättvisepatos. Kristna legender har skildrat hur lejon sov med öppna ögon och på det viset kunde skydda församlingen från mörkrets krafter. Det rör sig med andra ord om ett domestiserat lejon som kristendomen fått att metamorfosiskt framträda som den pastorala herden, som utmärks av sitt kontinuerliga vakande över och beskydd av de rättrogna.[17]

Stockholmslejon har gemensamma drag med kristendomens pastorala lejon där de står och vaktar fotgängare på Drottninggatan. Men de har varken explicit religiösa anspråk eller sådana aggressiva uttryck som har varit kännetecknande för rojalistiska lejon. Till skillnad från lejonet i Riksvapnet visar *Stockholmslejon* inte tänder och ingen elak tunga slingrar sig ur gommen. Inte heller vänder sig dessa lejon utåt mot en föreställd fiende, deras lugna och kontemplativa framtoning signalerar snarast en inre frid. Det skiljer dem från Sankt Markuslejonet som med sina vingar höjer sig över folket, och som historiskt också har använts som fascistisk symbol.[18] *Stockholmslejon* möter istället människan som

---

17   Morten Stige, "The Lion in Romanesque Art, Meaning or Decoration?" *Tahiti*, 6:4 (2016), opag.

18   För en analys av den italienska fascismens användning av Sankt Markuslejonet under mellankrigstiden, samt den anti-fascistiska "lejonjakten" se Kate Ferris, *Everyday Life in Fascist Venice, 1929–40* (Houndmills, Basingstoke, Hampshire: Palgrave Macmillan, 2012), s. 86–87.

sin jämlike och har en folklighet, vilket de äldre lejon vars ryggar har polerats blanka efter årtionden med ridande småbarn visar. Under mina platsbesök på Drottninggatan lade jag märke till att *Stockholmslejon* även används som uppsamlingsplats för vantar, handskar, paraplyer och andra borttappade föremål. Lejonens association med trygghet kommer alltså inte enbart ur deras funktion som väghinder, utan även ur deras vardagsnära och folkliga användning.

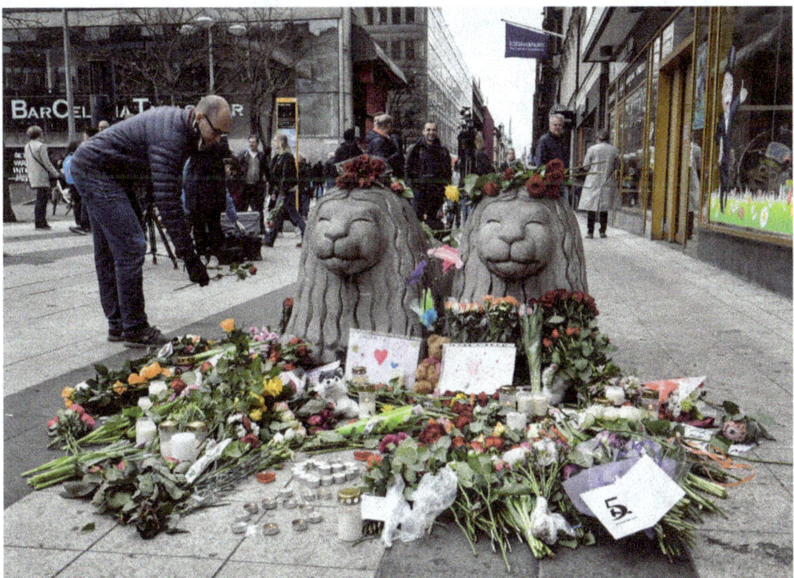

Anders Årfelt, *Stockholmslejon*, 2017, Foto: Jonas Ekströmer / TT

Terror

Årfelts *Stockholmslejon* genomgick en dramatisk omvandling i april 2017 då islamisten Rakhmat Akilov kapade en lastbil som han körde i hög fart nedför Drottninggatan. Terrordådet mördade fem personer och skadade många fler. I nyhetsflödet publicerades bilder som visade det *Stockholmslejon* som hade rammats och släpats med flera hundra meter framför den framrusande lastbilen. Efter årtionden av ett lugnt och relativt anonymt socialt liv i offentligheten fick *Stockholmslejon* stor medial uppmärksamhet, såväl nationellt som internationellt. I sociala medier beskrevs lejonen som hjältar och Designtorgets miniatyrversion sålde slut på bara några dagar.[19]

Människor som befunnit sig på Drottninggatan under attacken berättade i media om hur det lejon som fastnade framför lastbilen gjort dem uppmärksamma på attacken vilket räddat deras liv. Men samtidigt förmedlade bilderna av det fallna lejonet som spreds i media att dessa konstnärliga väghinder inte klarade av att stå emot terrorattacken fullt ut. Snarare än tolka det som att lejonen inte uppfyllt sin funktion, fick lejonen allmänhetens sympati. I likhet med en polisbil som parkerats vid området och den minnesvägg som skapades på varuhuset Åhléns skyltfönster, smyckades *Stockholmslejon* med blommor, nallebjörnar och kärleksbudskap. Genom att svepas in i värmen från denna sorgeritual bekräftades deras ställning som stadens beskyddare i kampen mot terrorn, vilken i detta skede förknippades med budskap om försoning och kärlek.

I sorgbearbetningen efter terrordådet anknöt allmänheten till den trygghet som verken uttryckte. *Stockholmslejon* ikläddes rollen som spontant minnesmärke vilket enligt etnologen Billy Ehn kännetecknas av ett slags collage av föremål och budskap med emotionell laddning. Dessa minnesmärken fungerar som medier för att omvandla en inre sorg till "något som går att röra vid och dela med omvärlden [...]" och får härigenom den dubbla funktionen "att frälsa både den som minns och den som blir ihågkommen".[20] I likhet med Ehns beskrivning förvandlades *Stockholmslejon* efter dådet till ett slags offentligt altare, dit allmänheten sökte sig för att finna tröst och närhet. De blev projektionsytor och en plats för att dela det traumatiska minnet efter dådet, vilket hjälpte människor att hantera sina känslor. Med sina lugna och kontemplativa väsen tycktes de blomsterbeklädda lejonen närmast sväva i en andlig sfär. Denna världsfrånvända transcendens verkade helande i ett skede då människor sökte sig till konsten för smärtlindring. Spontana minnesmärken är dock tillfälliga och de minnen och känsloyttringar som projicerats på dem tillåts sällan bli kvar.[21] Så var det också i fallet med *Stockholmslejon* då Stockholms kommun efter påskhelgen några veckor efter dådet beslutade att städa bort blommorna och kärleksbudskapen som lagts vid lejonen, varefter den plats där de placerats återgick till sin ursprungliga skepnad. Den minnesvägg som efter terrordådet skapades på Åhléns monterades dock ned och flyttades till Kulturhuset på

---

19   "Ny roll för laddad storsäljare hos Designtorget: 'Symbol för att värna staden', *Market*, 12/8 2017, https://www.market.se/nyhet/ny-roll-for-laddad-storsaljare-hos-designtorget-symbol-for-att-varna-staden. [hämtad 2020-11-26].

20   Billy Ehn, "Hos mig kommer du alltid finnas kvar": Monumentaliseringens uttrycksformer" i *Minnesmärken: att tolka det förflutna och besvärja framtiden*, red. Jonas Frykman & Billy Ehn (Stockholm: Carlsson, 2007), s. 348–350.

21   Ehn, "Hos mig kommer du alltid finnas kvar", op.cit., s. 350.

andra sidan Sergels torg. Idag ingår väggen i Stadsmuseets samling och museet har också upprättat en webbplats som bevarar personliga berättelser om dådet och annan visuell dokumentation.[22]

Parallellt med allmänhetens glorifiering av *Stockholmslejon* följde en politisk debatt i media som diskuterade verkens status och funktion som trygghetsåtgärd. Den offentliga konsten fångades därmed upp i en av huvudinriktningarna för den svenska debatten efter terrorn som utmärktes av sitt fokus på frågan om framtida åtgärder för att förhindra terrordåd.[23] Redan dagen efter dådet medgav den dåvarande biträdande stadsdirektören i Stockholm Fredrik Jurdell i en intervju i Sydsvenskan att Drottninggatan saknat terrorberedskap. Jurdell nämner också att *Stockholmslejon* inte hade varit utformade för att stå emot detta slags lastbilsattacker, vilket han beskrev som "en ren tyngdfråga".[24] Den känslomässighet som kännetecknade allmänhetens reception av lejonen efter dådet kontrasterade alltså mot den politiska diskursens säkerhetsorienterade trygghetsbegrepp. Istället för att lyfta fram verkens kvalitativa funktion som stöd i sorgearbetet, betraktades de i den diskursen som exempel på en förlegad säkerhetskalkyl där terroristiska lastbilsattacker inte hade matats in som parameter. Det visar hur den offentliga konstens trygghetsuppdrag formas i relation till historiska händelser och den sorts data som dessa medför, vilket sätter *Stockholmslejon* i förbindelse till en för artikeln relevant diskussion om hur den offentliga konstens funktion som trygghetsåtgärd har påverkats av terrorn.

Lejon XL

Det globala jihadistiska nätverk som Akilov förhöll sig till, samt terrorister från andra delar av det politiska spektrumet och deras copycats, använde fordon och bilar som krigsmaskiner vid flera attentat vid denna tid. I städer världen över har man vidtagit åtgärder för att skydda sig mot denna form av terror, bland annat genom fler övervakningskameror, strängare åtkomstkontroll och stängda gator.[25] Den situationella terrorberedskapen har som sagt kritiserats för att reducera det sociala livet i offentliga miljöer och utforma platser för

---

22 Elin Nystrand von Unge, *Samla samtid: insamlingspraktiker och temporalitet på kulturhistoriska museer i Sverige*, doktorsavhandling (Stockholm: Stockholms universitet, 2019), kapitel 5.

23 Lars Nord, Karl-Arvid Färm och Lena Jendel, *Fyra terrordåd, fyra mediebilder. En studie av svenska mediers bevakning av attackerna i Paris och Köpenhamn 2015 samt i Stockholm 2017* (Sundsvall: DEMICOM, Mittuniversitetet, 2018) s. 62.

24 "Betonglejon står inte emot en lastbil", *Sydsvenskan*, 8/4 2017.

25 Vincent Miller och Keith Hayward "'I Did My Bit': Terrorism, Tarde and the Vehicle-Ramming Attack as an Imitative Event", *British Journal of Criminology*, 59 (2018) s.1–23.

att människor så snabbt som möjligt ska passera genom dem. Samtidigt finns exempel på "mjukare" åtgärder där skyltar, blomsterlådor och annan gatudesign används för att förhindra lastbilsattacker.[26] Stockholms stads initiativ att även fortsättningsvis använda offentlig konst som säkerhetsåtgärd kan sägas utgöra ett ytterligare exempel på denna mjukare riktning. Det styrande rödgrönrosa blocket (FI, V, MP och S) beslutade att upphandla nya *Stockholmslejon*, vilka innehöll ett par nyheter. Dels köpte staden in nya lejon. En andel av dessa var lejoninnor, vilket utjämnade könsbalansen då lejonen tidigare varit hannar. Dels upphandlades en större och tyngre version *Stockholmslejon* som i kommunala dokument gick under benämningen *Lejon XL*. Dessa var hannar och placerades tillsammans med en trupp mindre *Stockholmslejon* av den första utgåvan ut på Drottninggatan i syfte att stärka terrorberedskapen och ytterligare bidra till gatans konstnärliga utsmyckning. Dessutom placerade kommunen tunga blomsterlådor för att stärka områdets terrorberedskap.

Terrordådets effekt på gatans konstnärliga utsmyckning går att sammanfatta kvantitativt. Före terrordådet fanns 30 *Stockholmslejon* på Drottninggatan, varje lejon vägde 900 kilo. Efter terrordådet slog 90 lejon vakt om samma gata; 70 av det äldre formatet och 20 *Lejon XL* vilka har en vikt på 4 ton styck. Terrorattacken resulterade alltså i en tredubbling av antalet *Stockholmslejon* och en i runda siffror femfaldig ökning av deras samlade vikt. Som Fredrik Jurdell var inne på i citatet ovan, snävades konstens trygghetsuppdrag av mot en rent kvantitativ bestämning, vilket inte speglade de svårfångade kvalitativa värden som framträdde i min tidigare diskussion om möten mellan *Stockholmslejon* och den sörjande allmänheten.[27]

Borgerliga politiker avfärdade den rödgrönrosa satsningen på ytterligare *Stockholmslejon* och de nya *Lejon XL* som ett slag i luften. I en debattartikel i Expressen krävde kristdemokraten Erik Slottner "en betydligt större ambitionsnivå vad gäller fysiska hinder mot terrorattentat".[28] Han föreslog att Stockholm istället skulle använda tekniska lösningar för att stärka sin terrorberedskap. Som exempel nämndes de höj- och sänkbara väghindren som finns vid infarten till Rosenbad i form av runda pelare. Vad som sätts i spel med denna politiska debatt är inte bara frågan om terrorbekämpning, utan också föreställningar om den offentliga konstens (icke-)funktion för skapandet av den trygga staden. Den politiska debatt som handlade om detta grundades i en konsensus om att terrorberedskapen måste stärkas. Däremot fanns en konfliktlinje mellan upp-

---

26 Cozens & Love, "The Dark Side of Crime Prevention Through Environmental Design (CPTED)", op cit.
27 "Betonglejon står inte emot en lastbil", *Sydsvenskan*, 8/4 2017.
28 Erik Slottner, "När ska S börja ta terrorhotet på allvar?", *Expressen*, 30/3 2018.

fattningar om att detta ska åtgärdas med tekniska medel, eller genom konst och blomsterutsmyckningar. En ofta framförd kritik mot tekniska lösningar är att de kan motverka sitt syfte genom att öka allmänhetens känsla av otrygghet, vilket anses underminera föreställningen om offentligheten som ett öppet och tillgängligt rum.[29] Stockholms stads beslut att fortsätta använda den offentliga konsten som vägspärrar och nu också i terrorbekämpningen återspeglar deras föreställning att till och med terror kan motverkas med mjukare medel.

Vad detta innebär är att stadens befästning ska ses som ett konstverk och på samma gång som ett sätt att cementera idén om en av terrorn traumatiserad offentlighet. I det perspektivet representerar *Lejon XL* något utöver större och tyngre skulpturer, nämligen en föreställning om en annan sorts trygghet än deras mer lättviktiga föregångare, och en oklar ontologisk bestämning av offentlig konst. Dessa verk står i direkt relation till terrordådet, men saknar anvisningar eller någon markering som hänvisar till denna händelse. De utgör alltså varken monument eller minnesmärken i vanlig bemärkelse, utan upprättar snarare en dialektisk relation mellan glömska och minne. Deras fysiska gestaltning har bokstavligen införlivat minnet av terrordådet medan avsaknaden av markering av detta där de står, avleder uppmärksamheten från samma dåd och trauma. Om de gamla lejonen skänkte trygghet genom att stödja allmänhetens omedelbara sorgbearbetning, symboliserar *Lejon XL* det politiska behovet att manifestera hur tryggheten i det offentliga rummet inte enbart har återställts, utan även förstärkts. För detta syfte har man uppdaterat den offentliga konsten till terrorismens tidsålder och på så sätt velat garantera att gatans sociala samvaro, konstnärliga utsmyckning och kommers kan fortgå utan hågkomst av det traumatiska såret som dådet rev upp.

Ljuskonst i tunnlar

> Here, in this government-improved and approved housing with too much man-made light, the moon did nothing kind. The planners believed that dark people would do fewer dark things if there were twice as many streetlamps as anywhere else. Only in fine neighborhoods and the country were people entrusted to shadow.[30]

Jag kommer här analysera den i Sverige hittills mest omfattande satsningen på

---

29 Schindler, "Architectural Exclusion: Discrimination and Segregation Through Physical Design of the Built Environment", op.cit.; Cozens & Love, "The Dark Side of Crime Prevention Through Environmental Design (CPTED)", op.cit.

30 Toni Morrison, *Love* (Knopf: New York, 2003), s. 39.

ljuskonst som åtgärd för trygghet i offentligheten, som realiserades i Göteborg under projektet *Trygg, vacker stad* (2005–2018). Det övergripande syftet med projektet var "att skapa tryggare och vackrare platser i staden genom åtgärder i den fysiska miljön".[31] Detta involverade ett antal åtgärder och jag tar här upp satsningen på ljuskonst som resulterade i ett tiotal ljuskonstverk i Göteborgs tunnlar under projektperioden. Ljuskonsten var inriktad på stadens så kallade utsatta områden, och enligt det styrande rödgröna blocket (V, MP och S) skulle projektet stärka de boendes rätt till trygga och vackra miljöer i sitt närområde. Placeringen av ljuskonsten i förorten lyftes fram som en demokratisatsning utifrån uppfattningen att förorten hade varit förfördelad i förhållande till stadsutvecklingen i stadens centrala delar. En annan parameter som angavs var att boende i de utsatta områdena hade den största otryggheten.[32] Ytterligare en bakgrund till projektet var Göteborgs målsättning att positionera sig på framkant vad gäller den teknologiska utvecklingen av den smarta, trygga staden. För detta lanserades ljuskonsten i tunnlarna som stadens pilotprojekt för *Lighting Urban Community International* (LUCI), vilket är ett globalt nätverk av städer som arbetar för att främja utvecklingen av urban ljussättning.[33]

Ljuskonsten i tunnlarna realiserades genom samarbeten mellan Göteborg konst som är en sektor inom kulturförvaltningen, trafikkontoret, konstnärer och arkitektbyrån White arkitekter. Projektet satsade i första hand på konstnärer som hade utbildat sig och/eller var bosatta i Göteborg. Som en följd av projektets demokratifokus skapades fokusgrupper där boende fick svara på frågor om deras upplevelser av trygghet och otrygghet. Vissa konstnärer upprättade även samarbeten med skolor och fritidsgårdar, samt skapade workshops med boende i berörda områden. Projektets inriktning mot sociala aspekter och medborgardialog i trygghetsarbetet kan härigenom ses som ett bokstavsexempel på den andra generationens CPTED. Från den kvalitativa och kvantitativa datainsamlingen formulerade Göteborgs stad ett begrepp för den otrygga tunneln som lade grunden för konstens uppdrag. Den otrygga tunneln ansågs karaktäriseras av "svårighet[en] att överblicka miljön i och utanför tunnlarna både dagtid och kvällstid, att personer uppehållit sig i tunnlarna för droghandel och/eller för att sova, obehörig trafik i tunnlarna, bländande och ojämn belys-

---

31 Göteborgs kommun, *Trygg, vacker stad 2005–2018.* Tillgänglig på https://goteborg.se/wps/portal?uri=gbglnk%3a2015968355622 [hämtad 2020-11-26].

32 Maria Börgeson & Mathias Stenback, *Trygg, vacker stad 2005–2018* (Göteborg: Park- och naturförvaltningen, Göteborgs Stad, 2019), s. 33; *Trygg, vacker stad 2005–2017* (Göteborg: Park- och naturförvaltningen, Göteborgs Stad, 2019), s. 4

33 https://goteborg.se/wps/portal/start/gator-vagar-och-torg/gator-och-vagar/belysning [hämtad 2020-11-26].

ning".[34] Här definieras otrygghet som en kombination av tekniska och sociala komponenter. Konsten, genom att förbättra belysningen, föreslås att bidra till att de sociala element som kategoriserats som otrygghetsfaktorer avlägsnades från dessa miljöer.

Den förhöjda trygghetsnivå som den konstnärligt gestaltade belysningen av tunneln ansågs generera grundades alltså på en exkludering av individer och beteenden kategoriserade som otrygga. Detta gör det möjligt att tänka sig dem som projektets negativa målgrupp. Det ger stöd åt kriminologen Elen Midtveit som menar att "symboliska åtgärder" för situationell brottsbekämpning inte alltid är mindre exkluderande. Hon diskuterar detta genom analyser av hur operamusik och julsånger i början av 2000-talet spelades vid ingången till Københavns Hovedbanegård som hon förstod som en riktad åtgärd för att få bort langare och hemlösa från denna plats. Detta skapade en symbolisk barriär som, enligt Midtveit, grundades på föreställningen att de oönskade personerna inte identifierade sig med operamusik och då den spelades på hög volym gjorde det olidligt för dem att vistas på platsen en längre tid. Hon antar vidare att detta inte varit ett medel för att åtgärda problemet med droghandel och hemlöshet, utan ett medvetet försök att med operan som barriär skapa trygga rum där dessa urbana fenomen inte förekommer.[35] På ett högst problematiskt sätt sammansattes finkulturens uteslutningsmekanismer med teknologiska för att osynliggöra utsatta grupper och sociala problem. På ett liknande sätt kan ljuskonsten i tunnlarna, enligt kommunen, förstås som en strategi varigenom man ämnade förändra karaktären på dessa områden, och flytta vad boende hade identifierat som otrygghetsfaktorer utom synhåll.

Ljuskonst som lockbete och uteslutning

Det finns dock glapp mellan kommunens uppdrag och definition av den otrygga tunneln, och hur detta sedan implementerades av den ljuskonst som skapades inom ramen för *Trygg, vacker stad*. Att döma av mina platsbesök saknas konstverk vilka fungerade som den sorts exkluderande barriärer som Midtveit har studerat. Snarare hade konstverken gemensamt att de gjorde tunnlarna mer familjära,

---

34 *Trygg, vacker stad 2016* (Göteborg: Park- och naturförvaltningen, Göteborgs Stad, 2019) s. 12. Tillgänglig på http://www5.goteborg.se/prod/intraservice/namndhandlingar/samrumportal.nsf/93ec9160f537fa30c12572aa004b6c1a/d900d4206299b850c12580b900358dbe/$-FILE/%C2%A7%2029.3%20Bilaga%202%20Arsrapport%202016%20Trygg%20vacker%20stad.pdf [hämtad 2020-11-26]

35 Elen Midtveit, "Crime Prevention and Exclusion: from Walls to Opera Music", *Journal of Scandinavian Studies in Criminology and Crime Prevention*, 6:1 (2005), s. 32–35.

vilket inte sällan skedde genom införandet av abstrakta naturmotiv och olika former för interaktion. Konstnären Marie Dahlstrand fick uppdraget att lysa upp en gångtunnel i Angered, vilket är ett område i östra Göteborg som den senaste tiden har rönt negativ medial uppmärksamhet som ett centrum för organiserad kriminalitet och klanvälde. Samma år som Dahlstrands verk *Pieces of time/ Pieces of sky* (2017) installerades i en gångtunnel som binder samman två skolor, lanserade Angered ett lokalt stadsutvecklingsprogram där man bland annat ämnade skapa livligare gatumiljöer för att få bukt med de omfattande problemen.

I verket har Dahlstrand installerat cirkulära ljusformer i skiftande färger vid tunnelns mynningar och placerat grälla keramiska former över innerväggarna som fragment av ett drömlandskap. Jag förstår hennes konstnärliga gestaltning som ett försök att göra tunneln trivsam och på det sättet få fler att välja denna väg. Väl inne i tunneln vaggar det keramiska drömlandskapet in förbipasserande i ett kontemplativt lugn som nog är tänkt att minska obehaget av att passera genom tunneln. Ett sådant nyttjande av ljuskonsten som lockbete in i tunnlarna återkommer i de flesta verken, även om de begagnar sig av skilda konstnärliga strategier.

Konstnären Peter Ojstersek har i samarbete med ljusdesigners skapat ljuskonstverket *More Eyes* (2015) i en gångtunnel mellan förorterna Frölunda och Tynnered. De grå och kala tunnelväggarna har beklätts med självlysande LED-kristaller som pulserar i olika färger. Under mina platsbesök kunde jag observera hur dessa lockade barn som passerade genom tunneln att känna och leka, vilket enligt Kajsa Sperling från White arkitekter också hade varit verkets intention. Hon har beskrivit syftet som att "när människor stannar upp blir tunneln mer befolkad, vilket gör att ännu fler vill använda den".[36] Konstverket är alltså tänkt att fördröja passagen genom tunneln, vilket anses kunna öka genomströmningen. Som vi har sett hade ljuskonstens målsättning inte endast att göra med en förbättring av invånarnas trygghet. Genom att öka cirkulationen av människor på dessa platser tänkte man sig att grupper och beteenden som förknippades med otrygghet skulle försvinna, vilket följaktligen tolkas som en önskad negativ funktion av detta interaktiva konstverk.

Ljuskonsten i tunnlarna ger inga obehagskänslor, utan inbjuder till stunder av kontemplation och interaktion. Det är inte på verkens nivå som det kommunala trygghetsuppdraget med att få hemlösa att hålla sig borta kan sägas förverkligas. Istället kan detta spåras som en möjlig konsekvens av deras funktion som å ena sidan lockbete, å andra sidan uteslutningsmekanism. På det sättet aktualiserar ljuskonsten vad arkitekturteoretikern Jane Jacobs på 1960-talet kallade

---

36 https://whitearkitekter.com/se/projekt/ljuskonst-i-tunnlar/ [hämtad 2020-11-26].

"naturlig övervakning".[37] Jacobs tog strid med stadsutvecklingen i amerikanska storstäder som utgick från att centrumområden måste saneras, och kritiserade även en ökad polisiär närvaro. Istället föreslog hon att det polisiära arbetet skulle byggas in i stadsmiljön. Liksom den franska filosofen Michel Foucault urskilde Jacobs ett samband mellan övervakning och disciplin, men menade att detta i grunden var eftersträvansvärt. Snarare än att finansiera större polisinsatser menade Jacobs att städer minst lika effektivt kunde förebygga brott genom att skapa miljöer där allmänheten var medveten om att deras beteenden övervakades av vad Jacobs också kallade "ögon på gatan".[38]

Jacobs perspektiv känns som sagt igen från ljuskonsten i *Trygg, vacker stad*. Tydligast hos Ojsterseks verk vars titel *More Eyes* kan sägas representera de ögonliknande ljuskristallerna på väggarna, men även den multiplikation av förbipasserande ögonpar som projektet har velat åstadkomma. Snarare än att förstå förortstunneln som en transportsträcka betraktades den av kommunen som strategiskt betydelsefull för skapandet av ett tryggare, men också bättre övervakat och disciplinerat stadslandskap. Det förändrar vad som förstås som den offentliga konstens funktion. Där kommunen genom att bjuda in det individuella betraktandet av ljuskonsten, uppmuntrar invånarna att vistas i miljöer där de också betraktar, och känner sig betraktade, av varandra.

Blodet i oss

Projektet *Trygg, vacker stad* avslutades av den borgerliga majoritet som tog över kommunfullmäktige efter valet 2018. Det sista ljuskonstverk som realiserades inom projektet var Ola Åstrands *blodet i oss* (2019), vilket skiljer sig från de övriga med sin tematik och dess antydan till ett mer kritiskt, eller kanske rent av ironiskt, förhållningsätt till kommunens trygghetsuppdrag. Då avsaknaden av kritik kännetecknar mycket av den samtida trygghetskonsten, vilken som tidigare nämnt utmärks av sin postkritiska diskurs där trygghetsförhöjande effekter står i centrum, ska jag i det följande göra en mer ingående analys av Åstrands verk.

---

37   Jane Jacobs, *The death and life of great American cities*, 50th anniversary edition (Modern Library edition. New York: Modern Library, 2011).

38   Jacobs, *The death and life of great American cities*, op.cit. kapitel 1.

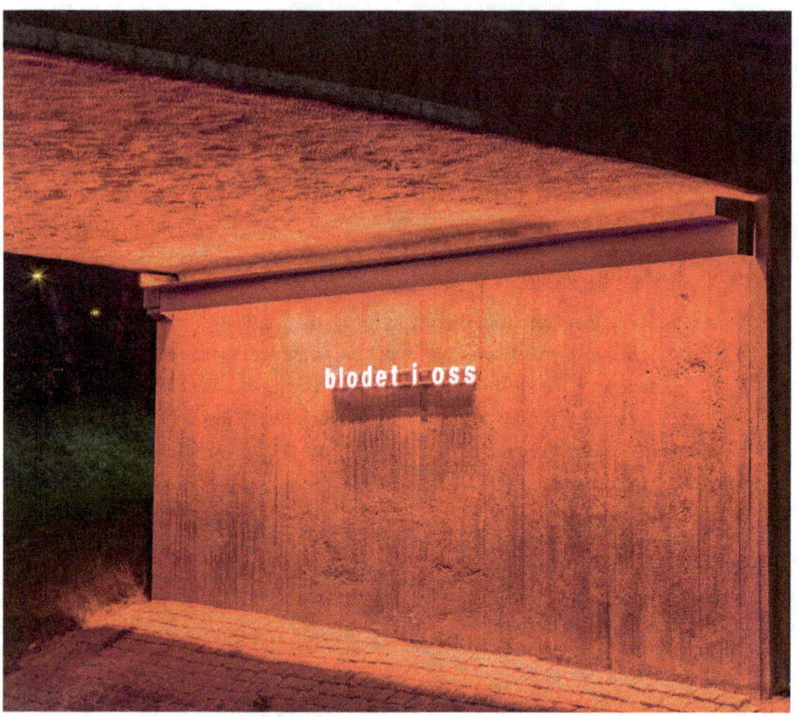

Ola Åstrand, *Blodet i oss*, 2019, Foto: Jan Peter Dahlqvist © Ola Åstrand / Bildupphovsrätt 2021

Åstrand har verkat i Göteborgs konstliv under flera decennier, och ständigt hävdat en position som outsider. På 1980-talet då Åstrand var student vid Valands konsthögskola vände han sig mot vad han uppfattade som postmodernismens hegemoni inom konstutbildningen. Istället för fransk filosofi vände sig Åstrand till musiken och var under en period gitarrist i punkbandet TT Reuter. Punken letade sig också in i hans konst som kännetecknas av en stark motvilja mot konformism. I en intervju 2017 fick Åstrand frågan om hur han ser på konsten varpå han svarade: "Konsten är ett vapen mot förtryck och borgerlighet [...] inte för att göra social karriär eller stå i de rikas tjänst".[39] Att skapa kommunalt finansierad trygghetskonst för *Trygg, vacker stad* satte onekligen konstnärens punkiga självbild på spel.

Åstrands ljuskonstverk har installerats i en kortare gång- och biltunnel i Kviberg i östra

---

39 "Konstens frågeformulär # 58: Ola Åstrand"
http://konsten.net/konstens-frageformular-58-ola-astrand/ [hämtad 2020-11-26].

Göteborg. Under det senaste årtiondet har Kviberg genomgått en omfattande stadsutveckling med förtätad bebyggelse och invigning av ett stort idrotts- och rekreationscentrum. Kviberg utmärks även av sociopolitiska spänningar. Särskilt områdets loppmarknad har varit föremål för politisk debatt där röster från bland andra Svenskt Näringsliv och Sverigedemokraterna hävdar att marknaden används för organiserad brottslighet och åberopar en omedelbar stängning.[40] Sedan ett par år finns ett ideellt organiserat kulturhus på loppmarknaden som snarare framhäver marknadens betydelse som sociokulturell mötesplats och grogrund för socialt företagande. De sociala spänningarna i Kviberg fick stor medial uppmärksamhet både lokalt och nationellt då det uppdagades att en bostadsrättsförening i området hade satt upp taggtråd mot det angränsande hyreshuset. Denna åtgärd motiverades av anklagelser om skadegörelse och kan ses som ett bokstavsexempel på hur trygghet skapas genom barriärer som skiljer inte endast byggnader utan även samhällsklasser från varandra.[41]

Bleeding

> I'm bleeding today cause I miss my bro / My girl still mad I ain't pick up my phone / My mama still think I ain't did nothing wrong / But I can't say the truth, so I sing this song.[42]

Några kvarter bort från taggtrådsstängslet strålar väggarna i Åstrands tunnel med blodrött ljus, i alla fall under årets mörka månader. På ena väggen står texten "blodet i oss" skrivet med bokstäver i ledteknik. Blod är nog inte vad de flesta förknippar med trygghet och verket utmanar därför konventionella föreställningar om trygghet. I sin projektbeskrivning förklarar Åstrand visserligen att hans intention har varit att förbipasserande ska känna sig inneslutna i en (moders)kropp och drabbas av "känsla[n] av något varmt och inkluderande", men verkets textrad är tillräckligt obestämd för att frambringa associationer till andra sorters gemenskaper.[43] Dessutom finns en råhet i den blodröda ljussättningen som får mig att erfara tunneln som en karg och rätt så ogästvänlig plats.

Betydelsen av Åstrands *blodet i oss* blev förskjutet när den svenska hiphopartisten

---

40 Henrik Ekelund & Per Geijer, "Ta itu med stölderna – stäng Kvibergs marknad", *Göteborgs Posten (GP)*, 25/10 2019.

41 Lina Isaksson, "Taggtråd ska hålla hyresgäster borta" *Göteborg direkt*, 11/12 2018.

42 Meron, *Bleeding (Ft. Ahdam & Ille Freeway)*, (video), https://www.youtube.com/watch?v=LQmGufRy0TI. [hamtad 2020-11-26].

43 http://olaastrand.blogspot.com/2019/01/utsmyckning-kviberg-goteborg.html [hämtad 2020-11-26].

Meron spelade in musikvideon till *Bleeding* (feat. Ille Freeway & Ahdam) i tunneln. Videon varvar snabba bilar, kofotar och ett festande gäng med klipp på musikerna Ille Freeway och Ahdam som mimar till låtens refräng med "blodet i oss" i bakgrunden. Det blodröda ljuset från Åstrands verk återkommer i andra scener och sätter med detta stämningen för musikvideon. Videon innehåller flera referenser till vapen- och droger, men handskas även med känslan av att förlora en nära vän ("Praying for my broski han är borta det gör ont / Försöker fälla tårar men det känns som det är tomt"). I en scen som utspelar sig i tunneln står Ille Freeway med nedböjt huvud och ber för att i nästa klipp rikta handen formad till pistol mot sitt eget huvud. Videon kan på så sätt dramatisera den på samma gång råbarkade och blödiga stämning som också kännetecknar Åstrands verk.

Den offentliga trygghetskonsten har i detta exempel nått ut och omförhandlats i möte med förortens hiphopkultur där verkets formande av en blodsgemenskap knyts till den grupp unga, svarta män som framträder i videon. På så sätt undermineras det subjekt som har legat till grund för projektet och som gestaltas i de övriga ljuskonstverkens mer allmängiltiga tilltal. Det kan till och med sägas att Åstrands verk dragit till sig den sorts otrygghetsskapande beteenden, framförallt vad gäller drogerna och vapnen, som man från kommunens sida helst hade velat osynliggöra. Istället formas genom Merons appropriation en trygghet grundad i hiphopens och gängkulturens gruppidentitet. Detta är subversivt, men ger även upphov till nya skiljelinjer. Bland annat utesluts "my girl" och "my mama" från de unga männens gemenskap, vilket befäster utanförskapet för förortens kvinnor, en grupp där otryggheten är hög. Det inträffar till följd av en serie tolkningar och kan inte lastas Åstrands verk. Vad som däremot kan sägas är att konstverken i *Trygg, vacker stad* genom att inte uttryckligt tematisera otryggheten hos denna marginaliserade grupp möjliggjorde ett sådant utfall. Ytterst ska denna kritik inte riktas mot konstverken utan har att göra med projektets initiala problemformulering, samt hur den data som samlades in bearbetades.

Att kalla offentlig ljuskonst för rasistisk skulle vara ett överdrivet påstående. Däremot finns det anledning, menar jag, att skärskåda det ideologiska fundament som förekommer i idén om ljuskonst som trygghetsåtgärd i offentliga rum. Också hos *Trygg, vacker stad* saknas en djupare problematisering av den historiska och politiska betydelsen av att skicka konstnärer till segregerade förorter för att upplysa och försköna. Om ljuskonsten ska vara kritiskt relevant skulle det därför, anser jag, behövas en ingående analys av de kommunala och statliga visionerna att genom konsten sprida ljus och tron på en bättre morgondag i dessa områden.[44] En möjlig väg framåt skulle vara att tänka tvärtom och hävda

---

44   Konstnären och forskaren Monica Sand lyfter fram det perspektivet på ljuskonst i sin analys

att trygghet mindre har att göra med upplysning än med rätten till mörker. Den amerikanska författaren Toni Morrisson berör detta i det citat från romanen *Love*, med vilket min analys av ljuskonsten inleds. Hon sätter fingret på några av de fördomar som fortsätter att verka i samtida satsningar på ljuskonst som brottsprevention, men vänder också perspektivet så att det istället blir belysningen som framstår som en hotbild. Vad som enligt det synsättet riskerar att gå förlorat är varken individens säkerhet eller det privata ägandet, utan den lyriska känslan av det urbana mörkret som ett tryggt och gemensamt rum.

En annan trygghetskonst?

Jag har i artikeln tagit upp ett antal skäl för att fördjupa och problematisera den offentliga konstens trygghetsfunktion, där konsten under de senaste årtiondena har handskats med allt från terroristhot till drogförsäljning och hemlöshet. I de trygghetsprojekt som har analyserats används offentliga konstverk som åtgärder, medan konstnärerna har en närmast obefintlig bestämmanderätt när det gäller själva problemformuleringen, vilken i dessa fall har beslutats på kommunalpolitisk nivå. Samma sak kan sägas om av vad som i dessa projekt har identifieras som en hotbild. Vilken hos ljuskonsten i tunnlarna kategoriserades som mörkret, men också till vad Göteborgs kommun definierade som otrygghetsskapande beteenden hos hemlösa och andra marginaliserade grupper. Det passar väl ihop med Listerborn som också hon lyfter fram avsaknaden av kritiska perspektiv som ett genomgående problem i skapandet av den trygga, svenska staden. Som alternativ framhåller hon värdet av ett kritiskt informerat trygghetsarbete som lyssnar på, eller än hellre skapas av, minoriteter och andra marginaliserade grupper.[45] Det finns goda skäl att betona nödvändigheten av ett kritiskt begrepp av trygghet även vad gäller offentlig konst, vilket skulle kunna resultera i projekt som snarare än att fortplanta och sedimentera normativa föreställningar kan stöpa om vad som menas med trygghet. Samtidigt visar undersökningen hur den befintliga trygghetskonsten har omförhandlats i receptionen där verken förknippas med andra sorters trygghet och hotbilder än de som kommunalpolitiker och även konstnärerna själva hade formulerade initialt.

---

av det ljuskonstverk som Alexandra Stratimirovic skapade i ett samarbete mellan Göteborgs stad och Statens konstråd inom ramen för *Konst händer*. Vad som saknas i hennes redogörelse är en dialog med de som från dekoloniala och postmarxistiska perspektiv har kritiserat synen på (europeisk) upplysning som ett emancipatoriskt projekt. Monica Sand, *Tro, hopp och konst - konst som politiskt verktyg: forskningsrapport om Statens konstråds satsning Konst händer 2016–2018* (Stockholm: ArkDes, 2019), s. 103–113.

45   Listerborn, "Feminist Struggle Over Urban Safety and the Politics of Space", op.cit., s. 262.

Omsorgens omförhandlingar.
Samtidskonst och forskning i gestaltningsprocessen av en nybyggd vårdmiljö
// Pamela Schultz Nybacka

Detta kapitel för en diskussion kring konstens roll och rättfärdigande i en vård-kontext med ansvar för människors hälsa och välbefinnande.[1] Konstens betydelse inom sjukvården har uppmärksammats såväl internationellt som nationellt, inte minst på grund av uppförandet av nya sjukhus och kliniker, såväl privata som offentliga. Konstteoretikern Andrea Phillips och arkitekten Markus Miessen belyser hur den nyliberala omdaningen av vårdsystemen i väst har förändrat synen på omvårdnad och omsorg. De menar att konst, arkitektur och design kan bidra med perspektiv och kritik för att upprätta vad de kallar "omsorgens kultur".[2] Konst i vården har i huvudsak granskats och diskuterats på estetiska villkor.[3] Utifrån filosofen Boris Groys synvinkel kan ett sådant rättfärdigande inte vara till stöd till konsten, utan fungerar snarare tvärtom: "Aesthetic discourse, when used to legitimize art, effectively serves to undermine it."[4] Den estetiska attityden har i grund och botten inget behov av konsten. När det gäller estetisk upplevelse, skriver Groys, brädar en vanlig solnedgång de flesta konstverk.[5] Det uppmärksammar att konsten i vården därför behöver en annan sorts legitimitet än den rent estetiska, där min artikel intresserar sig för de politiska och etiska dimensioner som formas kring idén om en konstnärlig omsorg om patienter, anhöriga och vårdpersonal.

Kapitlet utforskar och granskar samtidskonstens inträde, tillkomst och omför-handlingar i vården genom en fallstudie av Skandionkliniken, som stod färdig i Uppsala år 2014 och öppnade för behandlingar året därpå. Skandionkliniken uppstod genom ett samarbete mellan sju regioner med universitetssjukhus. Kliniken är den första i sitt slag i Norden med specialinriktning mot proton-bestrålning, som fungerar som en mer skonsam, verkningsfull och kostnadsef-fektiv behandlingsform av cancer. I kapitlet läggs fokus på processens initiala

1 Kapitlet bygger på en forskningsrapport från följeforskningen kring projektet "Contempo-rary ART & CARE", som finansierats av Akademiska Hus.
2 Andrea Phillips & Markus Miessen, *Actors, Agents and Attendants. Caring Culture: Art, Arci-tecture and Public Health* (Berlin: Sternberg Press, 2011).
3 Utöver Rapps redogörelse för svenska förhållanden, se Jane Macnaughton, "Art in hospital spaces: The role of hospitals in an aestheticised society." *International Journal of Cultural Policy*, 13:1 (2005), s. 85-101.
4 Boris Groys, *Going Public* (Berlin: Sternberg Press, 2010), s. 13.
5 Groys *Going Public*, op.cit., s. 12–13.

skede att ta fram och omförhandla den konstnärliga gestaltningen i relation
till Skandionkliniken skilda former av omsorg och hänsyn. De frågeställningar
som vägleder kapitlet är: Hur kan konsten intervenera och gestaltas i en ny
vårdmiljö? Vilken relation har konsten till omsorgens kultur inom vården?
Hur uppbär konsten inom vården legitimitet och i så fall, på vilka politiska och
etiska grunder?

Som följeforskare med en bakgrund inom organisationsteori och brukarperspek-
tiv har jag haft förmånen att följa arbetet med att ta fram ett konstnärligt
gestaltningsprogram för Skandionkliniken under planeringsstadiet, samt de
omförhandlingar som ägt rum under processens gång. Studien resulterade i
en forskningsrapport och detta kapitel utgör en förkortad och omarbetad ver-
sion. Kapitlet inleds med en kortfattad introduktion om konsten i sjukvården
i en svensk kontext och med en utblick mot internationella exempel. Därefter
riktas kapitlet in mot fallet Skandionkliniken och gestaltningsprojektets olika
beslut och former av interventioner. Fördjupningen i fallet handlar om omför-
handlingar och hänsynstaganden som uppstod i och kring konstnären Filippa
Arrias konstnärliga färgsättning av sjukhusmiljön.

Konst i vården

I Sverige har forskningsdirektör Birgitta Rapp arbetat med forskning och forsknings-
program kring konst och kultur inom vården. I sin bok *Konst på sjukhus till glädje
för alla* (1993) tecknar Rapp vårdsystemets framväxt och utformning i Sverige,
från de tidigaste reformerna kring omvårdnad under medeltiden till 1980-talets
specialiserade storsjukhus. Konstens inträde i vårdmiljön skedde under 1930-talet
i samband med funktionalismens genombrott och fick ett bredare genomslag
efter 1960-talet.[6] Då fanns en tydlig politisk vilja att konst och kultur skulle
komma medborgarna till del, vilket även satte sin prägel på sjukvården.

Syftet med konsten i vårdmiljön är enligt Rapp att "den ska vara till glädje för alla",
det vill säga de tre grupperna patienterna, anhöriga och anställda.[7] Det är inte
oväsentligt för valet av konst att sjukvården också skall vara kostnadseffektiv.[8]
Rapp menar att det är kombinationen av empiriska studier, beprövad erfaren-
het och även oskrivna regler som berättar eller avgör vilken konst som anses

---

6   Birgitta Rapp, *Konst på sjukhus: till glädje för alla* (Stockholm: Raster förlag, 1993), s. 10.

7   Rapp, *Konst på sjukhus*, op.cit., s. 197.

8   Birgitta Rapp, *Kultur i vården, visavi vården som kultur. Ett livsviktigt forskningsprogram med
     en tvärvetenskaplig syn på hälsa och livsvillkor i omvårdnad och åldrande*, slutrapport (Stock-
     holm: Stockholms läns museum, 1999), s. 36.

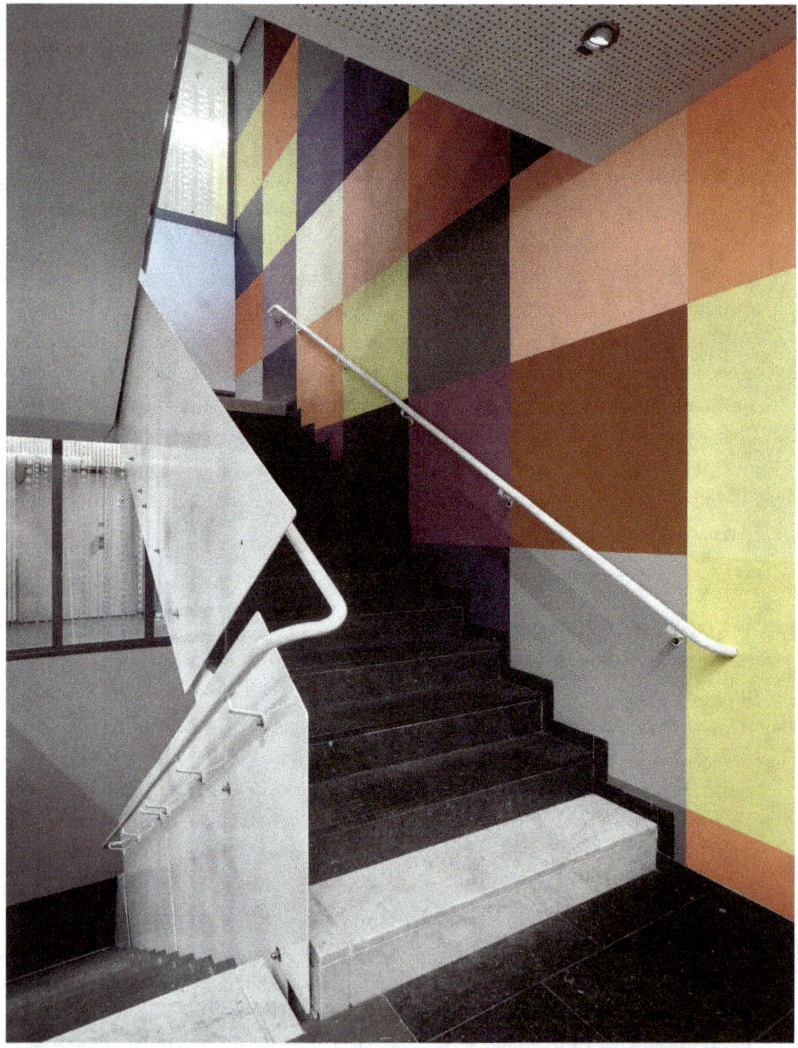

På Skandionkliniken bjöds konsten in att intervenera i arkitekternas vision om naturmaterial och ljusgenomsläpp. Konstnären Filippa Arrias färgsättning med djärva färger i en vårdmiljö inspirerades av ett studiebesök i Danmark.
Filippa Arrias, Skandionkliniken, 2014,
Foto: Pär Fredin © Filippa Arrias Filippa Arrias / Bildupphovsrätt 2021

vara lämplig i en offentlig vårdmiljö. Hon sammanställer i följande tabell några kriterier för valet av vad hon kallar "konstnärlig utsmyckning" i vårdmiljö:[9]

Lämplig konst	Olämplig konst
Bra innehåll	Olämpligt innehåll
Bra material	Olämpligt material
Lättuppfattad konst	Svårtydd konst
Lugn konst	Konst med virvlar, oro i
Konst som lugnar, stimulerar glädje	Konst som stör en trött, sjuk människa
Kvalitetskonst	Dålig konst/skräckkonst
Konst som uttryck för stabila stilriktningar	Konst som uttryck för tillfälliga trender

Det är påfallande att Rapp inte beaktar att konst är en form av produktion, något som görs och framställs genom olika slags konstnärliga processer. I stället är det urvalet av konst som står i centrum, vilket återspeglar hennes mer traditionella synsätt på offentlig konst som utsmyckning. Rapp är därmed även förespråkare för Artotek där patienten får låna sin egen utsmyckning. Eftersom vården enligt henne bör vara individuell bör också konst i dessa miljöer vara flexibel och individanpassad.[10] Det som tycks göra konsten "lämplig" är att innehållet och materialet är "bra", utan närmare specifikation. Vidare föredrar Rapp konst som inte utmanar patienter, anhöriga och personal betraktaren, utan lugnar och skapar glädje. Det tycks vara ett förhållandevis beskedligt utsnitt av traditionell, figurativ konst som utgör normen för den konstnärliga gestaltningen, medan de mesta av samtidskonsten faller bort.

När det gäller effekterna av vårdmiljön för människors tillfrisknande hänvisar Rapp till miljöpsykologen Roger Ulrich som haft stort inflytande i de internationella diskussionerna kring hur utformningen av vårdmiljöer påverkar hälsan.[11] Ulrich vänder sig mot uppfattningen att all konst skulle vara passande:

> It may be unreasonable to expect all art to be suitable for high-stress healthcare spaces, because art varies enormously in subject matter and style, and much art is emotionally challenging or provocative. [...] Interviews with patients suggested strongly negative reactions to artworks that were ambiguous, surreal, or could be interpreted in multiple ways. The same patients,

9   Rapp, *Konst på sjukhus*, op.cit., s. 213.
10 Ibid., s. 223.
11 Ibid., s. 206.

> however, reported having positive feelings and associations
> with respect to nature artwork.[12]

Slutsatsen som han drar utifrån detta evidensbaserade och instrumentella perspektiv är att naturkonst är mest lämplig i sjukhusmiljöer. Naturkonsten framstår i hans ögon som avbildande och harmonisk, vilket bidrar med positiva upplevelser och mätbara effekter såsom sänkta stressnivåer hos patienterna.

Sedan Rapps redogörelse har sjukvårdssystemen i väst omdanats från grunden i och med 1990-talets marknadisering, fragmentering och införandet av New Public Management som styrform.13 Under denna period har sjukvården gått i riktning mot en ökad resultat- och målstyrning, mätbarhet och kundorientering.9 Etnografen Annemarie Mol urskiljer en allt starkare konflikt mellan vad hon kallar en abstrakt, ekonomiskt motiverad valfrihetslogik och vårdprofessionernas konkreta omsorgslogik, grundad på praxis och tradition.14 Samtidigt understryker hon att omsorg är ett mångfacetterat begrepp som "ger rikliga tillfällen till ambivalens, oenighet, osäkerhet, missförstånd och konflikter".15 På grund av ansenliga ekonomiska intressen inom sjukvården har patienternas "kundnöjdhet" blivit vägledande i beslutsprocesserna. Enligt Mol står den ekonomiskt inriktade marknadsmodellen i vägen för andra perspektiv på god vårdomsorg.

Andrea Phillips framhåller att inom den nyliberala, individualistiskt grundade valfrihetsmodell som även har implementerats på sjukhus används begreppet omvårdnad som ett retoriskt verktyg som i praktiken innebär det motsatta. Detta glapp öppnar enligt henne kritiska vinklar på konstens roll i offentligheten, och manar till en fördjupad diskussion om omsorgens betydelse för samtidskonsten. Phillips uppmanar konstnärer att inte röra sig i det offentliga rummets marginaler, utan ge sig i kast med att återskapa "the spaces and times that constitute what is public".16 Här märks ett skifte som bjuder motstånd mot den traditionella synen på konstnärlig gestaltning av vårdmiljöer som en form av utsmyckning och där samtidskonsten anses ha en viktig roll att spela.

---

12 Roger S. Ulrich, et al. "A Review of the Research Literature on Evidence-based Healthcare Design", *Healthcare Leadership*. 1:3 (2008), s. 1–75.

13 Maria Blomgren, "The Drive for Transparency: Organizational Field Transformations in Swedish Health Care", *Public Administration*, 85:1 (2007), s. 67–82.

14 Annemarie Mol, *Omsorgens logik. Aktiva patienter och valfrihetens gränser*, övers. Sven-Erik Torhell (Lund: Arkiv förlag, 2011).

15 Mol *Omsorgens logik*, op.cit., s. 104.

16 Andrea Phillips, "Too Careful: Contemporary Art's Public Making", i *Actors, Agents and Attendants. Caring Culture: Art, Architecture and Public Health*, red. Andrea Phillips & Markus Miessen (Berlin: Sternberg Press, 2011) s. 56.

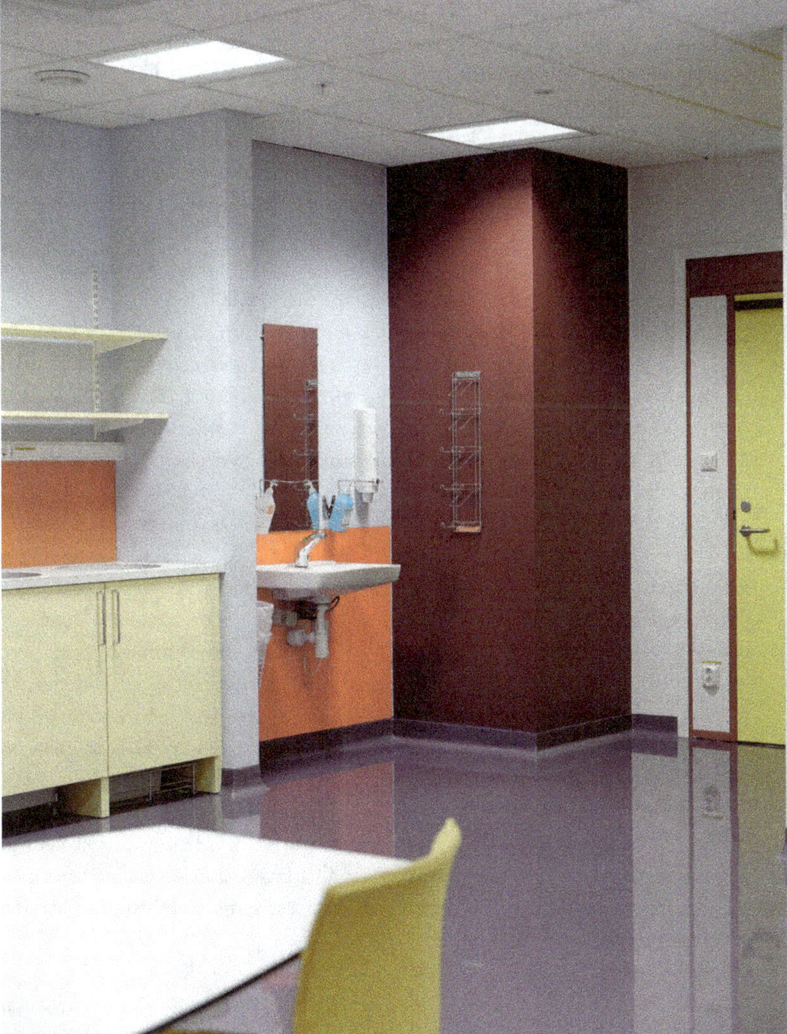

Den oxblodsröda färgens lämplighet i vårdmiljö återkom i diskussionerna inom projektgruppen och i mötet med brukarna. Färgen förekommer på väggar och i detaljer.
Filippa Arrias, Skandionkliniken, 2014,
Foto: Pär Fredin © Filippa Arrias Filippa Arrias / Bildupphovsrätt 2021

Skandionkliniken – en fallbeskrivning

Tillkomsten av Skandionkliniken ger vid handen ett unikt och avancerat samarbetsprojekt inom svensk sjukvård. År 2006 gick sju regioner (dåvarande landsting) samman och skapade Kommunalförbundet Avancerad Strålbehandling (KAS): Landstinget i Uppsala län, Landstinget i Östergötland, Region Skåne, Stockholms läns landsting, Västerbottens läns landsting, Västra Götalandsregionen och Örebro läns landsting. Dessa regioner är kända för sina universitetssjukhus, vilket ska signalera den främsta vården i sitt slag. Skandionkliniken som helhet skulle präglas av både beprövad erfarenhet och nytänkande inom teknologi, vårdformer och utförande.

Med Skandionkliniken skulle som sagt en mer skonsam cancervård i form av protonbestrålning erbjudas till patienter från olika delar av Sverige.[17] Under sjukhusvistelsen kunde de och anhöriga bo på Hotell von Kraemer, som också planerats i byggnaden. I närheten öppnade år 2013 ett fristående så kallat Ronald McDonald-hus där sjuka barn kan bo tillsammans med sin familj. Planen var att landets alla barn med behov skulle få protonstrålbehandling. Skandionkliniken var alltså en nationell angelägenhet när det gäller barn och unga med cancer.

Byggnadens utformning utarbetades av LINK Arkitektur AB och skulle enligt deras vision inte vara en miljö som upplevs som ett sjukhus. Kliniken är genomgående byggd av naturmaterial och fasaden är perforerad i ett mönster. Där finns också en liten gård, som vetter mot väntrum och uppvakningsavdelningen. Vissa delar av kliniken har en lägre grad av hygienklassning än vad som är vanligt på sjukhus. Den arkitektoniska utformningen har med andra ord en intention att visa hänsyn till brukarnas behov. Den ansvariga arkitekten bakom förslaget, Roger Larsson, betonade vikten av att som arkitekt leva sig in i hur det är att vistas på kliniken som patient, anhörig eller personal. Larsson betonade i sammanhanget vikten av det symboliska värdet. Det är direkt synligt genom byggnadens placering i staden, ett fint läge nära slottet. Utmaningen enligt Larsson var hur man får byggnaden att också symboliskt uttrycka att den förvaltar omsorg om brukarna.

Skandionkliniken var visserligen finansierat av offentliga medel och statliga Akademiska hus är fastighetsägare, men kliniken var inte ett statligt projekt och föll därför utanför ramen för konstrådets satsningar. Inte heller tillämpades enprocentsregeln vid byggnationen, vilket gav förhållandevis små ekonomiska ramar för konstinvesteringarna. Det fanns från början en förhoppning att

---

17 Protonbestrålning är förvisso ingen ny företeelse – en experimentanläggning har funnits i Uppsala sedan slutet av 1950-talet – men en särskild anläggning för klinisk behandling hade hitintills saknats i Norden.

konstbudgeten skulle kunna utökas efterhand, bland annat med externa medel, men så blev inte fallet. I det perspektivet är det noterbart att Skandionkliniken ändå rymmer stora och genomgripande inslag av konst. Utöver Filippa Arrias konstnärliga färgsättning finns utanför byggnaden ljudkonstverket *freq_out 1.2 ∞ (skandion)* av konstnären Carl-Michael von Hausswolff och som är framtaget med 17 medverkande konstnärer och musiker.[18] Intill entrén finns en skulptur-park planerad i samarbete med landskapsarkitekten Helena Jeppson och som rymmer skulpturen *Mor och barn* (1918) av Anna Petrus samt verk av tre nutida konstnärer: bronsskulpturen *Winners* (2014) av Veronica Brovall, ljuskonst-verket *The Radiant Globe* (2014) av David Svensson och skulpturen *Lebenslauf* (2014) av Carl Boutard.

Den konstnärliga gestaltningsprocessen

I fallet Skandionkliniken kom den konstnärliga utsmyckningen inte sist i processen, utan allra först. Det fanns redan från start en privat donation i form av upplå-tande av rätten till att uppföra skulpturen *Mor och barn* efter en gipsförlaga av konstnären Anna Petrus (1886 – 1949). Donationen kom från den förste För-bundsdirektören i KAS och som själv var son till konstnären. Detta tyder på ett ovanligt personligt engagemang i frågan om konsten på kliniken. Skulpturens placering vid entrén på Skandionkliniken får ännu en innebörd eftersom landets barn och unga som insjuknar i cancer kan komma i fråga för behandling.-

Drivande i konstprojektet på Skandionkliniken var dels Kommunalförbundet Avancerad Strålbehandling (KAS) genom dess Förbundsdirektör, både nuva-rande och före detta, dels Akademiska hus AB Region Uppsala genom projektle-daren för Skandionkliniken samt en konstkonsult. Här föll valet på frilansande Lotta Mossum, som även var projektledare på Statens Konstråd. Mossum har en magisterexamen i Fri Konst (1998) samt en ettårig påbyggnadsutbildning i Arkitektur (2006), båda på Kungliga Konsthögskolan. Mossum har gedigen erfarenhet av processorienterade och nära samarbeten med de konstnärer, arkitekter och brukare som ingår i projekten och hon har även arbetat med nya grepp om konst i en vårdmiljö inom psykiatrin. I sin tjänst på Konstrådet hade Mossum tidigare varit projektledare för byggnadsanknutna konstgestaltningar samt sammanställt konstkollektioner för statliga myndigheter. Som curator finner Mossum stöd i den psykoanalytiska modellen av en *intervention*, där hon

---

18 Medverkande konstnärer är Maia Urstad, JG Thirlwell, Anna Ceeh/Framz Pomassl, The Sons of God (Kent Tankred & Leif Elggren), Mike Harding, Christine Ödlund, Tommi Grön-lund & Petteri Nisunen, BJ Nilsen, Brandon LaBelle, Jacob Kirkegaard, PerMagnus Lind-borg, Finnbogi Petursson och Jana Winderen. Se även http://freq-out.org/infinity/

har velat översätta hur en psykoanalytiker med sitt utifrånperspektiv använder repliker, som kan förändra invanda föreställningar och tankevärldar.[19]

I arbetet med Skandionkliniken närde Mossum och projektstyrgruppen den gemensamma visionen att konsten skulle fungera som en dialogbaserad intervention snarare än en fristående utsmyckning. De ansåg att konsten behövde organiseras och gestaltas på ett sätt som utmanade en mer traditionell förståelse av konst inom vården. Enligt de tidiga planerna skulle Skandionklinikens konstsatsning prägla klinikens entré, sällskapsrum, terapirum, kontor, väntrum och hotell. Byggnadens utformning skulle alltså genomsyras av konstnärlig gestaltning, vilket förväntades skapa positiva effekter både för brukare och vårdpersonal. Denna inriktning gick i linje med det etiska ställningstagandet kring en både konstnärlig och humanistisk verksamhet. Konsten kom framförallt att planeras i anslutning till behandlingsrummen för att kunna samspela med vårdformerna. Härigenom ville man möjliggöra nya arbetssätt för personalen, till exempel genom att kombinera deras cancervård med konstnärliga inslag. Detta förväntades gagna personalen vars kompetens på så vis utvecklades i dialog med konsten. Dessutom skapade denna omfattande satsning på konst i vårdmiljö förutsättningar för att även arrangera visningar för allmänheten. Sammantaget exemplifierar projektet en hög grad av tilltro på konstens organiserande kraft och delaktighet i vården av barn och unga.

Under år 2012 etablerades en öppen processgrupp kring projektet med konstnärerna, arkitekterna, inredarna, representanter för brukarna och övriga intressenter som samlades kring inbjuden gästexpertis på ett särskilt konstnärligt tema. Träffarna utgick från teman som färg, färg/ljus, transit (det vill säga passager såsom entré och väntrum) och ljud. I sin egenskap av projektledare svarade Lotta Mossum, tillsammans med mig i rollen som projektforskare, för upplägget, urval av vetenskapliga och konstnärliga texter, dokumentering och sammanställning av materialet. Den övergripande tematiken ledde i sin tur till formande av fyra konstnärliga block. Till varje block beredde Mossum ett beslutsunderlag gällande de utvalda konstnärerna och forskarna och som presenterades för konststyrgruppen. Dessa block bildade stommen i projektets aktiviteter och bidrog till det slutgiltiga genomförandet.

Den konstnärliga gestaltningen av byggnaden tog sin början med Filippa Arrias genomgripande färgsättning av byggnaden som till stor del kommit att prägla den inre miljön. Arrias har en examen i från Kungliga Konsthögskolan där hon

---

19 Lotta Mossum, "När sömmen får vara synlig. Permanent konst som intervention i samhället", i *I det gemensamma. Konst, samhälle och komplexitet.* red. Lena From, Magdalena Malm, Anna Nyström & Anders Olofsson (Stockholm: Art & Theory, 2017), s. 122.

under arbetet med Skandionkliniken också var lektor. Vid sidan av sin konstnärliga verksamhet har hon även erfarenhet av scenografi. Huvudorsaken till att hon valdes för detta projekt bestod, enligt Mossum, i hennes "kunskap och erfarenhet av att arbeta konstnärligt med färg, bygga upp bildrum och stämningar".[20] Inredningsarkitekterna blev inkopplade först i ett senare skede, vilket ligger i linje med projektets ambition att låta konsten intervenera tidigt i processen.

Forskningsblocket som intervention

Inslaget av forskning är det som tydligast skiljer ut Skandionklinikens arbete med konst från gängse normer inom motsvarande byggprojekt. Genom etableringen av forskning som ytterligare ett block, forskningsblocket, bildades en plattform för utbyte och dialog mellan de olika parterna och intressenterna, samt en röd tråd som löpte mellan projektets olika delar.

Skandiongruppen åkte på studiebesök för att ta del av såväl vetenskapliga som konstnärliga rön kring konsten i vården. En delegation från projektet reste i början av 2012 till Umeå universitet för att ta del av en pågående forskningsstudie av designforskaren Tara Mullaney. Studien utgick från en evidensbaserad metod (EBM), som haft ett stort genomslag inom såväl vårdforskningen som i internationella studier av konst i vården. Det vanliga argumentet för att arbeta med metoden är att den förväntas säkerställa att konsten bidrar till mätbart lägre stressnivåer hos patienter.[21] Mer specifikt handlade Mullaneys studie om att mäta fysiologiska reaktioner på temporärt uppsatta fototapeter och takprojicerade naturbilder. Inom Skandiongruppen gav besöket i Umeå däremot upphov till ett antal kritiska reflektioner, bland annat att dylika bilder inte går att jämställas med konst, samt att den känslomässiga responsen på visuella intryck inte enkelt låter sig fångas av medicinska mätinstrument.

Därefter reste gruppen på Mossums initiativ till sjukhuset i Herlev utanför Köpenhamn där konstnären Poul Gernes på 1970-talet skapade en genomgripande färgsättning som både kan sägas utmana sinnena och samspela med vårdmiljön. Filippa Arrias var med på resan vilken blev ett slags förstudie till hennes gestaltningsuppdrag. Gruppen fick också möta en öppen motståndare till Gernes färgsättning inom läkarkåren och som hellre ville ha en traditionell vårdmiljö med vita väggar (utan konst) och grå golv. Kritiken kom i stället att stärka stödet för samtidskonsten i konststyrgruppen. Studieresorna lade grunden för

---

20   Lotta Mossum, konstprogram 2012.
21   Se till exempel Roger S. Ulrich, "How Design Impacts Wellness", *Healthcare Forum Journal*, 20 (1992), s. 20–25.

en samsyn i att de konstnärliga inslagen i en vårdmiljö inte bör reduceras till en instrumentell syn på medicinsk nytta.

Med etableringen av forskningsblocket och dess olika aktiviteter följde således en omorientering inom projektgruppen. Man började att tydligare ifrågasätta det strikt vetenskapliga paradigmet kring konstens mätbara effekter på patienter och i stället fundera kring vilken roll konsten kunde ha i relation till vården som sådan. Denna omorientering kom även att lyfta etiska frågor av vad som egentligen kännetecknar god omvårdnad. Det är i linje med Mols kritik av strikt evidensbaserade uppfattningar av omsorg där hon istället lyfter fram den goda omsorgens förmåga att verka som "intervention". [22]

Forskningsblocket inom Skandionprojektet kom sålunda att intervenera på två sätt: dels genom att ta plats i byggprojektets planering för den konstnärliga gestaltningen, dels genom att bidra med en omförhandling kring konstens roll och betydelse i sammanhanget kring god vård och omsorg.

En ytterligare konsekvens av de båda studieresorna var att projektgruppen beslöt att söka vidare efter relevanta forskningsstudier, som kunde belysa och vara till stöd för projektet genom att öppna kritiska perspektiv på gestaltning av vårdmiljöer. I rollen som följeforskare sammanställde jag inför varje träff ett kompendium med relevanta texter. I den fortsatta processen bjöds olika gästföreläsare in som experter, vilka i sint tur gav förslag på annan litteratur. I urvalet av texter eftersträvade jag en balans mellan konst, arkitektur och organisationsteori, och för detta läste projektgruppen vetenskapliga verk (till exempel tidskriftsartiklar, utdrag ur avhandlingar, etcetera), populärvetenskapliga artiklar, och texter av mer filosofisk karaktär. Kompendierna avsåg inte att skapa konsensus bland deltagarna, utan fungerade som inspiration till nya perspektiv och diskussionsämnen.

Konsten som intervention i byggprojektets gestaltning

Till en början var det inte klarlagt på vilken grund och till vilken nivå som konsten kunde komma in och påverka klinikens utformning. Det hade kunnat vara intressant att följa utvecklingen om konsten och arkitekturen hade planerats i samma initiala skede och huruvida detta hade påverkat dialogen mellan inblandade aktörer. Eftersom konstprogrammet skapades när byggprocessen var i gång tycktes konsten först söka existensberättigande och legitimitet inom de befintliga projektramarna. Till en början var det inte klarlagt på vilken grund och till vilken nivå som konsten kunde komma in och påverka klinikens

---

22 Mol, *Omsorgens logik*, op.cit., s. 113.

utformning. Samspelet mellan de olika intressenterna och framför allt med brukarna växte fram över tid. Efter forskningsblockets första färgmöte följde möten med ett antal verksamhetsrepresentanter (konstkonsulten, konstnären, arkitekterna och brukarrepresentanter). Som följeforskare var det intressant att se hur skilda uppfattningar framfördes, togs emot och sedan skulle komma att gjutas in i arbetet med att färdigställa den konstnärliga färgsättningen. Under det andra färgmötet utbrast konstnären: "Sedan gäller det att få godkänt från arkitekterna...". Det kan tolkas som att konstnären ville få ett estetiskt godkännande från arkitekterna för sin intervention, vilket formellt sett inte egentligen behövdes. Här anas ett slags osäkerhet kring vilka möjligheter och grad av integritet som konsten hade i förhållande till de olika intressenterna.[23]

Det övergripande projektet med att genomföra en dialogbaserad och interventionistisk konstnärlig utformning av Skandionkliniken, väckte olika intressen till liv vilket snarare än att ses som ett misslyckande är i linje med Mols nämnda definition av omsorgens praktik. På ett möte ställde KAS:s projekteringskonsult till exempel frågan om den konstnärliga gestaltningen avvek från LINK:s vinnande bidrag i arkitekttävlingen. Konsulten hänvisade bland annat till de utarbetade programhandlingarna och gestaltningsprogrammet. "Om det är det [skillnad], så måste jag förklara det [för direktionen på KAS]." Som jag tolkar detta väcktes frågan av ambitionen att integrera konsten med klinikens organisatoriska ramverk. Dess föreslagna påverkan på projektets uttryck behövdes dock kommuniceras till och rättfärdigas inför ledningen för att uppnå legitimitet. Arkitekten konstaterade sakligt vid mötet att de konstnärliga bidragen skulle innebära en skillnad gentemot den tidigare planen. Varpå projektets konstkonsult Mossum med eftertryck förklarade för KAS projekteringskonsult att det var just detta som var målet.

Konstprogrammet kom under processen att utvecklas genom de politiska omförhandlingarna i beslutsprocessen som uppstod genom skilda perspektiv utifrån de olika rollerna i projektet. Det rörde sig bort från de mer estetiskt orienterade aspekterna till att utveckla ett slags gemensam poetik (i Groys mening) där fokus sattes på själva produktionen av konsten: dess göranden och praktiska hänsyn. Detta blev särskilt tydligt i fråga om den konstnärliga färgsättningen.

Färg som intervention

I början av projektet stod konstnären Filippa Arrias inför ett viktigt val: "Vad är

---

det jag ska göra? Konst eller färgsättning?"[24] Frågan hade inget på förhand givet svar, utan kom att drivas fram i ett slags spänningsfält mellan de två alternativen. För Arrias handlade färgsättning mer om att svara upp till arkitekternas visioner, medan färgens roll i konsten snarare bestod i skapandet av andra slags stämningar och känslolägen. Studiebesöket på sjukhuset i Herlev kom att göra stort intryck på Arrias då hon på denna plats ansåg sig ha funnit effektiva strategier för att kombinera konst och arkitektur.

Tillsammans med sin assistent, konstnären Malin Holmberg, formulerade hon ett konstprogram för färgarbetet:

> Vi vill arbeta med färg på ett sätt som skall stimulera upplevelsen av att vara närvarande och känna sig omhändertagen. Ett medvetet färgval med en konstnärlig gestaltning innebär att valen måste passera känslan och tanken; valets komplicerade process.[25]

Detta ger uttryck för en syn där färgvalet syftar till att stärka den kroppsliga närvaron och känslan av att befinna sig i en trygg vårdmiljö. Det beskrivs involvera både emotionella och kognitiva sidor. Dessutom behövde hon som konstnär lära sig att navigera i en komplex miljö som innefattade personal, patienter och anhöriga. Efter att ha prövat sig fram tillsammans med Holmberg, landade Arrias i en konstnärlig gestaltning som gick i varma färger som gult, violett, grått och olika nyanser av rött.[26]

På ett sjukhus är färgvalet viktigt då det anses ha konsekvenser för patienternas välmående. I det perspektivet är det intressant att det grekiska ordet *pharmakon* betyder både medikament/ läkemedel och färg.[27] Filippa Arrias färgförslag till Skandionkliniken presenterades under ett möte där den inbjudna gästföreläsaren, färgforskaren Ulf Klarén, deltog i rollen som expert. Han konstaterade att det var "väldigt modigt att klämma i med färger så här". Vidare undrade han var "pauserna" fanns någonstans, det vill säga var man kunde vila ögonen. Inredningsarkitekten föreslog då att Arrias skulle anlägga ett än tydligare brukarperspektiv på färgsättningen varpå hon replikerade att man i stället skulle plocka in arkitekten och helst även en representant från uppdragsgivarna (Akademiska Hus) för att fortsätta diskussionen.

---

24 Arrias, 2012-06-19.
25 Mossums mötesanteckningar (brukartema), 2012-09-20
26 Arrias, Konstprogram, 2012-09-20.
27 Jacques Derrida, *Colour: Documents of Contemporary Art*, red. David Batchelor (London: Whitechapel, Boston: MIT Press 2008).

Det framkom även här att Arrias upplevde att grunden för färgsättningens accep-
tans och eventuella legitimitet låg hos arkitekterna. Brukarna själva var ännu
vid denna tid i projektet förhållandevis avlägsna. Med stöd av processen, bru-
kardeltagandet och lärandet över tid hoppades Arrias anpassa projektplanerna
efter synpunkter inom processgruppen och tydligt inkorporera brukarperspek-
tivet. Detta helst utan att göra avkall på sin konstnärliga integritet till förmån
för vad hon förstod som en begränsad syn på konstens funktion i vårdmiljön.

Brukarrepresentanternas perspektiv och erfarenheter

Konsten uppmärksammas inte alltid av patienterna i vårdmiljön, menar Birgit H. Ras-
mussen, som är professor i vårdvetenskap vid Umeå universitet och sjuksköterska i
botten.[28] Närvaron av god konst i vårdmiljön behöver enligt Rasmussen inte alltid
vara direkt synlig för patienten, utan kan märkas i uppskattningen av en fin och
vårdande atmosfär. Patienterna känner dock tydligt av och reagerar när konsten
saknas eller har gått förlorad. Som exempel nämner Rasmussen en patient som
dagligen såg en och samma tomma tavelkrok på en vägg; till slut ville patienten
inte vara kvar på avdelningen. Samtidigt finns ingen garanti att närvaron av konst
i sig skapar en god vårdmiljö. Det finns många exempel på sjukhuskorridorer som
upplevs vara ödsliga och olustiga, trots att det hänger tavlor på väggarna.

Rent dekorativ konst fungerar enligt de erfarenheter vårdpersonalen i berednings-
gruppen gjort tidigare inte vidare bra i en sjukhusmiljö. När det "vackra" på väg-
garna inte harmonierar med omgivningen och den omgivande stämningen blir
det en kontrastverkan som enligt dem inte fungerar. Vid ett möte i samband
med ljudblocket berättar personalen att det tidigare gjorts försök med naturbil-
der och naturljud inom cancervården, bland annat genom en miljö med växter
och vatten. De menar dock att detta försök att göra en trivsam naturmiljö gick
om intet då maskinerna lät för mycket och tog över sinnesintrycken.[29]

I våra samtal visade sig att vårdpersonalen ofta associerade konsten som finns
inom vårdmiljön med sjukdomen på ett symboliskt och metaforiskt plan, till
exempel "gå ner i graven". Det är ingen vidare bra konst, tycker vårdpersonalen,
eftersom konsten förknippas med lidande och död, det vill säga vårdinsatsernas
yttersta misslyckande.[30] Av detta kan man utläsa att det krävs en konstnärlig
gestaltning som varken förskönar eller uttrycker medlidande med patienterna.

---

28 Se även David Edvardsson, *Atmosphere in Care Settings. Towards a Broader Understanding of
    the Phenomenon*, doktorsavhandling (Umeå: Umeå University, 2005).
29 Ljudblocket, processmöte, 2012-11-09.
30 Birgit Rasmussen, processmöte, 2012-11-09.

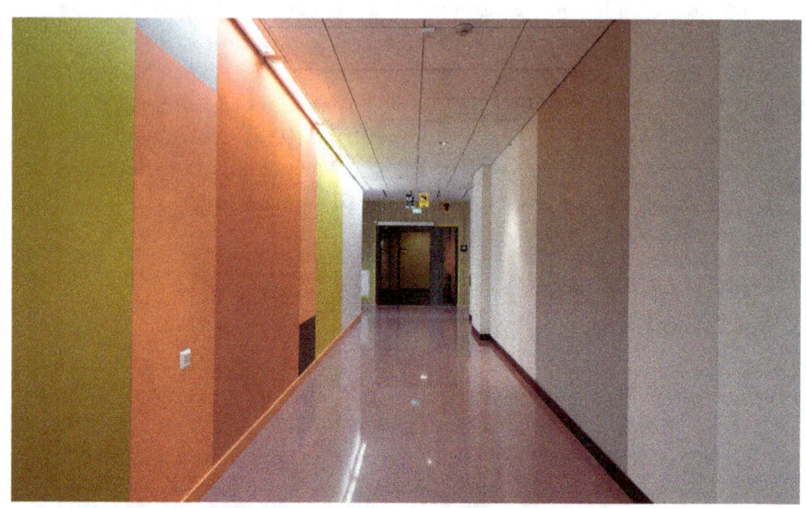

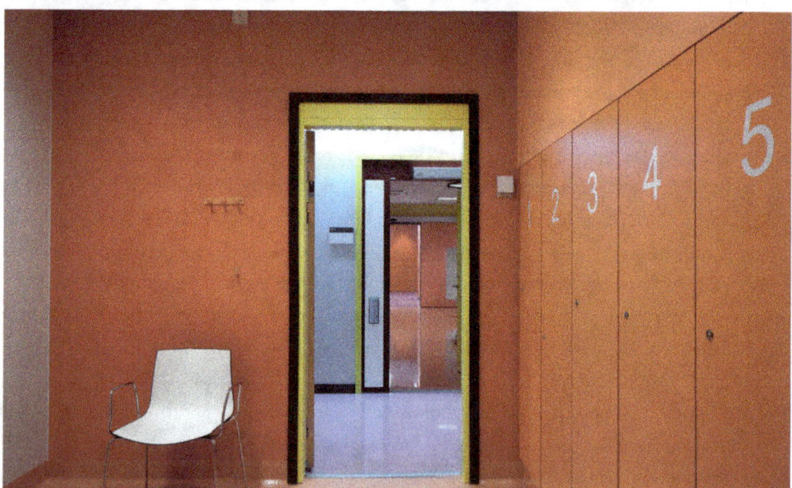

Konsten och färgerna skapar orientering i vårdmiljön. På bilden nedan visar det röda stråket vägen till behandlingsrummen. Golvfärgerna i rosa och violett palett utvecklades specifikt för kliniken.
Filippa Arrias, Skandionkliniken, 2014,
Foto: Pär Fredin © Filippa Arrias Filippa Arrias / Bildupphovsrätt 2021

Personalrepresentanterna delger också sin bild av utvecklingen de senaste fem åren där de anser att den tidigare normgivande företeelsen om konsten för konstens skull har minskat i inflytande. Istället har fokus hamnat på teknik och digitalisering. De lyfter till exempel fram tester med dioder och takprojiceringar där hela taket förvandlas till en föränderlig film. Patienterna är dock inte så intresserade av detta i praktiken och experimenten med teknik går inte hem hos dem, konstaterar personalrepresentanterna. Om detta stämmer kanske det beror på att patienterna inte har erbjudits något annat? Det behövs möjligen ett nytt förhållningssätt kring konst i vården.

När det gäller brukarperspektivet fanns inom projektgruppen klara etiska betänkligheter kring frågan att involvera cancersjuka barn och unga i studien i rollen som tänkta brukare. Samtidigt ville man väva in deras avgörande erfarenheter i det fortsatta arbetet. Som lösning på detta dilemma valde vi inom forskningsblocket därför att vrida fokus mot anhörigas perspektiv. Det är i linje med en generell tendens inom konst i vårdmiljöer där anhöriga de senaste decennierna även har fått en starkare ställning i lagstiftningen.

Projektgruppen tog via mig som följeforskare kontakt med en förälder i en trebarnsfamilj med ett svårt cancersjukt barn, som vid denna tid var i tioårsåldern. Kvinnan (här även benämnd som VS) kom att företräda sin son i frågorna om vårdmiljön. Med hennes bakgrund som ingenjör och konstskoleelev i sin ungdom hade hon en från vårt perspektiv gynnsam inblick både på det tekniska och konstnärliga området. I fråga om konstens roll inom vården svarade hon utifrån familjens tidigare erfarenheter: "Spännande projekt. Konsten på sjukhuset kommenteras mycket. Barnen reagerar och den är läskig och inte barnanpassad."

Eftersom konsten inom tidigare vårdmiljöer har gjort så negativt intryck på hennes barn har hon ställt en mängd frågor till både sjuksköterskor och lekterapeuter som förklarat att det är särskilda konstråd som ansvarar för konsten och att sjukhuspersonalen inte har fått vara med och påverka urvalet. Denna erfarenhet visade på betydelsen av satsningen på en öppen processgrupp med representanter av brukare och anhöriga inför den konstnärliga gestaltningen av Skandionkliniken, där den konstnärliga satsningen även sker i dialog med personalen

Från naturbilder till struktur, rytm och rörelse

Kvinnan med den cancersjuka sonen bekräftar till en början den gängse bilden att naturavbildande konst upplevs som vilsam i vårdmiljön. Hon berättar att hon under hennes barns sjukdomstid ofta tappade tidsbegreppet och därför tyckte det var skönt att titta ut genom fönstret och följa årstidernas rytm. Efter en stunds samtal instämmer hon i Klaréns analys av att det huvudsakligen är de strukturella elementen av naturens färger och ljusspel som tilltalar vår mänskliga varseblivningsförmåga. Hon nämner samtidigt att utsikten över motorvägen vid Astrid Lindgrens barnsjukhus för henne var minst lika vilsam att betrakta som naturen. Genom mina samtal med denna anhöriga fick jag syn på att lugn och vilsamhet inte nödvändigtvis uppstår ur naturen eller harmoniska färger, utan även kan framträda i betraktandet av motorvägens rytm och rörelse. Detta exempel belyser hur samtal med anhöriga kan öppna för en omtolkning av vilken konst som anses vara passande för vårdmiljöer, vilket i detta fall utmanar rådande normer.

Under samtalet berättar kvinnan att hon som förälder ibland anser att konsten som visas på sjukhus är olämplig och att hon, och även andra föräldrar, vissa gånger döljer den för sina barn. Inte för att den varit alltför svårtydd, vilket Rapp hävdade i sin klassiska historik om sjukhuskonst, utan snarare tvärtom. Kvinnan menar att hon upplever konsten på Astrid Lindgrens barnsjukhus som sluten där någon "tänkt ut och tolkat" vad brukarna ska känna och tänka. I flera fall handlar det om att konsten vänder sig till barnen på ett sätt som anses vara "tillrättalagd". Utifrån resonemanget väckte Mossum frågan ifall dylik konst i vårdmiljö upplevs mer som en symbol för omsorg, snarare än uttryck för en genuin omsorg. Det går i linje med kvinnans åsikter som utgick från att den konst som fungerar bra är den "som inte berättar en exakt historia", utan genom att vara öppen för tolkning och skapa utrymme att upptäcka saker efterhand: "Det är vad barnen behöver! [...] Mer lekfullt och abstrakt! Låt oss själva tolka", som hon säger.[31]

Konstens intervention mot symboliska ordningar

Under hösten 2012 samlades projektgruppen och personalrepresentanter till avstämningsmöten i Arrias ateljé presentera den konstnärliga utformningen för brukarna. Den anhöriga kvinnan som nämnts ovan deltar i mötet och hennes respons nedtecknas av konstkonsulten. Efter att ha tagit del av förslaget beskriver kvinnan hur hon uppfattar att de olika färgerna har antagit karaktären av "vägvisare" som hjälper henne som brukare att navigera i miljön. Färgsättningen är därmed ingen statisk kuliss, utan fyller en praktisk funktion:

---

31 Processmöte, 2012-09-28.

Färgen får spegla att det händer saker, förändrad upplevelse i och med att man rör sig. [...] väldigt positiv till spelet mellan det opaka och transparanta i horisonterna, korridor mellan CT rum och gantry. Här finns det plötsligt själ. En drömmande känsla, lite spa-känsla. Låter betraktaren ha en egen och öppen tolkning. Positivt att man här får se spåret av en mänsklig handling, handskrift. [...] Om det är genomtänkt så ger det en känsla av omsorg. Det är skillnaden mot att komma till en standardiserad plats. Det känns att man har ansträngt sig, lagt tid.

Däremot var kvinnan tveksam till en färg som Arrias kallade "vinröd eller oxblodsröd[55], men som kom att byta namn under projektets gång:

> [Kvinnan] ställer sig frågande till den faluröda färgen i korridoren. Korridorer är svåra per automatik, jättelånga och smala. [Kvinnan] *rädd för att den röda färgen kan uppfattas symboliskt, att det mörkröda associerar till blod.* [Hon] tycker att man skall akta sig för att färgen på golven gör korridoren ännu längre.

Genom associationen till blod framkom färgens symboliska och affektiva kvaliteter, som ansågs stötande då de ansågs föda oroväckande tankar. Kvinnans synpunkt fördes till protokollet, men ingen respons från de andra brukarna noterades. Vid ett annat tillfälle ställde Arrias ett par frågor till verksamhetsrepresentanterna angående den röda färgen. Hon frågade bland annat om de ansåg att den var för mörk, samt om denna färgsättning kunde anses problematiskt genom att skapa negativa associationer.[32] De tillfrågade ansåg att kulören visserligen kunde betraktas som alltför mörk, men framhöll samtidigt att detta var svårt att avgöra detta utan att se den på plats. På den andra frågan var gruppen inte lika tveksam. Inredningsarkitekten visade sig tvärtom vara gynnsamt inställd till den vinröda golvfärgen som han menade stämde väl överens med konstnärens vision om röda, glansiga golv. Personalrepresentanterna som var på plats under mötet, avdelningschefen och sjuksköterskan, bedömde inte heller att det var någon fara. Det framhölls även av projekteringsledaren, konsulten till KAS, att eftersom den mörkt röda färgen är väl beprövad i offentliga rum.[33] Intressenterna i gruppen kunde därmed med gemensamma krafter bringa reda i färgsättningens relation till såväl den symboliska upplevelsen av sjukvårdsmil-

---

32 Processmöte, 2012-10-05.
33 Mossum, anteckningar, 2012-08-24.

jön som till institutionella förhållanden i byggsammanhang. På detta sätt togs anhörigperspektivet på stort allvar, men kom senare att åsidosättas i mötet med andra intressentperspektiv. Konstnärens ursprungliga idé fick då ett uttalat stöd och den konstnärliga processen en djupare förankring i byggprojektet. Särskilt arkitekterna på LINK kom att vara till konkret hjälp och stöttning för Arrias och konsten i processens olika faser.

I samband med det konkreta genomförandet märks den oxblodsröda färgen främst på dörrar och i detaljer. Arrias blev till sist tvungen att ändra kulör på golven. Det fanns enbart ett antal standardfärger att välja mellan i det material som krävdes, rent tekniskt kunde man inte åstadkomma fullkulörta golv såsom den röda färgen. Lösningen blev att Arrias tillsammans med golvproducenten utvecklade en sammansättning med pigment som färgmässigt drar så långt möjligt från grått mot nyanserna rosa och violett. Kostnaderna för materialproverna hamnade mellan stolarna, men arkitekterna tog på sig dem för att projektet skulle komma vidare. Arrias behövde då ändra den övriga färgsättningen på nytt. I slutskedet kom det in en ny brukarrepresentant, som vände sig mot de mörkare färginslagen med hänvisning till att de skulle upplevas mörkt och hotfullt för dem som vistas där. Arrias anpassade sig efter brukarkritiken eftersom den uppfattades som relevant. I efterhand kan Arrias konstatera att det trots allt saknas ett register i färgsättningen som helhet.

I processer där dialoger med medborgare och brukare ingår, har arkitekturteoretikern Sofia Wiberg betonat betydelsen av lyssnandets praktik. Hon menar att det goda lyssnandet paradoxalt nog både kan sägas vara aktivt och passivt. Filosofen Jonna Bornemark är inne på samma spår i vad hon kallar *paktivt lyssnande*, som enligt hennes definition omfattar både finkänslighet och omdöme.[34]

Ett särskilt område där gestaltningsprocessen efter hand anpassades till brukarna gällde hänsynen till barnen. En miljö där konsten genomgick olika faser av förhandlingar var nedsövnings- och anestesirummet. Arrias beskriver denna process så här: "detta rum uppfattade vi till en början som introvert och lugnande, men efter att ha uppmärksammats på att det framförallt är barn som kommer att passera, har vi valt en bjärtare och 'gladare' färgskala".[35] Vid avstämningsbesöket kunde dock brukarrepresentanterna berätta att barnen i detta rum befinner sig i en särskild ömtålig situation som krävde ytterligare eftertanke:

> Ofta har barnet fått lugnande i sig innan de skall sövas och man
> är mån om att omgivningen i rummet har en dämpande effekt

---

34 Jonna Bornemark, *Horisonten finns alltid kvar*, (Stockholm: Volante, 2020), s. 76–77.
35 Arrias, 2012-09-20.

istället för tvärtom. De flesta barn är känsliga för intryck i den
här situationen. Det är till exempel bra att det finns akustik-
plattor i taket som dämpar ljud.[36]

Arrias tog till sig synpunkten och föreslog att hon skulle skapa en mjukare färgsätt-
ning för detta rum och istället göra smådetaljer i starka färger som barnen kunde
fästa blicken på under nedsövningen. Även rummen för datortomografi (de så
kallade CT-rummen) skulle få en mer begränsad, men genomtänkt färgskala
i form av ett slags "färgackord" som förväntades motverka fragmentering och
stärka känslan av sammanhang. På dessa sätt försökte Arrias även införliva den
tidigare nämnda kritiken att det saknades "pauser" i hennes konstnärliga färg-
sättning av vårdmiljön. Genom vad jag med Bornemark kallar paktivt lyssnande
förmådde hon att anpassa sig efter patienternas tillstånd i specifika rum utan
att kompromissa med sin konstnärliga integritet.

Det inslag i konstprogrammet som särskilt uppskattades av personalrepresentan-
terna var framför allt det konkreta utförandet.[37]

> Vissa delar målas av yrkesmålare och andra målas tunt (lase-
> ringsteknik) på för hand ovanpå av Filippa för att skapa ett
> ljusskimmer och en horisontassociation. Detta blir uttryck
> för det lilla extra. Som en handskrift, ett spår av en mänsklig
> hand.[38]

Genom att konstnären också lägger en mänsklig hand vid färgsättningen får
begreppet "omhändertagen" ett konkret konstnärligt uttryck.

Avslutning

Fallet Skandionkliniken och dess konstnärliga gestaltning kan läsas som ett exem-
pel på hur konsten bereds plats i offentligheten genom en lång rad beslut och
omförhandlingar. Men även hur diverse aktörer söker rättfärdiga konstens
förmåga att bidra till gestaltningar av vårdmiljöer och inte endast fungera
som en utsmyckning skapad i efterhand. I detta sammanhang framstår konst
på sjukhus som ett både angeläget och omstritt fenomen. Min artikeln visar
exempel på hur konstens närvaro kan bidra till en mer human miljö och delta

---

36 Mossum, anteckningar, 2012-10-05.
37 Ibid.
38 Ibid.

som en aktiv och lyssnande part i skapandet av omsorgenskultur. Samtidigt har jag kritiskt belyst ett instrumentellt synsätt på konsten i vårdmiljön, som kan sägas spegla den genomgripande kommersialiseringen av de västerländska vårdsystemen som under de senaste decennierna har gått i riktning mot en marknadsmodell med krav på resultatstyrning, strikt mätbar evidens och garanterad kundnöjdhet. I denna kontext uppstår en segsliten dragkamp kring frågan om vilken konst som anses vara lämplig eller inte. Det gängse perspektivet utgår från en synnerligen snäv konstsyn, medan min artikel framhåller behovet att värna samtidskonstens uttryck och konstnärens lyhörda integritet. Detta kan med Boris Groys beskrivas som ett skifte från en renodlat estetisk förståelse av konstens funktion i vården till en modell med fokus på konstens integritet, samt dess poetiska och organisatoriska agens.

Slutligen visar undersökningen av Skandionkliniken att det är av yttersta vikt i en vårdmiljö att konsten inte ger symboliska uttryck för ett påklistrat medlidande med brukarnas situation. När detta sker framstår konsten som ett slags tillrättalagd symbol för omsorg, snarare än god omsorg i praktiken. Väl genomförd samtidskonst kan dock bjuda motstånd mot såväl rent dekorativa som övertydliga inslag. Förutom att bidra till omsorgens praktiska dimension är det enligt min åsikt nödvändigt att man sätter tilltro till konstnärers förmåga att hantera mångtydighet och kontraster, samt visa andra världar och varanden för patienterna, deras anhöriga och vårdpersonalen.

Tillfälliga förbindelser och långtgående konvergenser.
Den offentliga konsten i kommunal regi
// Håkan Nilsson

Ars longa vita brevis

En sensommardag 2020 när jag passerar över Odenplan i Stockholm är dungen med lövträd borta. Istället finns där ett slags arrangemang med barrträd och höstblommor. Snart kommer även de att lämna plats för några granar som efter ett par månader i sin tur ersätts av nya (eller kanske samma?) lövträd. Samtidigt har en bit av en gata i närheten gjorts om till lekpark, men den skall också bort inom loppet av några månader. "Ser du möjligheterna?" frågar en skylt från Stockholms stad. Gör jag det? Jag ser i vart fall hur det temporära har blivit ett allt vanligare inslag i det offentliga rummet. Samtidigt, på Gustav Vasas skolas skolgård i samma område står ett par baracker som placerats där för att avhjälpa platsbristen i stadens skolor. De har stått där på tillfälliga bygglov sedan 2009. Vad är egentligen "tillfälligt" och vad kan det tänkas spela för roll för den offentliga konsten?

Skolbarackerna påminner om att det "tillfälliga" kan vara ett sätt att kringgå de regler som gäller för det permanenta. Denna aspekt av det temporära, som ett upphävande av det permanenta kan förstås med vad filosofen Giorgio Agamben kallat undantagstillståndet, där regelverk sätts åt sidan för att skydda det regelverket kom till för att skydda.[1] Men som sådant behöver det också en begränsning i tid. Vad gäller skolbarackerna hjälper Stadsbyggnadskontoret mig med en definition: tillfälliga tillstånd ges upp till fem år och max tre gånger, sedan anses de vara permanenta.[2]

Det är emellertid inte undantagstillståndet som kommunen vill signalera med sina tillfälliga lekparker och torgdekorationer utan flexibilitet och möjligheter. Varför skulle inte stadsrummet förändras med tid och demografi, behov och efterfrågan? När saken kommer till offentlig konst ställs frågan än mer på sin spets. Offentlig konst, som länge har förknippats med monument och/eller minnesmärken, går på kontrakurs med tanken på det flexibla. Här gäller om inte eviga, så i vart fall långvariga värden. Idag är det många som uppfattar

---

1   Giorgio Agamben, *Undantagstillståndet, övers. Sven-Olov Wallenstein* (Stockholm: Axl Books, 2009).

2   Mail från Stadsbyggnadsexpeditionen till författaren 2020-11-06.

denna inställning som mer eller mindre obsolet. Enligt denna kan traditionella offentliga konstverk inte (längre) göra anspråk på det eviga. Det handlar delvis om olika nivåer av aktualitet. Den permanenta konsten glöms gradvis bort. Den som står staty glöms bort. Konstnären glöms bort. Statyn, trots att den står där den står, glöms bort. Till sist gläder den bara duvorna. Men det handlar också om frågan om vad som skall minnas. Värden och värderingar förändras, platser och dess betydelse förändras, personer, händelser och styrelseskick förändras.[3] Inte ens den hårdaste brons kan ändra på det.

Ars longa, vita brevis: Konsten består, livet förgår. Vad gäller den offentliga konsten är Hippokrates sentens alltså inte längre så självklar. Den förändrade synen på evigheten är en av anledningarna till att den offentliga konsten de senaste decennierna har kommit att inta föränderliga och ibland kortvariga former. "Ingen staty på torget längre" har blivit ett mantra som förklarar förändringen.[4] Allt som är fast, förflyktigas. Istället blir torget just till en föränderlig plats, med tillfälliga inslag, som när konstnären Santiago Mostyn en höstdag 2016 tog plats på Möllevångstorget i Malmö, ackompanjerad av cello och violin, för att mödosamt memorera och slutligen kunna sjunga hela den svenska nationalsången.

I denna text kommer jag att diskutera hur man på kommunal nivå arbetar med temporära offentliga konstverk. Genom ett frågeformulär som skickats till de 20 största kommunerna i Sverige har jag försökt få en bild av hur mycket av den offentliga konsten på lokal nivå som faktiskt är temporär och hur de ansvariga för offentlig konst i kommunerna ser på detta, både vad gäller möjligheter och farhågor.[5] Av de 20 kommunerna responderade 19 (Gävle var i skrivande stund inne i en omstrukturering av hanteringen av offentlig konst och kunde därför inte delta). [6]

---

3   Den mest intensiva debatten om offentlig konst 2020 i Sverige var onekligen den som lyfte fram Carl Linnés egenskaper som grundläggare av rasbiologiska skillnader istället för den vetenskapsman under upplysningen som han ditintills hade fått representera.

4   Att "statyn på torget" skulle vara en stel rest från det förflutna är såklart ingen självklarhet, det visar om inte annat Anna Rådströms kapitel om Umeås "Metoo-puma" i denna volym.

5   Formuläret finns som appendix längst bak i denna text.

6   Jag är tacksam för att upptagna tjänstemän har tagit av sin dyrbara tid för att besvara mina frågor. Tack till Anja Boman, konstsekreterare, Umeå; Olof Ahlström, intendent för offentlig konst, Sundsvall; Anna-Karin Wulgué, konsthallschef, Örebro; Anna Ehn, chef offentlig konst, Uppsala; Anna Wignell, Intendent, Processledare ny offentlig konst, Västerås; Josefine Bolander, intendent offentlig konst, Eskilstuna; Stefan Hagdahl, chef Stockholm konst, Stockholm, Peter Bergman, intendent Fullersta gård, Huddinge; Fredrika Friberg, stadskreatör, Nacka; Joanna Sandell Wright, konsthallschef, Södertälje; Mattias Åkeson, Intendent offentlig konst, Norrköping; Camilla Lothigius, projektsamordnare offentlig konst, Linköping; Sarah Hansson, processledare offentlig konst, Göteborg; Joacim Eneroth, intendent offentlig konst och samling, Halmstad; Filip Zezovski Lind, konstintendent,

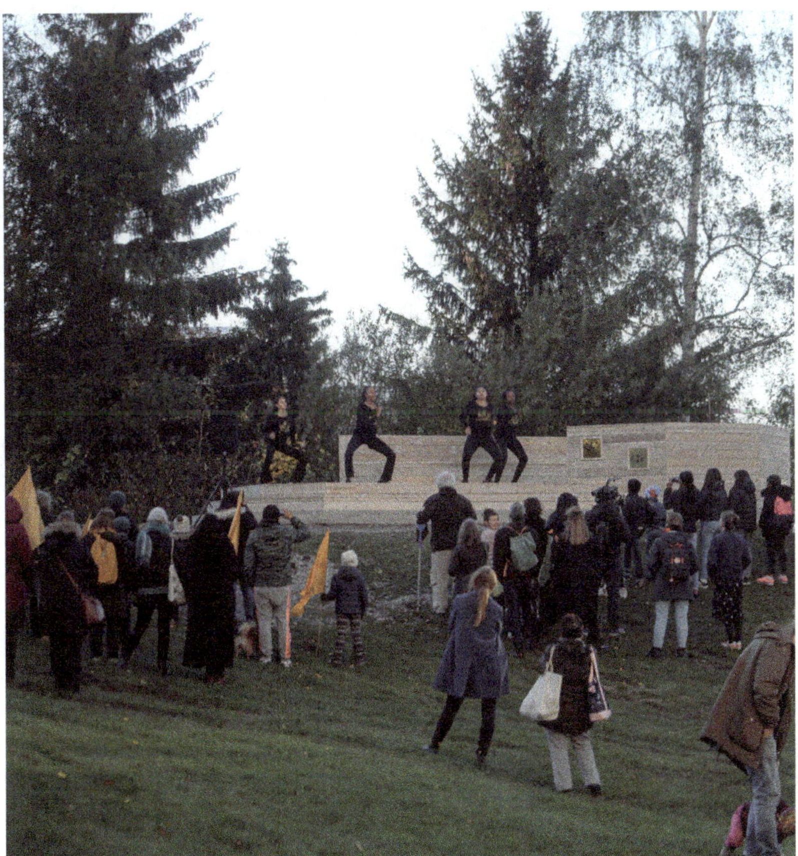

Öppen process. När Ruben Wätte 2018 fick i uppdrag att utföra ett offentligt verk i stadsdelen Årby i Eskilstuna arbetade han med att ta fram ett permanent verk, en mötesplats för framför allt tonårstjejer i det offentliga rummet. Verket utformades över tid tillsammans med bland andra dansgruppen Royal Sisters, bestående av tjejer från Årby. Resultatet blev *Bara vara (Här och Nu)* en sorts scen för framträdanden och inåtriktade möten. Bild från invigningen. Foto: Ruben Wätte

Jönköping; Eva Eriksdotter, Museichef, Borås; Joanna Thede, vik intendent offentlig konst och Gunilla Lewerentz, verksamhetschef Dunkers kulturhus, Helsingborg; Emil Nilsson, intendent och Åsa Nacking, museichef, Lund; Anna Wahlstedt, handläggare bild och form, Malmö liksom alla övriga som hjälpt mig att hitta rätt personer.

För en reflektion över den tillfälliga konstens roll och effekter resonerar jag om två förhållandevis tidiga verk (från 2006). *The Voice* av Lisa Jevbratt var ett Internetverk vilket existerade som en pendang till Statens konstråds hemsida och *Taxinge Piazza* där konstgrupperingarna International Festival och Front byggde om en parkeringsplats i stockholmsförorten Tensta till ett offentligt torg. Jag diskuterar även de begrepp som används i konstvärlden för att beskriva den tillfälliga konsten och resonerar om den temporära konstens framkomst under 1990-talet för att på så vis kunna lyfta de frågor som hela tiden följt den. Avslutningsvis följer en diskussion om hur kritisk/aktivistisk konst kan få plats inom det allmännas satsning på offentlig konst. Min slutsats är att den temporära konsten måste underkasta sig en mängd regler, föreskrifter och förväntningar när den blir en del av den offentliga konsten, men att den därigenom också bidrar till att förändra detta system inifrån. Jag föreslår att relationen mellan systemet och (den tillfälliga) konsten bäst kan beskrivas som en konvergens, vilket medieteoretikern Henry Jenkins definierar som en process där olika storheter genom att närma sig varandra också genomgår en ömsesidig förändring.[7]

Möjligheter

Där Stockholm stad ser möjligheter med årstidsväxlande gatumiljöer och plats för lek, intog Santiago Mostyn torget i Malmö med ett tillfälligt konstverk vars tydliga, men subtila politiska udd handlade om inkludering och tillhörighet. Egenskaper som gör att vi kan just *passera,* i ordets dubbla bemärkelse, mer eller mindre obemärkta när vi lunkar över torget. Men för att verket *The Repetition* ska få den effekten kan det inte permanentas: det behöver bryta med det invanda, det behöver överraska för att göra synligt allt det där som finns i undertexten. En återkommande referens i dessa sammanhang är de franska radikala konstgrupperingarna lettristerna och de därpå följande situationisterna. De sistnämnda försökte med begreppet *détournement* (franska för "omdirigering" eller "kapning") åstadkomma ett slags "dubbel negering" där den klassiska avantgardestrategin med uppseendeväckande skandaler övergavs för en annan sorts förskjutning, där sammanblandande av element ansågs kunna skapa nya politiska situationer, vilka inte kunde avfärdas som enbart konst.

---

7   Henry Jenkins, *Konvergenskulturen. Där nya och gamla medier kolliderar* (Göteborg: Daidalos, 2008).

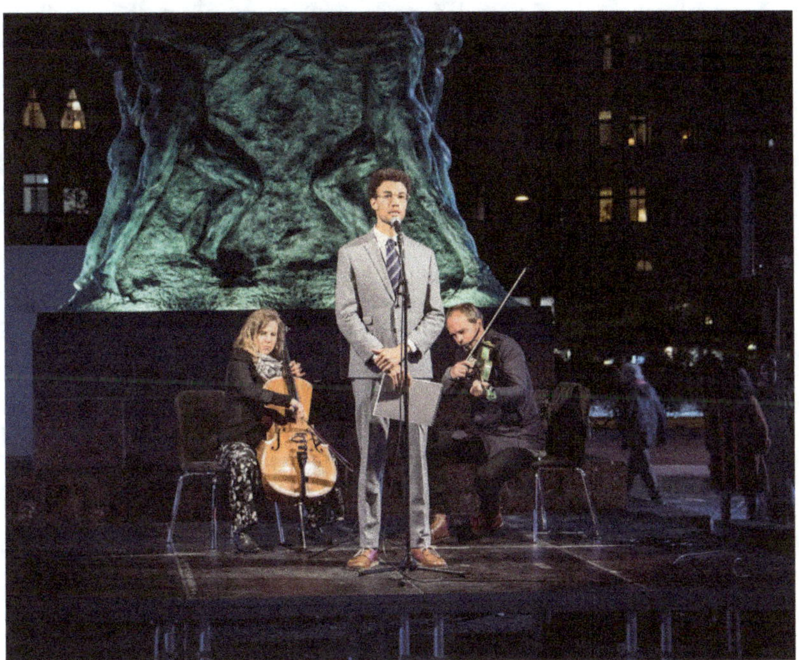

Santiago Mostyn, *The Repetition*, 2016, Foto: Ricard Estay/Statens konstråd

Utan att alltid vara fullt så politiserat som Santiago Mostyns *The Repetition*, är just detta att göra det osynliga synligt, att "skapa ett brott i vardagsseendet" som estetikprofessorn Cecilia Sjöholm uttrycker det,[8] en av de egenskaper som vanligen lyfts fram som argument för tillfällig konst. Det tillfälliga "väcker" betraktaren, och som konsthallschefen Eva Eriksdotter i Borås påpekar sker precis samma sak med borttagandet av något permanent.[9] Hennes intressanta iakttagelse visar hur det "osynligt" invanda visst syns, men att vi behöver bli påminda om det. I ett led att försöka väcka inte bara betraktaren utan också den osynliga konsten har därför Stockholm konst påbörjat en satsning på nya verk

8   Cecilia Sjöholm: "Sann konst? Konst och offentlighet på 2000-talet" i *I det gemensamma: konst, samhälle, komplexitet*, red. Anders Olofsson & Anna Nyberg (Stockholm: Art and Theory Publishing, 2017).
9   I detta och följande referenser till ansvariga för offentlig konst i Sveriges största kommuner bygger jag på de svar de givit i ovan anförda enkät. Samtliga svar inkom under september-oktober 2020.

vars roll delvis är att aktivera redan existerande konst genom att inleda dialog med dem. Strategin har varit viktig även på ett bredare fält, och har från millennieskiftet fått förnyad relevans för många temporära projekt inom konst, arkitektur och design.[10]

The Repetition finansierades och beställdes av Statens konstråd, en myndighet som det senaste decenniet har varit drivande i att arbeta med just tillfällig, offentlig konst. Statens konstråds arbete i denna riktning intensifierades 2012 då Magdalena Malm tillträdde som chef. Malm kom från det egna curatorprojektet MAP (Mobile Art Production), en organisation som arbetat med just tillfällig konst i det offentliga rummet sedan 2007. När jag frågar Martin Sundin, som var enhetschef på kulturdepartementet när Malm tillsattes, om hennes erfarenhet med att arbeta med tillfällig konst var viktig för tillsättningen, svarar han att den inte var avgörande i rekryteringen.[11] Samtidigt konstaterar han att Malm, när hon väl tillträtt tjänsten kunde genomdriva förändringar i den riktningen. Kulturdepartementets beredvillighet berodde delvis på att man gärna såg en förändring i synen på vad den offentliga konsten kunde vara. Det handlade också om en förändrad syn på var någonstans Statens konstråd skulle agera, där man gärna uppmuntrade samarbeten med både privata och offentliga aktörer.[12] Till saken hör att både den offentliga konstens roll efter avregleringen och Statens konstråds existensberättigande hade varit under diskussion under en längre tid. När staten säljer ut sina fastigheter blir man inte bara av med ett bestånd byggnadsanknuten konst, det ställer också frågor om det i framtiden behövs offentlig konst. I såväl Statskontorets *Nya former för Statens konstråds verksamhet* (2005) och i *Kulturutredningen* (2009) förespråkas att verksamheten förändras i grunden. I den förstnämnda föreslås till exempel att verksamhet som har med konst att göra ska sorteras under Moderna Museet och att Statens konstråd därmed skall avvecklas.[13]

---

10 Situationisterna återkommer som referens hos Claire Bishops *Artificial Hells: Participatory Art and the Politics of Spectatorship* (London: Verso, 2012) liksom i hennes "Participation and Spectacle: Where are We Now?", *Living as Form: Socially Engaged Art From 1991-2011*, red. Nato Thompson (Cambridge, MA: MIT press, 2012). Liknande resonemang för arkitektur finns i till exempel *Instant Urbanism: auf den Spuren der Situationisten in zeitgenössischer Architektur und Urbanismus = Tracing the theories of the situationists in contemporary architecture and urbanism* (Basel: Christoph Merian, 2007) och i Magnus Ericson & Ramia Mazé, *Design Act: Socially and Politically Engaged Design Today - Critical Roles and Emerging Tactics* (Berlin: Sternberg Press, 2011).

11 Samtal med Martin Sundin 2020-11-03.

12 Malm tillträdde under Fredrik Reinfelds (M) andra regering (2010–2014) då Lena Adelsohn-Liljeroth (M) var kulturminister.

13 *Nya former för Statens konstråds verksamhet* (Stockholm: Statskontoret, 2005), Statens offentliga utredningar 2009:16, *Betänkande av Kulturutredningen. 1, Grundanalys.*

2020 samsas föränderliga projekt med permanenta i Statens konstråds utbud. Tvärtemot vad det kan verka från resonemanget om en vändning mot det "tillfälliga" har det aldrig varit fråga om ett vägval, något Magdalena Malm också vid flera tillfällen poängterat. I en intervju i *Kunstkritikk* underströk hon exempelvis att det för henne inte fanns någon "motsättning mellan permanenta och tillfälliga projekt".[14] Kanske är också skillnaden mellan dessa två begrepp mindre än vad de först förefaller att vara, i alla fall när det vad gäller offentlig konst, finansierad och beställd av det offentliga. I den föreliggande undersökningen av den tillfälliga konstens position på kommunal nivå hittar jag mängder av hybrider, där värdet av själva dialogen ges olika stor roll. Den interaktion som "tillfällig" konst ofta medför hör delvis samman, eller sammanfaller i vart fall med att den offentliga konsten delvis ses med andra ögon och delvis får andra uppdrag, en förändring som alltså Malm både kan ses som ett symptom på och som en drivande kraft för.

Kommunalt intresse

Den enkät som jag skickade ut till landets kommuner besvarades i olika hög grad. En del har givit fylliga svar, medan andra har svarat mer kortfattat. Det skapar en ger en ojämn balans och svaren är inte alltid helt jämförbara. I sin helhet ger dock enkätsvaren i alla fall en tentativ bild av det aktuella läget.

På frågan om kommunerna satsar på temporär konst svarade 14 av 19 jakande. Viss variation i svaren kan bero på hur frågan förstås. Både begreppet "satsar" och framförallt "temporär" kan ge olika associationer, vilket också föranleder en diskussion om det senare begreppet längre fram i texten.[15] Vad som kan utläsas i svaren från de (fåtal) kommuner som inte ser någon direkt "satsning" är både deras ambition att göra så i framtiden och hänvisningar till konstnärliga projekt som inte direkt tillhör kommunens offentliga konst, men väl utspelar sig i det offentliga rummet, med kommunens stöd. Från Umeå svarar konstsekreterare Anja Boman att de har arbetat med temporära projekt under hela 2000-talet, men att konstverk av denna sort som köps in och placeras i det offentliga rummet är sällsynta. Man hittar andra tillfällen och vägar, exempelvis kan tillfälliga konstverk kombineras med fasta uttryck, som när *Listen!* (Metoo-monumentet) invigdes 2019.[16] I Helsingborg svarar Joanna Thede, vikarierande intendent för

---

14 Frans Josef Petersson "Satsar på konst i miljonprogrammet" 1/12 2015: https://kunstkritikk.se/satsar-pa-konst-i-miljonprogrammet/ [hämtad 2020-10-09].
15 Frågan formulerades: Satsar ni på att införliva tillfällig och/eller processorienterad/dialogbaserad konst som en del i den offentliga konsten?
16 Anna Rådström diskuterar detta förhållande i *"Listen!* En skulptur på torget och ett

offentlig konst, nej på frågan om man satsar på temporär konst, men hänvisar till en satsning på gatukonst som Stadsbyggnadskontoret håller i, vilket betyder att kommunen i någon mån stödjer temporär konst i det offentliga rummet. I Halmstad konstaterar Joacim Eneroth, intendent offentlig konst och samling, att verk av denna art framförallt genomförs i samarbete med externa parter. Peter Bergman, chef för Fullersta gård i Huddinge, säger att kommunen saknar strategi och organisation för att arbeta med dylika frågor, men de ser dock att fastighetsägare och samhällsbyggnadsavdelningen börjar skriva in processartade konstverk i sina planeringar. Handläggaren för Bild och Form i Malmö, Anna Wahlstedt, berättar att de befinner sig i en omorganisation, men skriver att ambitionen är att satsa på temporär konst. För närvarande har man dock inte någon budget för offentlig konst, varje projekt måste äskas, varför frågor om hur stor del som är temporär blir svårbesvarad. Även andra kommuner uttrycker en ambivalent position, Mattias Åkeson, ansvarig för offentlig konst i Norrköping, skriver exempelvis att de saknar en "uttalad strategi" och att de, liksom Malmö, måste äska medel för varje projekt. De ansöker då varje år om 1,5 miljoner för satsningar, underhåll och restaurering, men inget specifikt för temporära projekt.

I alla kommuner finns alltså en ambition att arbeta med tillfällig konst, men det råder stora skillnader mellan förutsättningarna att göra så. Det handlar om ekonomi, vissa kommuner har en budget för offentlig konst, andra får äska. De flesta kommuner tillämpar 1%-regeln, men där denna tillämpas är det ofta svårt att beställa tillfällig konst, beroende på hur styrdokumenten ser ut.[17] Många av dem som har ansvar för den offentliga konsten vittnar också om den pedagogiska utmaningen att få med både politiker och fastighetsbolag på att satsa på temporära projekt. Här blir också skillnaden mellan olika sorters finansiering synlig, till exempel om det rör sig om drifts- eller investeringsbudgetar eller samarbetsprojekt mellan flera kommuner och/eller region/stat. Den offentliga konstens hemvist i kommunens organisation är också viktig. Många hör samman med eller sorterar under den lokala konsthallen, andra har helt egna avdelningar (vilket är fallet för storstäder som Stockholm och Göteborg, men också Uppsala) och åter andra sorteras in under stadsbyggnadskontoret eller motsvarande (som Nacka) och har därmed liten eller ingen kontakt med konsthallens utställningsverksamhet. Jag återkommer till denna punkt.

---

monument" i denna antologi.

17   För en utvecklad diskussion om 1%-regeln och dess tillämpning i Sveriges kommuner, se *1% för konstnärlig gestaltning av offentlig miljö. En komparativ studie av enprocentsregeln i kommuner och regioner 2012 och 2018*, red. Anna Söderbäck (Stockholm: Konstnärsnämnden, 2020).

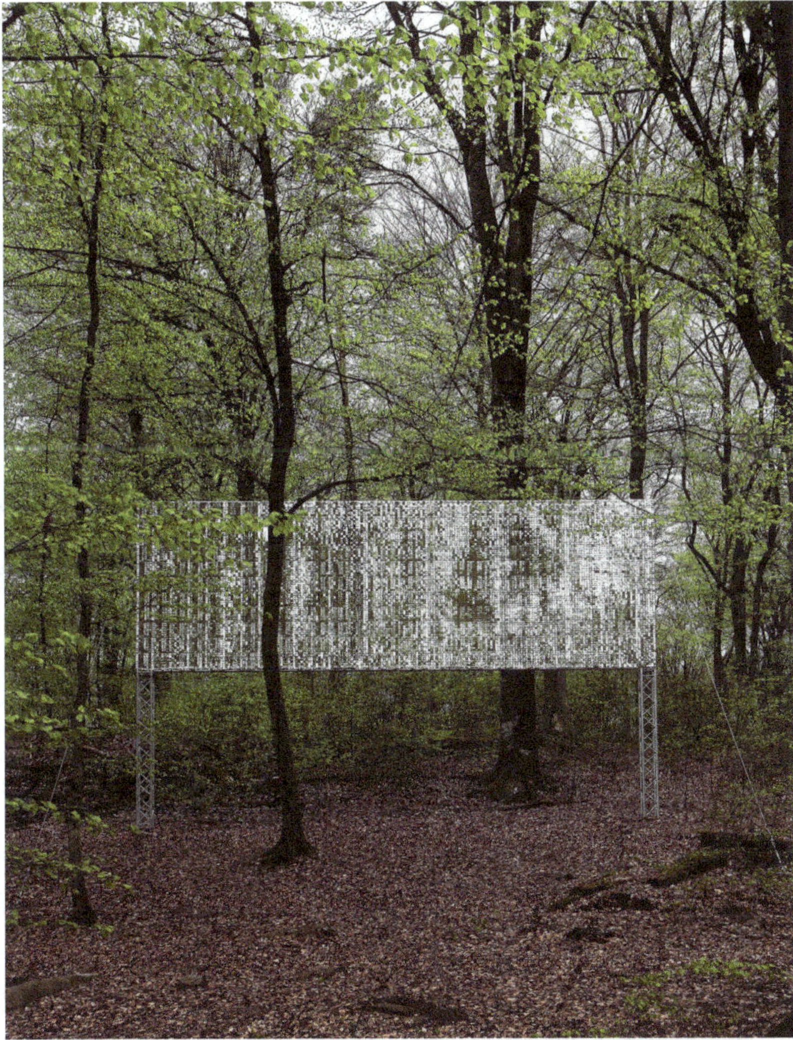

Återinstallerad permanent konst. Katarina Löfströms verk *Open Source* i Wanås Konsts skulpturpark
återinstallerades 2021 efter att ett nedfallande träd krossat originalet som uppfördes 2018.
Foto: Mattias Giwell/Wanås Konst

En stötesten för kommunerna är frågan om ett konstverk finansierat av skattemedel måste bestå i ett fysiskt objekt. Som Anna Ehn, chef för offentlig konst i Uppsala, rapporterar måste det finnas något kvar som pengarna har gått till, men de menar också att detta kan bestå i en dokumentation av exempelvis ett performance. Vad gäller just performance skriver flera att det kan ingå som en del av ett större projekt, vilket har skett i Umeå och Jönköping. Kortvariga konstprojekt som performance har alltså större möjligheter om de kan kopplas till något annat som det kan bidra med uppmärksamhet till. Samtidigt anses dokumentationen ha ett egenvärde: konsthallschefen Joanna Sandell Wright i Södertälje resonerar exempelvis om hur vissa temporära konstprojekt tack vare dokumentation cirkulerar i tidskrifter och böcker och på så vis bidrar till kännedom om platsen där verket står.

Andra förklarar att de kan arbeta processartat men ändå landa i ett konstobjekt. Josefine Bolander, intendent offentlig konst i Eskilstuna, berättar hur de i kommunen har öppnat upp skissprocessen så att konstnärerna på detta stadium kan involvera medborgarna i en långvarig dialog vilken i sin tur resulterar i ett konstverk. Mattias Åkeson berättar att de i Norrköping arbetar med liknande lösningar.

Sarah Hansson, intendent på Göteborg konst, påtalar också vikten av hur ett konstprojekt formuleras. De ser ett behov hos beställarna av att processorienterad/dialogbaserad konst resulterar i ett fysiskt verk, men menar också att om processer och performance istället beskrivs i termer av "event" så ökar förståelsen för att verket inte är permanent. Joanna Thede i Helsingborg reflekterar på ett liknande vis över språkbruket och skriver att projekt av denna art enklare kan passera om de kallas "teater" eller "ljudprojekt". Enligt konstintendent Filip Zezovski Lind i Jönköping undviker man snarare mer traditionella termer som "gestaltning" och "löskonst" för "att söka ett språk som inte redan från början begränsar konstens friheter."

Tillfällig konst och institutionen

På frågan om hur länge kommunerna har arbetat med tillfällig konst, kan man skönja olika tendenser. De som ser en ringa eller ingen satsning alls har därför inte heller någon historik av detta arbetssätt (som i Huddinge, Helsingborg och Malmö där de senare är inne i en omdaningsprocess där ambitionen är att framgent göra så). De flesta svarar att det är en satsning av relativt ny art. Det har pågått sedan mitten av 2000-talet svarar Mattias Åkeson i Norrköping. Anna Ehn skriver att Uppsala har arbetat så sedan 2014, men pekar också på en stor tillfällig utställning på slottsbacken 1998. 2015 svarar ansvariga i Göteborg, Västerås, Eskilstuna, Jönköping, 2017 skriver Joanna Sandell Wright i Södertälje (men nämner också tidigare kommunala satsningar på gatukonst) och Olof Ahlström svarar "3–4 år" om Sundsvall. Andra pekar på en längre historik. I Umeå svarar kultursekreteraren Anja Bohman att de har arbetat med tillfällig konst under de tjugo år hon arbetat där. Stockholm konst svarar att de gjort så sedan de startade 2008, men att liknande projekt genomfördes redan under kulturhuvudstadsåret 1998.

Från Lund rapporterar Emil Nilsson att den offentliga konsten har sorterats in under konsthallen sedan 1996. Han skriver också att det är lite oklart hur länge den processbaserade konsten varit en del av kommunens satsningar på offentlig konst, "evenemangen har ägt rum, men de har inte alltid definierats som offentlig konst". Örebro pekar ut ett verk av gruppen Love & Devotion från 2005 som tidigaste verk men nämner också Örebros biennal *Open Art* som startade 2008.

Konsthallschefen Anna-Karin Wulgué i Örebro svarar i likhet med Emil Nilsson att det också är en fråga om hur vi skall förstå "offentlig konst" och beskriver biennalen som ett särfall. Många kommuner arbetar med eller är delaktiga i liknande arrangemang där frågan om deras engagemang med temporär konst blir svårbesvarad. Borås, som har haft sin internationella skulpturbiennal sedan 2008, resonerar i liknande banor som Örebro, liksom Halmstad, där vi finner *Art Inside Out* (sedan 2015) och *x-sites* (2017–19, som 2020 går över i biennal) och i Helsingborg som har sin årliga Street Art-satsning *Artstreet Hbg* (sedan 2015). Dessa biennaler är exempel på hybrider där kommunens avdelning för offentlig konst är inblandad i olika grad.

Art Inside Out är en residensverksamhet och ett samarbete i Region Halland som rör sig mellan alla halländska kommuner. I Skåne finns liknande regionala satsningar i NOKS, Nätverket för Offentlig Konst i Skåne. Flera kommuner visar också på andra samfinansieringsprojekt, EKFA var exempelvis ett projekt som samfinansierades av Kulturrådet (50%), Region Västmanland (25%) och resterande 25% på de olika kommunerna, organiserat av Västerås museum. Den fördel som lyfts fram här är att detta projekt inte påverkades av de lokala styrdokumenten för offentlig konst och därför medförde större frihet i val av konst. Flera nämner enskilda projekt, Malmö tar den så kallade trepartsfinansieringen av Citytunneln som exempel, men ser detta mer som ett undantag än som regel.

I svaren från både Lund och Umeå balanseras den offentliga konsten mot vad som sker på deras respektive konsthallar. Umeå beskriver till exempel hur performance är "naturliga inslag" i konsthallen och Lund hänvisar till en tradition som sträcker sig till 1960-talet. Konsthallen som "semi-offentlig" miljö (som konsthistorikern och curatorn Nina Möntmann kallat den) och hur de utställningar som äger rum där skall förstås som "offentliga" är en stor fråga.[18] För denna undersökning är det mer intressant vilken roll konsthallen intar i relation till den offentliga konsten, vilket också var en fråga som ställdes i min enkät.

På frågan om konsthallens roll svarade Jönköping att det inte finns någon sådan och Helsingborg att den fråntagits sina officiella konstuppdrag. I Nacka sorteras inte den offentliga konsten under stadsbyggnad och de har därför liten kontakt med konsthallen medan Stockholm, Uppsala och Göteborg som sagt har helt egna avdelningar för offentlig konst. Stockholm skriver att konsthallen (Liljevalchs) och Stockholm konst "stöttar varandra" men att de inte arbetar så mycket tillsammans. När Stockholm konst startade 2008 var man en del av Liljevalchs konsthall och sambanden var då starkare.[19] Bland annat projekterades en del av konsthallens nya paviljong som skulle kunna visa pågående satsningar av offentlig konst. En sådan lokal har man i Uppsala men den ligger för närvarande i samma byggnad som stadsteatern och inte på konstmuseet. Sarah Hansson svarar att den kommunala konsthallen har en verksamhet för offentlig konst, men att den är i omstöpning och att den för närvarande har ett marginellt samarbete med Göteborg konst. Däremot bedriver konsthallen sitt eget projekt Urban konst som syftar till att producera och främja den offentliga konsten i staden.

I övriga kommuner är kontakten mellan den offentliga konsten och den kommunala konsthallen i regel tätare. Den offentliga konsten organiseras antingen tillsammans med eller under konsthallen. Det avspeglar sig också i de övriga svaren. I Eskilstuna redovisas löpande offentliga konstsatsningar på konsthallen och konstansvariga i Halmstad skriver fram konsthallen som en plats som ligger nära den offentliga konsten. Konsthallschefen Peter Bergman i Huddinge betonar konsthallens expertis och Västerås, Borås, Eskilstuna, Sundsvall och Södertälje svarar att den offentliga konsten i kommunen styrs från konsthallen. I Örebro skriver man att konsthallen har ett "avgörande inflytande". Även Malmö, som alltså i skrivande stund är inne i en omorganisering, lyfter fram konsthallens betydelse för detta ändamål.

Det går inte att dra några större växlar på skillnaderna, men det är tydligt att de kommuner som har ett tätt samarbete med konsthallen också ser konsthallen som en del av helheten med arbetet med offentlig konst, vare sig det rör att använda platsen som ett forum för performance eller som en plats där en diskussion om den tillfälliga konsten kan föras.

Satsningen på tillfällig konst är på många håll ett relativt nytt fenomen och upptar

---

18 Nina Möntmann "Art Institutions and their Publics: On Relational Strategies", *Placing Art in the Public Realm*, red. Håkan Nilsson (Huddinge: Södertörn University Press, 2012).

19 Sedan 2019 sorterar man istället under avdelningen Museer och konst, tillsammans med bland andra Stadsmuseet och Medeltidsmuseet.

inte någon större del av den offentliga konsten. Någon nämner att den utgör 30%
av vilket också är en andel som flera kommuner tycker vore rimlig, vilket återspeglar att många önskar att kunna arbeta mer utpräglat med detta. Till saken hör att svaren är svåra att jämföra eftersom finansieringen som sagt ser så olika ut mellan kommunerna. Det är också intressant att relativt många kommuner omstrukturerar eller nyligen har omstrukturerat sina verksamheter och att detta tycks öppna för möjligheten att arbeta mer flexibelt. Det kommunala arbetet med offentlig konst tycks överlag vara i ett förhållandevis expansivt skede, vilket hör samman med en förändrad syn på vad den offentliga konsten kan vara. Det leder mig till i en sista, avslutande diskussion om den tillfälliga konstens bakgrund och vilken relevans denna har för den kommunala offentliga konsten.

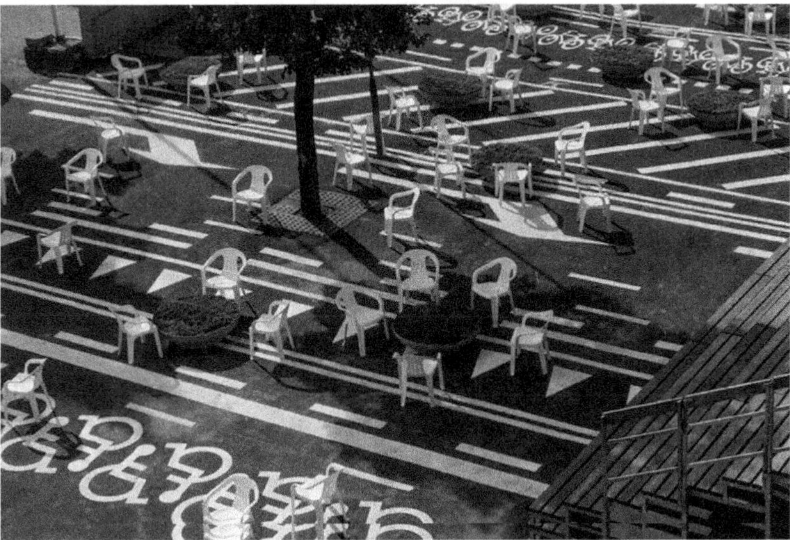

International Festival / Front, *Taxinge Piazza*, 2006, Foto: Tor Lindstrand

Tillfällig platsspecifik konst: två exempel

Det är lätt att associera tillfällig konst till sådant som existerar under en viss tidsrymd eller i samband med en viss process. Men "tillfällig" kan också innebära att verkets eller processens livslängd är oviss, såsom är fallet med Helsingborgs Streetartfestival. Verken som framställs i denna sitter uppe ett tag, men med tiden nöts de bort. Verken kan sägas existera i ett slags utdraget nu, där ett medvetet icke-underhåll låter dem vittra bort snarare än att avslutas eller nedmonteras.[20]

Ett annat exempel på ett tillfälligt men ändå långvarigt verk är *Taxinge Piazza*. Det skapades när performancekollektivet International Festival och designgruppen Front 2006 fick möjlighet att omgestalta miljön utanför Tensta konsthall i Stockholm. Konsthallen gav International Festival ett anslag som investerades i att arbeta fram en ansökan om att omforma parkeringsplatsen utanför konsthallen till ett torg. Det som började som ett slags utdraget performance där gruppen försökte genomföra en förändring men med målbilden att detta aldrig skulle lyckas, resulterade slutligen i att stadsbyggnadskontoret engagerade sig i frågan och mot alla odds genomförde projektet. Den nya budgeten var fortfarande begränsad och man bestämde då att maximera utfallet genom att hitta så billiga och hållbara (i meningen slitstarka) lösningar som möjligt. Valet föll då på att gestalta den nya planen med vägmarkeringar, utförda med vägmarkeringsfärg och fylla torget med mängder av plaststolar.

Taxinge Piazza pekar på en mängd för min undersökning relevanta aspekter vad gäller offentlig konst. Dels för dess sätt att utgå från en budget och göra ansökningsarbetet till en möjlig del av den konstnärliga gestaltningen, dels för att de utövande konstnärerna bestod av en performancegrupp och ett designkollektiv.[21] Det är också intressant att initiativet härstammar från den lokala konsthallen, där denna så att säga vänder sig utåt mot det offentliga.[22] Verket utfördes utanför Stockholms "offentliga" offentliga konst och tanken var aldrig att det skulle förstås som permanent. Men eftersom denna sorts markeringar är slittåliga, lämnades de att långsamt nötas bort.[23]

Om *Taxinge Piazza* långsamt försvann, finns det också verk som bygger på ett kontinuerligt inflöde och en interaktion, vilka upphör att "existera" när detta flöde hindras. Lisa Jevbratts *The Voice* (2006–2009) är ett exempel på detta. *The Voice* har inte en kommunal beställare, utan Statens konstråd, och existerade i en då rätt ny del av det offentliga rummet, nämligen en statlig hemsida. Verket

---

20 Men utgången är inte alltid given. Som Joanna Sandell Wright på Södertälje konsthall konstaterar finns det starka traditioner för det permanenta, vilket också medför en vilja att mot verkets intention bevara det temporära.

21 För en diskussion om detta, med tyngdpunkt på International Festival, se "Too Much Too Soon: Tor Lindstrand's and Mårten Spångberg's International Festival" i *Empty Stages, Crowded Flats: Performativity as Curatorial Strategy*, red. Florian Malzacher och Joanna Warsza (Berlin: Alexander Verlag, 2017).

22 Tensta konsthalls vändning utåt kan ses som en del av en bredare rörelse bland många offentligt finansierade konstinstitutioner under det sena 1990-talet och tidiga 2000-talet vilken den norske kritikern och curatorn Jonas Ekeberg beskrev som "New Institutionalism". Se till exempel *New Institutionalism: Verksted #1*, red. Jonas Ekeberg (Oslo: Office for Contemporary Art Norway, 2003).

23 Intervju med Tor Lindstrand 15 maj 2020.

förändrades genom de sökningar enskilda individer gjorde på konstrådets hemsida (och sökningar som ledde dit via andra sökmotorer). Enkelt beskrivet bestod verket av de söktermer som användes, vilka med hjälp av typografiska storleksskillnader och olika ramar runt orden gav information om parametrar som konstnären bestämt, exempelvis hur ofta ett ord sökts på eller hur frekvent det var på hemsidan. Verket var med andra ord interaktivt, men bröt ändå med gällande konventioner genom att interaktiviteten inte var synlig för alla användare (de interagerade med sökmotorerna för att de sökte efter information, inte för att införlivas i ett konstverk) och genom att resultatet av sökningen blev fördröjd så att utfallet inte visades i realtid. Verket ville synliggöra vad som söktes på, inte uppmana till ett utforskande av själva algoritmen.

På så vis blev resultatet ett slags porträtt av vad sökande förväntade sig att finna på Statens konstråds hemsida, och därigenom också en bild av hegemoniska strukturer, såväl upplevda som faktiska. Vad besökarna sökte på visar ju inte bara vilka Statens konstråd representerade, utan synliggör även besökarnas förväntningar. *The Voice* kan därmed sägas vara platsspecifikt (*site-specific*), inte bara genom att det var förknippat med hemsidan, utan också genom att verket gestaltade (utan att värdera) olika konstpolitiska, sociologiska och ekonomiska förutsättningar som rådde där och då.[24] Dock existerade *The Voice* i denna form endast ett par år. Det berodde främst på att hemsidan hela tiden byggdes om och att verket därför ständigt behövde uppdateras för att behålla sin funktion. Det var både en kostsam och för konstnären mödosam arbetsprocess.

Mina exempel ovan visar att underhållsfrågor är viktiga även för temporär konst, vilket är något som sällan diskuteras. Detta är förvisso något som de delar med alla sorters offentlig konst, vilket inte minst Karin Hermerén visar i *Offentlig konst - ett kulturarv*.[25] Hermerén berör bland annat ansvarsfrågan för de många konstverk som "följt med" när statliga verk bolagiserats och sålts till privata aktörer med byggnader och allt. När 25 fallstudier diskuteras, visar det exempelvis att i 11 av dessa har byggnaden (och konsten) bytt ägare minst en gång sedan de beställdes.[26] Mina exempel belyser en annan tidsaspekt, nämligen hur en långsam förändring och söndervittring kan vara en del av själva verket, samt hur förändringen kan vara återkommande och inträffa med den digitala

---

24 Såväl Miwon Kwon som Douglas Crimp poängterar kopplingen till en plats sociala och ekonomiska förutsättningar för att kallas "site specific". För en introduktion till detta på svenska, se Miwon Kwon "En plats efter en annan" och Douglas Crimp "Att omdefiniera det platsspecifika" i *Minimalism och postminimalism*, red. Sven-Olov Wallenstein (Stockholm: Raster, 2005).

25 Karin Hermerén & Henrik Orrje, *Offentlig konst - Ett kulturarv. Tillsyn och förvaltning av byggnadsanknuten konst* (Stockholm: Statens konstråd, 2014).

26 Ibid., s. 290.

teknikens hastighet. Den förutbestämda livslängden i *The Voice* fick bli ett sätt att förhålla sig till detta faktum, vilket även illustrerar hur flexibilitet (och tidsbegränsningar) blivit en allt vanligare fråga för den offentliga konsten.

The Voice varaktighet reglerades i ett kontrakt och bara månader efter att kontraktet löpte ut bytte Statens konstråd internetleverantör och plötsligen var alla kontakter mellan *The Voice* och hemsidan brutna. Detta visar på en annan, intressant aspekt av det offentliga. Statens konstråds hemsida, en offentlig miljö, ägs och förvaltas av ett privat företag. Men detta företag byts med jämna mellanrum ut till följd av upphandlingens diktat. Det offentligt finansierade offentliga styr därmed mer mot det temporära, än mot det permanenta.

Gränserna mellan det privata och offentliga har sedan länge luckrats upp, vilket naturligtvis också ändrar förutsättningarna för offentligt finansierad konst. Undersökningen av hur kommunerna arbetar visar också på andra hybrider mellan privat och offentligt, dels där den kommunala expertisen rådfrågas i samband med att privata bolag bygger bostadsområden utifrån markanvisning de fått från kommunen, dels där kommunen upphandlar privata konstkonsulter för att ta fram lämpliga förslag på konstnärer.

Även frågan om ett konstverks efterlevnad har blivit en del av de frågor som regleras redan från början. Om 1990-talets avregleringar fick överrumplande konsekvenser vad gällde permanent konst, har beställare av offentlig konst en större medvetenhet idag. I ett samtal berättar Anna Ehn i Uppsala hur de redan i beställningen av offentlig konst för en kommunal byggnad räknar med vad som skall ske med verket om platsen där det uppförs eller utförs avyttras.[27] Överhuvudtaget vittnar många av de tillfrågade kommunerna om att processen med att ta fram ett konstverk har professionaliserats och byråkratiserats de senaste decennierna.[28]

Tillfällig konst och beställarsituationen

Den tillfälliga konsten inbegriper idag ofta dialog med medborgarna. Det kan ses som ett försök att komma bortom vad konsthistorikern och kritikern Alexander Nagel kallat *plop-art*, det vill säga den sorts konst som plötsligt bara står där i gaturummet, utan att någon i det berörda området blivit tillfrågad eller

---

27 Teamssamtal den 8 oktober 2020.
28 Samma slutsats kommer man till i Söderbäck 2020. Se även referensen till den privata konstkonsulten *Artplatform* i "Offentlig konst – ett försök till navigering" i denna volym där de anger att de efter mer än ett decenniums verksamhet 2016 började arbeta med kommunala offentliga konstprojekt och att de efter fyra år nu är deras beställare i fyra av fem projekt.

ens vidtalad.[29] Nagels kommentar utgår från den franske konstnären Xavier Veilhans skulptur *Le monstre* (2004) i Tours.[30] Nagel ser först denna som ett typexempel på plop art, men ändrar sig när han får reda på förloppet bakom, där lokalsamhället har haft stor inverkan på process och konstverk. Veilhans skulptur beställdes av *Nouveaux Commanditaires* (ung. nya uppdragsgivare), en fransk organisation för offentlig konst (dock ej finansierad med offentliga medel) där utgångspunkten är att behov och beställande av ett konstverk måste emanera från lokalsamhället, och inte från stat eller kommun. I det "protokoll" som stipulerade hur processen skall se ut, underströks det delade ansvarstagandet mellan alla intressenter.[31]

I frågeformuläret bads de tillfrågade kommunerna kommentera varför de ville arbeta med tillfällig konst och vilka värden de ansåg att detta tillförde. Så mycket som 80% svarade att denna konst öppnade för dialoger med de tänkta brukarna antingen för att den öppnade för diskussion eller för att den är enklare att förankra lokalt. "Ett tillfälle för människor att bli delaktiga i stadens utveckling" skriver konstansvarige Josefine Bolander i Eskilstuna och konsthallschef Eva Eriksdotter i Borås nämner "social hållbarhet" som motivering för detta tillvägagångsätt. Kommunernas svar säger också att dessa verk bättre ansågs kunna fånga aktuella frågor och ge insikter i och kännedom om konstnärliga processer. Den tillfälliga konsten skapar större jämbördighet mellan betraktare och konstnär och en "[a]ktiv kontra passiv konsumtion av konst", enligt Olof Ahlström, intendent för offentlig konst i Sundsvall.

Genom att involvera de tänkta betraktarna, brukarna, menar kommunerna alltså att det öppnas andra sätt att se på konst än i den traditionella konsten. Detta kan ställa krav på att brukarna skall ha inflytande, ett slags kommunalt organiserat gräsrotsperspektiv. Men de kan också komma med tankar på helt andra användningsområden och nya frågor om "nytta". Emil Nilsson, curator för offentlig konst i Lund är inne på dessa tankegångar när han kopplar konstens utveckling till samhälleliga förändringar. Inom tjänsteekonomin går konsten mer mot att arbeta med händelser, menar han. Ett fåtal kommuner ser dock en potentiell fara med att deltagandekonst instrumentaliseras på detta sätt. Det finns en stor medvetenhet inom byggindustrin om att en byggnads användningsområde kan

---

29 Alexander Nagel, "ON DEMAND Alexander Nagel on Reclaiming Art/Reshaping Democracy", *Artforum*, November 2017.

30 2020 var den franske konstnären aktuell i Stockholms offentliga konst med *Vårbys jättar*, ett offentligt verk i Stockholmsförorten Vårby invigt i oktober 2020.

31 Se Estelle Zhong Mengual & Xavier Douroux, *Reclaiming Art/Reshaping Democracy: The New Patrons & Participatory Art* (Paris: Les Presses du Réel, 2017). Protokollet för hur processen skall se ut finns beskrivet av initiativtagaren François Hers på s. 421–422. Se även http://www.nouveauxcommanditaires.eu [hämtad 2021-02-04].

komma att ändras. Den permanenta konsten riskerar då att spegla en situation som inte längre finns och på sätt hindra byggnadens omprogrammering. Temporär konst svarar helt enkelt bättre mot detta behov av flexibilitet, påpekar intendenterna Sarah Hansson i Göteborg och Anna Wignell i Västerås. Å andra sidan tänker flera att den temporära konsten kan ha en större kritisk potential, då den inte behöver underkastas samma förutsättningar som ett permanent verk.

Svaren visar att den temporära konsten kan bidra med att aktivera och engagera medborgarna, men de visar också att denna sorts tillfällighet, även när den inkluderar deltagande, kan styras av andra agendor. Ytterst återkommer frågan om konstens förmåga till relevant engagemang, vilken, om vi följjer Alexander Nagel, mycket väl kan resultera i att något ser ut som "plop-art" utan att vara det.

Att vara involverad

Mina exempel *Taxinge Piazza* och *The Voice* visar att permanens och temporaritet snarare är närmevärden som befinner sig i en ömsesidig relation. Begreppen utesluter alltså inte varandra, eftersom det temporära alltid är mer eller mindre permanent och det permanenta alltid tidsbestämt. Det gäller också de juridiska definitionerna. Temporära byggtillstånd gäller i Stockholms kommun max fem år och de kan som nämnts ovan bara förnyas ett visst antal gånger innan de blir permanenta. Permanent konst kommer å sin sida med ett löfte om att vara hållbar under ett visst antal år. För Statens konstråd är minimigränsen fem år (beroende på situation och teknik) medan 20–30 år brukar ses som norm för byggnadsanknuten konst.[32]

Taxinge Piazza och *The Voice* sätter också ljuset på deltagandets roll. Om *Taxinge Piazza* upphörde att existera på grund av deltagarnas aktivitet (de nötte bort det genom att gå på det) så upphörde *The Voice* att existera så snart deltagandet inte längre var aktivt. Kvar finns bara rester, minnen från en pågående aktivitet. Bägge konstverk ställer därmed frågor om vad deltagande faktiskt är: inte i något av dem var deltagarna direkt medvetna om sin betydelse för verkets existens. Ändå var konstverken otänkbara utan dem.

Vad det innebär att vara involverad kan alltså se väldigt olika ut i olika verk och relationen kan följjaktligen beskrivas med en mängd olika termer: interaktiv, immersiv, utförbar (*practicable*), relationell, performativ, deltagande, dialogbaserad eller till och med omedveten. Gemensamt för dessa begrepp är att de pekar på fenomen som utspelar sig i ett tidsförlopp, vilket också leder till att en del konstverk snarast identifieras av denna egenskap, de kan till exempel kallas

---

32 Enlig e-post från verksamhetschef Henrik Orrje 2020-11-12.

processartad, tillfällig, temporär eller tidsbaserad. Begreppen är i sig mångfaset-
terade; interaktivitet kan exempelvis gälla människa-människa, människa-do-
kument eller människa-system och under alla dessa finns underavdelningar och
grader av deltagande. Att bläddra i en bok är interaktivt på ett sätt, att vara
delaktig i att utforma den är ett annat.[33] En och samma aktivitet kan också
vara olika mycket aktiv. Att man både lyssnar och ser mer eller mindre aktivt är
centralt för filosofen Jaques Rancières idé om den "oavhängige" betraktaren när
han skriver att "titta är också en aktivitet som bekräftar eller transformerar..."[34]
I linje med Rancière kan att ta in och tolka ett konstverk vara att engagera sig.

Det aktiva lyssnandet rör fler intressenter när det kommer till offentlig konst, och
i synnerhet i förhållande till deltagande, där det gäller för såväl beställaren som
konstnären att lyssna på både de som berörs av konsten, utan att för den sakens
skull tappa den konstnärliga integriteten.[35] Processen som leder fram till ett
offentligt konstverk är egentligen en kedja av beslut, vilka alla består av olika
grader av deltagande. Anna Ehn i Uppsala skissar exempelvis en process i flera
led där deltagandet kommer in redan innan det ens finns en konstnär vidtalad,
vilket också var fallet i Göteborgs kommuns *Trygg, vacker stad* som diskuteras
och problematiserar i Oscar Svanelids kapitel i denna antologi.

Konstnärens position är i offentlig konst i allmänhet och deltagandeorienterad
konst i synnerhet därigenom (åtminstone i teorin) annorlunda än den situation
som gäller i den egna ateljén. Ett återkommande begrepp här är "kritikalitet",
som försöker mejsla ut en position mellan ett slags beroende/lojalitet och bibe-
hållen kritisk distans.[36]

De många begrepp som jag introducerade ovan hör ibland samman men ibland
utesluter de varandra. Det kan exempelvis gälla relationen mellan verket och
betraktaren. "Immersiv" är ett begrepp vilket (liksom en hel del andra) används
inom interaktiva medier och dataspel och beskriver den situation som uppstår
när exempelvis spelaren uppslukas av spelet och tycker sig "vara" i världen.[37] En

---

33   För en diskussion om dessa begrepp, se Peter Mechant & Jan Van Looy, "Interactivity" i *The
      Johns Hopkins Guide to Digital Media*, red. Marie-Laure Ryan, Lori Emerson & Benjamin J.
      Robertson (Baltimore: Johns Hopkins University Press, 2013). Se även Jens Jensen, "Inter-
      activity: Tracking a New Concept in Media and Communication Studies", *Computer Media
      and Communication*, red. Paul Mayer (Oxford: Oxford U.P., 1999), s. 160–187.

34   Jacques Rancière, *The Emancipated Spectator* (London & New York: Verso, 2011), s. 15.

35   Sofia Wiberg, *Lyssnandets praktik. Medborgardialog, icke-vetande och förskjutningar*, doktor-
      savhandling (Stockholm: Kungliga Tekniska Högskolan, 2018)

36   Se resonemang i kapitlet "Offentlig konst: ett försök till navigering" i föreliggande antologi.
      Liksom Irit Rogoff "From Criticism to Critique to Criticality": eipcp 1/2003, http://eipcp.net/
      transversal/0806/rogoff1/en.html [hämtad 2020-03-17].

37   Janet H. Murray har diskuterat detta begrepps relevans för berättandet i digitala världar i
      hennes *Hamlet on the Holodeck: The Future of Narrative in Cyberspace* (New York: The Free

sådan situation kan å ena sidan tyckas utesluta en kritisk distans, betraktaren är ju mer eller mindre i berättarens händer, å andra sidan beskriva hur det är att ta del av Taina Ruiz Guiterrez videopromenader *Örebro variations*. I Guiterrez verk följer betraktaren en förinspelad vandring via sin telefon och befinner sig på så sätt på en och samma plats fast på två olika sätt. Verket låter betraktaren se en annan historia utspela sig på den plats där hen befinner sig, som i ett parallellt universum. Det är ett exempel på hur immersiva verk kan "uppsluka" betraktaren samtidigt som den fysiska platsen hen intar fortsätter att vara närvarande fast på ett annorlunda sätt.

Immersiva verk är ofta också "utförbara" då de kräver att betraktaren rör sig runt i ett område. Utförbarhet är ett begrepp som introducerats av forskarna Samuel Bianchini och Erik Verhagen som använder detta för att beskriva sådan konst som man får eller till och med bör röra (och som alltså inte behöver vara offentliga). "Vi beskriver dem som 'utförbara' eftersom deras utmärkande drag är förmågan att generera en aktivitet som kan förvandla såväl verken själva som deras publik".[38] Detta leder dem till att diskutera konstverket som en sorts igångsättare, ett *dispositif*, en term som utvecklades av Michel Foucault för att beskriva hur "apparater" sätter igång och formar mänskliga aktiviteter. Tanken här är att det "utförbara" konstverket fungerar som ett sådant dispositiv, att det faktiskt kräver en viss form av interaktion av betraktaren för att alls existera. Begreppet *dispositif* visar också på behovet av kritisk granskning av själva "utförandet". För Foucault betecknar begreppet också den moderna maktens strategier för att styra och disciplinera individer.[39]

"Utförbar" konst existerar också som ett slags band mellan deltagare och konstnär, vilket har likheter med hur konstteoretikern Nicolas Bourriaud tänkte begreppet relationell estetik.[40] Det traditionella konstverket, menade Bourriaud, skapar en relation mellan konstnär och betraktare. I den relationella estetiken lyftes just relationerna och mötet mellan konstnär/betraktare fram som själva konstverket. Bourriaud har fått mycket kritik för sitt idealiserade sätt att beskriva relationen mellan betraktare och konstnär (där den förre i värsta fall blir den senares "material"), men här kan det räcka att konstatera att han nedprioriterade objektet till förmån för vad själva verket förmår deltagarna att

---

Press, 1997).

38 *Practicable: From Participation to Interaction in Contemporary Art*, red. Samuel Bianchini & Erik Verhagen (Cambridge, Massachusetts: The MIT Press, 2016).

39 Michel Foucault, "The Confession of the Flesh" (1977) i *Power/Knowledge Selected Interviews and Other Writings* red. Colin Gordon (New York: Pantheon, 1980).

40 Nicolas Bourriaud, *Relational Aesthetics*, övers. Simon Pleasance & Fronza Woods (Dijon: Presses du réel, 2002).

göra, vilket sorts interagerande som verket/situationen frammanar.

Ett annat sätt att närma sig den komplexa frågan om att vara deltagande/involverad är när andra än konstnären har inflytande över själva produktionen, härav begrepp som *prosumers*; distinktionen mellan konsument och producent tycks upphävd. Deltagande kräver i detta avseende ett annat engagemang än vad som är gängse i den vanliga åskådarkulturen – "Ingen protesterar om du lämnar bion" som det heter i boken *Deltagarkultur*.[41] Men det betyder inte att situationen är helt egalitär, i varje situation där det finns deltagande råder också överenskommelser. Stipulerar dessa ett aktivt deltagande (som *prosumers*) accepteras inte alltid passivt betraktande (den som deltar utan att delta kallas *lurker* – smygare). Att identifiera vilka dessa överenskommelser är och hur de skall efterlevas blir därför avgörande för den dialogbaserade konsten. Vad skall dialogen leda till och för vem är den till?

Verk vars tillkomstprocess har involverat deltagare beskrivs ibland därför som "processbaserade" eftersom de innehåller dialog. Såtillvida dialogen är att betrakta som själva konstverket är verket alltså tillfälligt. Det betyder emellertid inte att alla tillfälliga verk är dialogbaserade. Performance är exempelvis en konstform som utspelar sig över en viss tid, men som inte behöver involvera betraktaren mer än som åskådare (vilken ju, enligt Jacques Ranciéres argument ovan kan vara nog så interaktivt). Härvidlag liknar denna sorts performance mer andra konstformer som utspelar sig över tid utan direkt behov av interaktion från betraktaren, såsom en stor del av video- och ljudkonsten, varför tidsbaserad i dessa fall är en mer passande term än temporär.[42] Någon självklar distinktion är det såklart inte, ett verk som står ute på torget under en viss tid (till exempel under en biennal) är ju tillfälligt utan att vara vare sig tids- eller dialogbaserat. Med tillfällig och/eller temporär menas här dock konst som utspelar sig över tid, och ofta utförs dialogiskt mellan konstnär och deltagare.

Vad det innebär att vara involverad är som denna exposé visar ytterst komplext och frågan om vad den kan leda till behöver föregås av en kritisk granskning. Jag har även velat påvisa att vattendelaren inte går mellan temporär och permanent, vilka i sig inte heller är några statiska begrepp. Dessutom visar analysen att deltagande och tillfällighet inte är synonyma eller symbiotiska: till exempel kan deltagarprocesser leda till permanenta verk. Det såg vi också exempel på i mina

---

41   Kristoffer Haggren et al., *Deltagarkultur* (Göteborg: Korpen, 2008), s. 60.

42   Det skall understrykas att jag med detta inte anser att "temporär" konst har ett högre värde eller att den skulle vara mer lämpad för att uppnå effekter hos betraktarna eller "åskådarna". Men detta är inte ämnet för texten. För ett resonemang om ljudkonstens transformativa förmågor, se Åsa Stjernas *Before Sound: Transversal Processes in Site-Specific Sonic Practice*, doktorsavhandling (Göteborg: ArtMonitor, 2018).

analyser av de kommunala satsningarna på temporär konst, där vi exempelvis mötte strategin att skapa ett dialogmoment för att öka deltagandet i själva tillkomstprocessen, genom att öppna upp den del som i upphandlingsterminologin kallas "skissarbete". Ett konstverks målbild med ett permanent resultat kan öka deltagarens förståelse för den egna insatsen, medan tillfällig konst kan skapa deltagandeprocesser som inte bidrar till aktivitet. Och tvärtom.

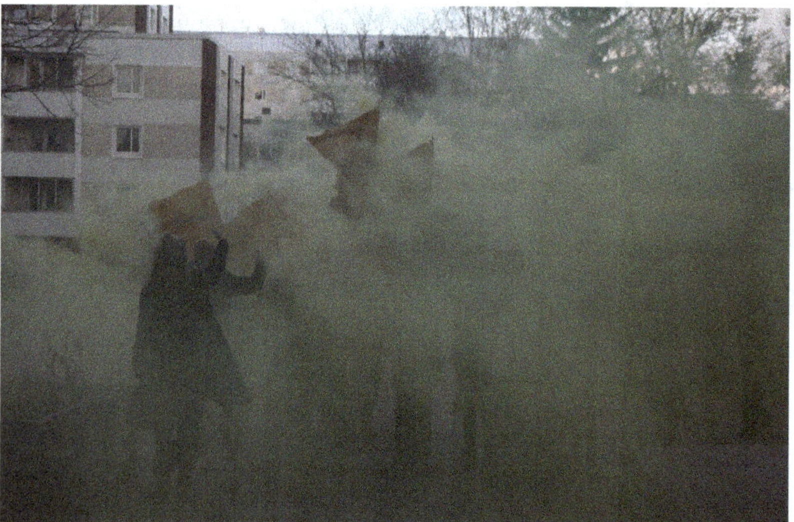

Bara vara (Här och Nu) en sorts scen för framträdanden och inåtriktade möten. Bild från invigningen. Foto: Ruben Wätte

Tillfällig konst: avslutande diskussion

Några kommuner påpekar att det faktum att statliga institutioner börjat arbeta med tillfällig konst har haft betydelse för deras implementering av detta. En annan anledning som många kommuner angav till varför de vill arbeta med tillfällig konst är att det ansågs spegla hur samtidskonsten ser ut, och att de inte vill skilja ut den offentliga konsten från denna. Man ser det som sitt uppdrag att "visa på bredden av det som konstvärlden innefattar på ett tillgängligt sätt" som Anja Boman i Umeå uttrycker det, medan Joacim Eneroth i Halmstad understryker vikten av att visa "fler sorters konstnärskap och fler sorters konst". Liknande perspektiv framkommer även i svaren från Jönköping, Stockholm,

Göteborg och Västerås. Anna-Karin Wulgué i Örebro svarar att temporär konst efterfrågas mer idag, från att det tidigare handlat mycket om funktion handlar det idag mer om "deltagande och öppenhet inför ett icke-bestämt resultat".

Att en viktig och central del av den samtida konsten har orienterat sig mot deltagande och dialoger är uppenbart. Denna "vändning mot det sociala", som Claire Bishop kallade det, har en brokig historia som är relevant att kort vidröra här.[43] I Sverige fick vändningen sitt mest emblematiska uttryck i en utställning som Ulrika Léven, Åsa Nacking och Mats Stjernstedt curaterade på ICA-butiken Malmborg Caroli i Malmö, november 1993. Då deltog bland andra Elin Wikström med verket *Hur skulle det gå om alla gjorde så?* där hon sov i sin säng i butiken under öppethållandet.

Men som Lisa Jevbratts ovannämnda konstverk påminner om har den processbaserade konsten också andra genealogier: interaktiviteten har varit en central faktor i digitaliserad konst sedan åtminstone mitten av förra seklet. Likheten mellan dialogbaserad konst och internetkonst blev allt mer tydlig med den första generationen av "nätkonstnärer" mot mitten av nittiotalet där interaktion mellan konstnär och betraktare ofta rört sig mellan det offentliga rummet och det digitala. Om man nu kan göra en sådan åtskillnad: *The Voice* utspelade sig ju i den del av det offentliga som äger rum i den digitala världen. Nätkonst är beroende av sin betraktare/användare för att existera och löser därmed (delvis) upp gränsen mellan konstnär och betraktare, ett annat tema vi ser återkomma i den processartade konsten.

Det är kanske en sinkadus att konstfältet rörde sig mot dialogbaserad konst samtidigt som nätkonsten etablerades. Men en annan, gemensam orsak till bägges uppkomst som brukar diskuteras rör större, samhälleliga förändringar såsom 1990-talets finanskris, avregleringarna som tog fart med den framväxande nyliberala politiken och medföljande föreställningar om "den kreativa klassen". Stora frågor som globalisering, politiska vändningar och olika ekonomiska kriser har förstås i någon mening betydelse för all konstnärlig verksamhet. Det som skiljer ut den dialogbaserade konsten (och även nätkonsten) var att den så tydligt försökte hitta former som kunde svara mot globaliseringens konsekvenser. Man ville inte göra objekt för en konstmarknad utan tvärtom använda konsten för att överbrygga de sociala klyftor som vidgats genom att inkludera betraktaren. Såväl den dialogbaserade konsten som nätkonsten rymde förhoppningar om en stärkt demokrati där deltagarna involverades på ett direkt vis.

Den dialogbaserade konsten skrivs därför ofta fram som en del av en bredare aktivism. Curatorn Nato Thompson beskriver hur socialt engagerad konst är tätt

---

43   Bishop, *Artificial Hells: Participatory Art and the Politics of Spectatorship*, op cit.

sammanflätad med rörelser som AIDS aktivism, kvinnorättsrörelsen, etcetera.[44] Konstnären och aktivisten Gregory Sholette har diskuterat framkomsten av en mångfald av socialt engagerade konstgrupperingar från 1980-talet och framåt.[45] Också teoretikern Grant Kester resonerar om konstscenens vändning mot dialogbaserad konst, där han problematiserar frågan om att som konstnär agera på någon annans vägnar utan förankring.[46]

Det finns mycket skrivet om detta och det vore bortom denna undersökning att gå in på alla komplexiteter. Två spår kan dock sägas äga relevans för min diskussion. Det ena handlar om hur temporär, dialogbaserad konst ställer sig till konstvärlden. Teoretiker och kritiker som Maria Lind, Nato Thompson och Claire Bishop har poängterat att denna konsts framväxt ofta grundas på en förhoppning om att konsten skall kunna erbjuda ett motstånd till världens tilltagande kommersialisering där invånarna förvandlas till passiva konsumenter,[47] liksom en vändning från konstmarknadens fokus på den enskilde konstnärens genialiska produkt[48] och att detta också kommer med motiveringen att konsten skulle agera och aktivera där staten har misslyckats.[49] De pekar samtliga på risken med att de nya strategierna "fångas upp" och kommersialiseras. Apropå detta skriver Lind: "Här kolliderar aktivismens idealistiska syn på samarbete med de privata företagens och statens krav på höjd lönsamhet och effektivitet."[50]

Det andra spåret rör relationen till offentlig konst. Det är uppenbart att konst som sträcker sig utanför det traditionella konstrummet kommer att aktivera andra rum, och att de därigenom också närmar sig den offentliga konstens domäner. Den dialogbaserade konsten har här uppstått som en kritik mot hur offentlig konst har använts. Så problematisk sågs den offentliga konsten att Suzanne Lacy myntade begreppet *New Genre Public Art* för den konst som aktivt ville engagera sig i det offentliga rummet. "Till skillnad från mycket av det som hittills har kallats offentlig konst så är 'new genre public art' - konst i både traditionella och icke-traditionella medier som kommunicerar och interagerar med en bred och diversifierad publik om frågor vilka är direkt relevanta för

---

44 Nato Thompson, "Living as Form" Thompson, *Living as Form*, op.cit., s. 21.
45 Gregory Sholette, *Dark Matter: Art and Politics in the Age of Enterprise Culture* (London: Pluto Press, 2010).
46 Grant Kester, *Conversation Pieces: Community and Communication in Modern Art* (Berkeley: University of California Press, 2004).
47 Bishop, *Artificial Hells: Participatory Art and the Politics of Spectatorship*, op cit..
48 Maria Lind, "The Collaborative Turn", i *Taking Matter into Common Hands: On Contemporary Art and Collaborative Practices*, red. Johanna Billing, Maria Lind & Lars Nilsson (London: Black Dog, 2007).
49 Nato Thompson, "Articulations of Artist-initiated Organizations", i Mengual & Douroux 2017.
50 Lind "The Collaborative Turn",op.cit., s. 20.

deras liv - baserat på engagemang." [51] En diskussion som också fördes på ett bredare fält, exempelvis problematiserade Rosalyn Deutsche återkommande konstens roll i gentrifieringssammanhang.[52]

Som man kan se av diskussionen om uppkomsten av en "alternativ" offentlig konst bygger mycket på dess självförståelse från början på ett socialt engagemang där det hela tiden också diskuteras hur detta skall undgå att instrumentaliseras av yttre krafter. Det handlar också om att ta nya områden i anspråk och att engagera deltagarna, även om det konstnärliga uttrycket kan vara "traditionellt". Det sociala engagemanget är ofta motorn, konstnärerna vill komma till rätta med de tillkortakommanden och överbrygga de glapp som uppstår mellan producent och konsument i den kommersiella kulturen.

Denna diskussion utvidgas med idén om deltagarkulturer som blommade upp i samband med de digitala medierna. Henry Jenkins har återkommande pekat på en förskjutning i skapandet av det han kallar konvergenskulturer som visar hur konsumenter tar över rollen och blir medskapande, rent av omskapande i verket.[53] Ordet "deltagande" har, konstaterar författarna till boken *Deltagarkultur*, blivit ett positivt ord eftersom det antyder en "demokratisk struktur där alla och envar erbjuds medbestämmande", men samtidigt fastslås att detta är något som sällan uppfylls.[54] Deras syn på deltagande bygger på att alla involverade är medvetna om vad de är involverade i och att det råder en dialog mellan dem: "Deltagarkultur förutsätter *ömsesidig* kommunikation mellan subjekt inom ramen för ett verk, ett medium eller en social situation."[55] Det är ideal som det inte alltid är så lätt att leva upp till (om de ens är önskvärda) när det gäller konstnärlig verksamhet, där frågan kanske bättre kan formuleras i termer av ansvar. Konstnären har ett ansvar inför de tänkta betraktarna, men betraktaren har också sitt ansvar inför detta tilltal.

Som ovan nämnda exempel visar tar den deltagarbaserade konsten och diskussionen som omger den sin början i USA redan under 1980-talet och blir central i Europa något årtionde därefter. Diskursivt pågår samma diskussion i frågor om *communitys* och kulturkonsumtion i allmänhet och inom nätkonsten i synnerhet. Det är tydligt att allt detta bildar den fond mot vilken samtidskonstens intresse för dialogbaserade processer träder fram. Frågan är dock vilken

---

51 Suzanne Lacy, "Cultural Pilgrimage and Metaphoric Journeys", i *Mapping the Terrain: New Genre Public Art*, red. Suzanne Lacy (Seattle, Washington: Bay Press, 1995).

52 Rosalyn Deutsche, *Evictions: Art and Spatial Politics* (Cambridge, Massachusetts: MIT Press, 1996).

53 Jenkins, *Konvergenskulturen*, op.cit.

54 Haggren, *Deltagarkultur*, op.cit., s. 32.

55 Ibid., s.43 (min kursiv).

relevans den har för att förstå den temporära konstens inträde och funktion i den "offentliga" offentliga konsten. Kan konst vara aktivistisk och ändå passera igenom kommunens alla förankringsprocesser?

Kanske är den senare frågan fel ställd, eller i vart fall anakronistisk. De förutsättningar som formade "new genre public art" är helt andra än de som råder idag. Efter tre decennier har den processbaserade konsten förändrat konstscenen och därmed också synen på offentlig konst. Den offentliga konsten har professionaliserats och insikter om olika uttrycksmöjligheter och tillkortakommanden är betydligt mer närvarande idag än för bara tio år sedan. Det betyder inte att frågor om instrumentalisering eller gentrifiering tillhör det förgångna, men bland aktörerna finns det en tilltagande medvetenhet om dessa problematiker.

Arbetet med dialogbaserad konst beställd av det offentliga och placerad i det offentliga rummet kan beskrivas som en sorts konvergens. Konvergens, skriver Jenkins, är en både ovanifrån och underifrån styrd process.[56] Ovanifrån kommer olika *dispositif* i form av agendor, styrdokument och organisatoriska strukturer. Underifrån kommer viljan att få utrymme och ekonomi till att arbeta för en konst som aktiverar deltagarna. Där konsten måste underkasta sig en tilltagande byråkratisering för att göra sig möjlig för offentliga uppdrag, måste också den offentliga konstens institutioner förändras. Det gäller det pedagogiska ansvaret, men också en översyn av de egna strukturerna så att dessa svarar mot konstens behov. I svaren från de 20 största kommunerna i Sverige ser vi att ett sådant arbete pågår.

56　Jenkins, *Konvergenskulturen*, op.cit., s. 28.

Appendix
Frågorna till kommunerna

Först några frågor om struktur, budget och satsningar.

- Satsar ni på att införliva tillfällig och/eller processorienterad/dialogbaserad konst som en del i den offentliga konsten?
- Hur länge har ni arbetat med denna sorts konst?
- Hur ser denna satsning i så fall ut? Behöver ni exempelvis leverera en "produkt" för att kunna finansiera projektet? Dvs, kan ni jobba med processbaserad/dialogbaserad konst om den också leder till en fysisk manifestation?[1]
- Arbetar ni med performance och andra tidsbundna konstverk? Hur och när i så fall?
- Hur stor roll spelar den kommunala konsthallen/museet för utvecklingen av offentlig konst i allmänhet och tillfällig konst i synnerhet?
- Till hur stor del består er satsning på offentlig konst på sådana här projekt (tex i del av den totala budgeten eller i faktiska antal)? Jag förstår att det i vissa fall rör sig om helt olika budgetar och jag har förstått att det i vissa fall är svårt att använda 1%-pengar (om sådan finns) till tillfälliga verk. Därför vore jag tacksam om ni kunde utveckla detta svar något. Min ambition är inte att få en exakt bild av fördelning, utan en uppfattning om helheten. (Jag värderar inte heller svaren, för mig är detta inte en fråga om vilken konst som bör premieras.)
- Jag förstår att många konstprojekt i landet ägs/finansieras av flera intressenter tex kommun, region och stat tillsammans. Kan ni beskriva hur det ser ut hos er?
- Tycker ni att ni kan genomföra så många tillfälliga verk som ni skulle vilja? Om inte hur skulle ni vilja att fördelningen såg ut?

Slutligen några mer vidlyftiga och spekulerande frågor. Jag förstår om de är svåra att svar på.

- Varför vill ni arbete med tillfällig och/eller processorienterad konst? Vilka värden tillför den som inte permanent konst gör?
- Vad tror ni skiftet mot tillfällig konst (om det finns ett sådant) beror på?
- Hur ser era motparter/beställare (tex byggbolag) på att finansiera tillfälliga verk istället för permanenta?
- Upplever ni någon skillnad från mottagarna mellan hur permanent och tillfällig konst tas emot?

---

1 Som den noggranne läsaren märker saknas här ett "bara" skulle alltså stå "kan ni bara jobba". Men det upptäckte också mottagarna av enkäten.

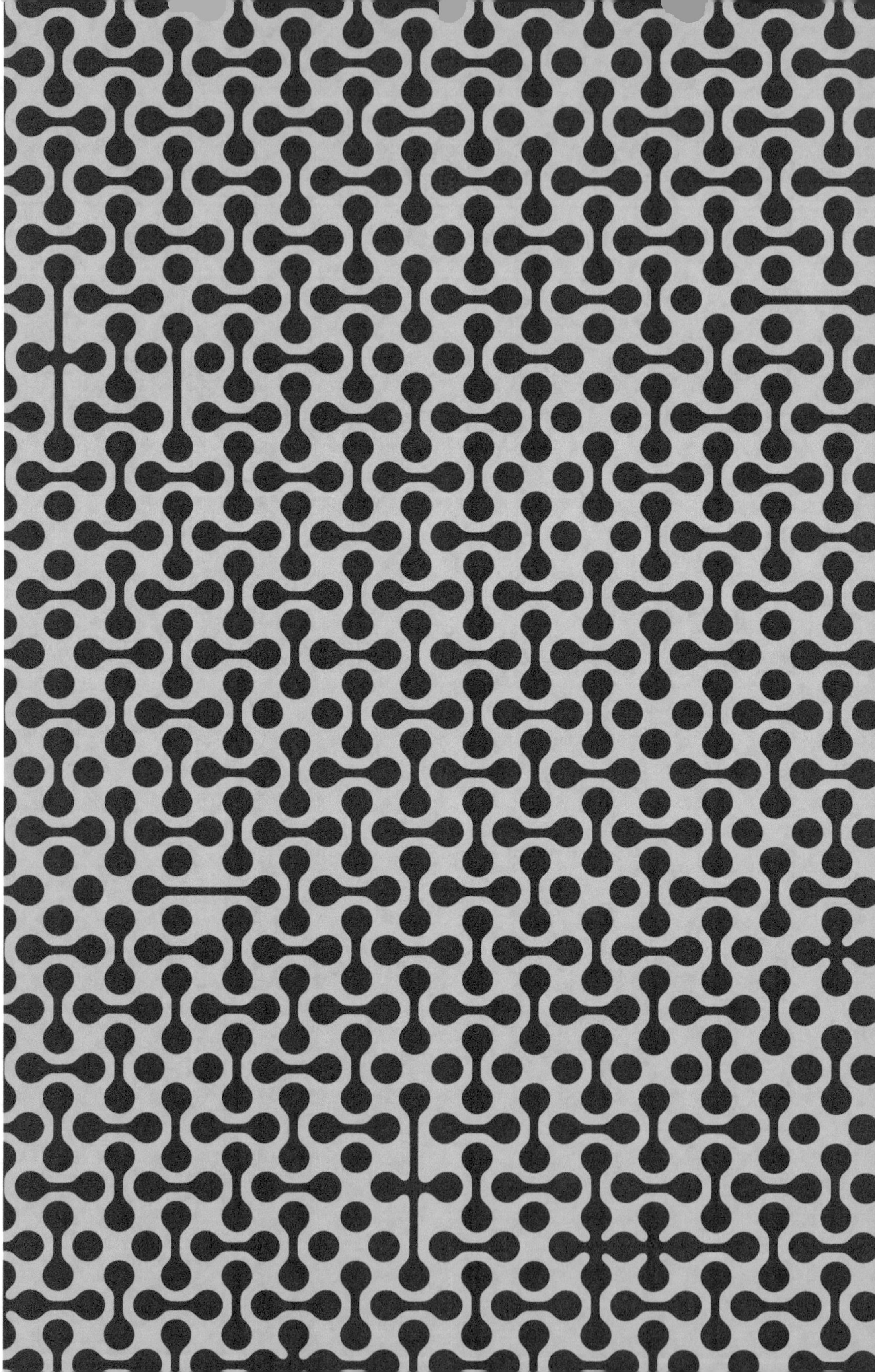

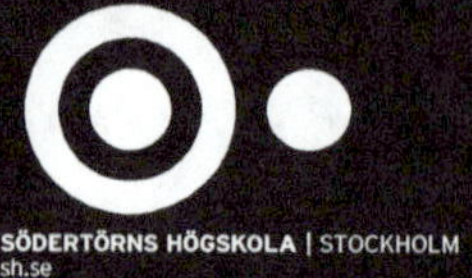

Omförhandlingar

ANTOLOGIN OMFÖRHANDLINGAR:
Den offentliga konstens roll efter millennieskiftet är ett resultat av en uppdragsforskning som Statens konstråd beställt av ämnet Konstvetenskap på Södertörns högskola. Boken tar avstamp i den komplexa situation som omgärdar offentlig permanent och tillfällig konst, beställd och sanktionerad av privata eller offentliga medel, eller tillkommen på enskilda initiativ. Här diskuteras konstens roll som pågående projekt eller just konstverk, dess funktion som värdeskapande, trygghetsskapande, minnesmärke liksom som del av korta deltagandeprocesser och som verkande över lång tid.

www.ingramcontent.com/pod-product-compliance
Lightning Source LLC
LaVergne TN
LVHW010817200726
843507LV00003B/628